SIGILO BANCÁRIO E PRIVACIDADE

B197s   Baltazar Junior, José Paulo
       Sigilo bancário e privacidade / José Paulo Baltazar Junior.
   – Porto Alegre: Livraria do Advogado Ed., 2005.
    208 p.; 16 x 23 cm.

    ISBN 85-7348-345-8

      1. Sigilo bancário. 2. Privacidade. 3. Direito à intimidade.
  I. Título.

CDU - 336.719.2

Índices para o catálogo sistemático:

Sigilo bancário
Privacidade
Direito à intimidade

(Bibliotecária responsável : Marta Roberto, CRB-10/652)

José Paulo Baltazar Junior

SIGILO BANCÁRIO E PRIVACIDADE

livraria
DO ADVOGADO
editora

Porto Alegre, 2005

© José Paulo Baltazar Junior, 2005

Capa, projeto gráfico e diagramação de
Livraria do Advogado Editora

Revisão
Rosane Marques Borba

Direitos desta edição reservados por
Livraria do Advogado Editora Ltda.
Rua Riachuelo, 1338
90010-273 Porto Alegre RS
Fone/fax: 0800-51-7522
livraria@doadvogado.com.br
www.doadvogado.com.br

Impresso no Brasil / Printed in Brazil

Dedico este trabalho aos queridos amigos Alexandre Rossi Borges, Cássio André Wailer Trindade e Marcelo Dario Muñoz Küfner (*in memoriam*), companheiros desde os tempos do segundo grau, que me fazem sempre lembrar o valor das amizades verdadeiras.

Agradecimentos ao Prof. Dr. Luís Afonso Heck, orientador no Curso de Mestrado da Universidade Federal do Rio Grande do Sul, pela atenção e disponibilidade.

Aos Desembargadores Federais Fábio Bittencourt da Rosa e Silvia Maria Gonçalves Goraieb, com quem tive a honra de colaborar em suas respectivas gestões na Presidência e na Corregedoria-Geral da Justiça Federal da 4ª Região, contemporaneamente ao período em que desenvolvia o curso de Mestrado, no qual foi desenvolvida a dissertação que resultou nesta publicação.

Aos Professores Doutores René Ariel Dotti, Odone Sanguiné e Ângelo Roberto Ilha da Silva, componentes da Banca, pelas observações que serviram ao aprimoramento do texto.

À Carmela Mottecy de Oliveira, pelo carinho e pelo incentivo na tarefa de revisar o texto e encaminhá-lo à publicação

Aos meus pais, José Paulo e Ana Otília, e aos meus irmãos, Josana e Alan, pelo apoio.

"Revelar segredos em prejuízo da pessoa que nos confiou é contrário à fidelidade; mas não se a revelação se dá em nome do bem comum, que sempre há de ser preferido ao bem privado. E, portanto, contra o bem comum não é lícito guardar nenhum segredo."

Santo Tomás de Aquino, Suma Teológica

Prefácio

A Constituição Federal de 1988 contém a proteção à vida privada em seu artigo 5º, inciso X. A vida privada situa-se no âmbito privado, e este se deixa diferenciar em esfera privada, secreta e íntima. Essa diferenciação procura satisfazer a questão de relação de tensão crescente entre a vida privada, como esfera jurídico-constitucionalmente protegida no plano dos direitos fundamentais, e a necessidade de informações como um fenômeno que acompanha a atuação planejadora e providente no Estado, na economia e na sociedade.

Do lado da relação de tensão onde se situa a vida privada do particular deixam-se aduzir não só o seu direito de personalidade, entendido como um direito amplo ao respeito (não-violação e reconhecimento) e desenvolvimento da personalidade, mas também o interesse do particular na proteção do seu âmbito de vida privado diante de inspeções de terceiros, ou seja, "o direito de ser deixado sozinho", no poder de decisão sobre o tempo e proporção de dar ao conhecimento de fatos da vida pessoal, isto é, "a autodeterminação informacional", e na liberdade de manipulação de sua personalidade.

Isso ganhou um significado à medida que as possibilidades de processamento de dados técnico, em especial eletrônico, se concretizaram. A concretização dessas possibilidades forma o outro lado da relação de tensão mencionada. Ela permite tanto um acesso à vontade a dados, também temporalmente ilimitado, como uma reunião de dados presentes sob determinados pontos de vista como, por exemplo, um exame, realizado com auxílio de computadores, de um grande círculo de pessoas sobre determinados dados e sinais que valem como característica para um âmbito ilimitado de pessoas suspeitas, consumidoras, devedoras e assim por diante. Acresce ainda a questão do armazenamento, transmissão, modificação ou extinção de dados sem o conhecimento e a aprovação, a cada vez, do seu titular.

É fácil de reconhecer que os dois lados acima descritos podem tomar sentidos contrários e, com isso, dar nascimento a uma colisão de direitos fundamentais. Quando normas de direitos fundamentais têm o caráter de princípios, então elas se apresentam como mandamentos de otimização relativamente às possibilidades fáticas e jurídicas. Aqui se apresenta uma conexão com o princípio da proporcionalidade. Os dois primeiros subprincípios (adequação, necessidade) expressam o mandamento de otimização relativamente às possibilidades fáticas. Nisso não se trata de ponderação, mas de evitação de intervenções em direitos fundamentais, que podem ser evitadas sem custas para outros princípios; o terceiro subprincípio (princípio da proporcionalidade em sentido estrito) expressa o mandamento de otimização relativamente às possibilidades jurídicas. Aqui se trata de ponderação, cujo cerne forma uma relação que se deixa designar, como "lei de ponderação" e formular como segue: "quanto mais alto o grau do não-cumprimento ou prejuízo de um princípio, tanto maior deve ser a importância do cumprimento do outro" (Alexy). Isso indica também para o traçamento de limites. Seja aqui apenas lembrado com Hesse que eles não devem ir além do que é necessário para produzir a concordância de ambos os bens jurídicos. "Proporcionalidade" expressa nisso uma relação de duas grandezas variáveis e precisamente esta que satisfaz melhor aquela tarefa de otimização, não uma relação entre uma "finalidade" constante e um "meio" variável ou vários. Na colisão de bens não pode um ser realizado às custas de outro em "ponderação de bens" precipitada ou em "ponderação de valor" abstrata.

Nessa conexão e respectivas questões se situa o trabalho de José Paulo Baltazar Junior, inicialmente defendido como dissertação de mestrado na UFRGS diante da banca examinadora formada pelos professores Ângelo Roberto Ilha da Silva, Odone Sanguiné, René Ariel Dotti e Luís Afonso Heck e que alcançou nota máxima. Na primeira parte, ele trata do direito fundamental à vida privada; na segunda, do sigilo financeiro e, na terceira, dos instrumentos de proteção. Em uma época na qual a informação parece assumir cada vez mais um papel preponderante, também no e para o âmbito da vida do cidadão, o mérito deste trabalho está em ter situado e circunscrito a vida privada como um princípio que pode, diante das condições fáticas e jurídicas do caso particular, se fazer em sentido contrário. Dito de outro modo: a pretensão de validade dos direitos fundamentais não está excluída, de modo absoluto, de nenhum âmbito de atuação.

Porto Alegre, outono de 2003.

Luís Afonso Heck

Prof. na UFRGS

Sumário

Lista de abreviaturas e siglas 15

Introdução 19

1. O Direito Fundamental à Vida Privada 23
1.1. Determinação Conceitual da Vida Privada 23
1.2. Histórico 29
   1.2.1. DireIto Estrangeiro 29
   1.2.2. Direito Brasileiro 35
1.3. Inviolabilidade da Vida Privada como Direito Fundamental 38
   1.3.1. Noção 38
   1.3.2. Constituição de 1988 40
   1.3.3. Características 42
   1.3.4. DirEito Fundamental à Vida Privada como Princípio 44
   1.3.5. O Princípio da Proporcionalidade 46

2. O Sigilo Financeiro 53
2.1. Histórico 53
2.2. Fundamento 57
2.3. Sigilo Financeiro na Jurisprudência do Supremo Tribunal Federal 65
2.4. A Disciplina Legal do Sigilo Financeiro no Brasil (LC nº 105, de 10 de janeiro de 2001) 72
   2.4.1. Generalidades 72
   2.4.2. Regra Geral 73
   2.4.3. Abrangência Objetiva 76
   2.4.4. Abrangência Subjetiva 81
   2.4.5. Abrangência Territorial 82
   2.4.6. Instituição Financeira 85
   2.4.7. Quebra de Sigilo Financeiro 89
   2.4.7.1. Troca de Informações para Fins Privados 92
   2.4.7.2. Fiscalização do Sistema Financeiro Nacional 94
   2.4.7.3. Comunicação para Fins de Investigação Criminal ou Administrativa 99
   2.4.7.4. Informações Requisitadas pelo Poder Judiciário 103
   2.4.7.4.1. Generalidades 103
   2.4.7.4.2. Requisitos 111
   2.4.7.4.3. Momento 121

2.4.7.4.4. Iniciativa 123
2.4.7.4.5. Hipóteses 125
2.4.7.4.5.1. Investigação Criminal 125
2.4.7.4.5.2. Infrações Funcionais 130
2.4.7.4.5.3. Ilícitos Administrativos 130
2.4.7.4.5.4. Ações Cíveis 131
2.4.7.4.6. Competência 134
2.4.7.4.7. Prova Emprestada 137
2.4.7.5. Requisição do Ministério Público 138
2.4.7.6. Informações Requisitadas pelo Poder Legislativo 144
2.4.7.7. Informações de Interesse da Fiscalização Tributária 148
2.4.7.7.1. Generalidades 148
2.4.7.7.2. Desnecessidade de Autorização Judicial 150
2.4.7.7.3. Hipóteses de Acesso pela Autoridade Fazendária 162
2.4.7.7.3.1. CPMF 162
2.4.7.7.3.2. Fiscalização-Vigilância 163
2.4.7.7.3.3. Fiscalização Pontual 164
2.4.7.7.3.4. Refis 166
2.4.8. Consentimento do Interessado 167

3. Instrumentos de Proteção 171
3.1. Proteção Penal 171
3.1.1. Histórico 171
3.1.2. Bem jurídico 173
3.1.3. Sujeito Ativo 173
3.1.4. Sujeito Passivo 175
3.1.5. Tipos Objetivos 175
3.1.5.1. *Caput* 175
3.1.5.2. Parágrafo Único 178
3.1.6. Elemento Subjetivo 179
3.1.7. Consumação 179
3.1.8. Concurso de Crimes 179
3.2. Responsabilização Civil 180
3.3. Provas Ilícitas 185
3.4. Instrumentos Processuais 191
3.4.1. Processo Penal 191
3.4.2. Processo Civil 194

Conclusão 197

Bibliografia 201

Lista de abreviaturas e siglas

ADI	Ação Direta de Inconstitucionalidade
ADIs	Ações Diretas de Inconstitucionalidade
ADIMC	Medida Cautelar em Ação Direta de Inconstitucionalidade
ac	acrescido
AC	Apelação Cível
ACR	Apelação Criminal
AG	Agravo
AGA	Agravo em Apelação
AGINQ	Agravo em Inquérito
AGRHC	Agravo em *Habeas Corpus*
AGU	Advocacia Geral da União
AI	Agravo de Instrumento
AMS	Apelação em Mandado de Segurança
AP	Ação Penal
ARAI	Agravo Regimental em Agravo de Instrumento
ARMS	Agravo Regimental em Mandado de Segurança
art.	artigo
ATC	Auto del Tribunal Constitucional
BACEN	Banco Central do Brasil
Bacen Jud	Sistema de Atendimento das Solicitações do Poder Judiciário ao Banco Central do Brasil
CC	Código Civil
CC	Conflito de Competência
CC-5	Carta Circular nº 5
CDC	Código de Defesa do Consumidor
C.E.	Corte Especial
CGC	Cadastro Geral de Contribuintes
CLT	Consolidação das Leis do Trabalho
CNI	Confederação Nacional da Indústria
CNPJ	Cadastro Nacional de Pessoa Jurídica
COAF	Conselho de Controle de Atividades Financeiras
Conv.	Convocado
CP	Código Penal
CPC	Código de Processo Civil
CPF	Cadastro de Pessoa Física
CPI	Comissão Parlamentar de Inquérito
CPMF	Contribuição Provisória sobre Movimentação ou Transmissão de Valores e de Créditos e Direitos de Natureza Financeira
CPMI	Comissão Parlamentar Mista de Inquérito

CPP	Código de Processo Penal
CR	Carta Rogatória
CRFB	Constituição da República Federativa do Brasil
CTN	Código Tributário Nacional
CTB	Código de Trânsito Brasileiro
CVM	Comissão de Valores Mobiliários
D.	Decreto
Des. Fed.	Desembargador Federal
DJ	Diário de Justiça
DJMG	Diário da Justiça de Minas Gerais
DJRJ	Diário da Justiça do Rio de Janeiro
DO	Diário Oficial
Ed.	Edição
EI	Embargos Infringentes
EIAC	Embargos Infringentes em Apelação Cível
FR	França
HC	*Habeas Corpus*
HCML	Medida Liminar em *Habeas Corpus*
HL	Holanda
IBCCrim.	Instituto Brasileiro de Ciências Criminais
IN	Instrução Normativa
Inc.	Inciso
Inq.	Inquérito
IT	Itália
j.	julgamento
LC	Lei Complementar
LEP	Lei de Execução Penal
m.	maioria
MC	Medida Cautelar
Min.	Ministro
MP	Medida Provisória
MS	Mandado de Segurança
MSMC	Medida Cautelar em Mandado de Segurança
MG	Minas Gerais
MT	Mato Grosso
NR	Nova Redação
Ob. cit.	Obra citada
Ob. loc. cit.	Obra e local citados
ONU	Organização das Nações Unidas
PET.	Petição
PETQO	Questão de Ordem em Petição
Pl.	Plenário
R.	Região
RE	Recurso Extraordinário
Refis	Programa de Regularização Fiscal
REO	Remessa de Ofício
REOMS	Remessa de Ofício em Mandado de Segurança
Rel.	Relator
REsp.	Recurso Especial
RF	Revista Forense
RHC	Recurso em *Habeas Corpus*

RMS	Recurso em Mandado de Segurança
ROHC	Recurso Ordinário em *Habeas Corpus*
ROMS	Recurso Ordinário em Mandado de Segurança
RSTJ	Revista do Superior Tribunal de Justiça
RT	Revista dos Tribunais
RTJ	Revista Trimestral de Jurisprudência
S.	Seção
AS	El Salvador
SI	Suíça
SISBACEN	Sistema de Informações do Banco Central
SRF	Secretaria da Receita Federal
STC	Sentencia del Tribunal Constitucional
STF	Supremo Tribunal Federal
STJ	Superior Tribunal de Justiça
T.	Turma
TAMG	Tribunal de Alçada de Minas Gerais
TJMG	Tribunal de Justiça de Minas Gerais
TJRJ	Tribunal de Justiça do Rio de Janeiro
Tir.	Tiragem
Trad.	Tradução
TJRS	Tribunal de Justiça do Rio Grande do Sul
TRE	Tribunal Regional Eleitoral
TRF	Tribunal Regional Federal
TSE	Tribunal Superior Eleitoral
TST	Tribunal Superior do Trabalho
un.	unânime
USP	Universidade de São Paulo
v.	volume

Introdução

É traço do ser humano contemporâneo tentar preservar alguns fatos ou dados do conhecimento alheio, ao mesmo tempo em que nutre um certo interesse pelo segredo alheio, pelo oculto por seus semelhantes. O conhecimento possui, também, valor econômico ou estratégico, podendo ser utilizado comercialmente ou como forma de dominação.

Refletindo tal preocupação, a Constituição de 1988, no inciso X de seu art. 5°, tal como o fazem vários textos constitucionais contemporâneos, garante a inviolabilidade da vida privada, ao lado da intimidade, da honra e da imagem das pessoas, assegurando o direito à indenização pelo dano material ou moral decorrente de sua violação. O inciso XII do art. 5° da Constituição, a seu turno, em dispositivo inovador, como anota Ferraz Júnior,[1] estabelece a inviolabilidade do sigilo de dados, em íntima correlação com a proteção da privacidade.

Em decorrência do próprio contato social, muitas vezes o homem revelará dados ou fatos que fazem parte de sua vida privada ou de sua intimidade. Às vezes, tal revelação se dará de forma voluntária, na vida de relação, com pessoas próximas ou em decorrência de atuação profissional, como no caso dos médicos e terapeutas. Em outras, o acesso se dará sem o conhecimento ou até mesmo contra a vontade do cidadão, seja para fins privados, como nas fotografias da intimidade de pessoas famosas tomadas pela imprensa sensacionalista, ou para fins públicos, como a investigação criminal, visando à produção da prova no processo penal, a qual se dá mediante um conjunto de atividades que podem atacar a vida privada e mesmo a intimidade, como a busca e apreensão (CPP, arts. 240 a 250), a interceptação telefônica (Lei n° 9.296, de 24 de julho de 1996) e a *quebra* dos sigilos financeiro (LC n° 105, de 10 de janeiro de 2001) e fiscal (CTN, art. 198).

Em seu conjunto, o problema não é novo, pois já há muito aí se contrapõem, de um lado, o direito individual à preservação da esfera privada

---

[1] FERRAZ JÚNIOR, Tércio Sampaio. Sigilo de Dados: o Direito à Privacidade e os Limites à Função Fiscalizadora do Estado. *Cadernos de Direito Constitucional e Ciência Política*, São Paulo, n. 1, p. 75, out.-dez. 1992.

e, de outro, o direito público à informação e o interesse público na elucidação dos fatos criminosos e aplicação da penalidade pertinente, a qual deve se dar de acordo com o devido processo legal (CRFB, art. 5°, LV), até porque *são inadmissíveis, no processo, as provas obtidas por meios ilícitos* (CRFB, art. 5°, LVI).

Do conjunto de aspectos da vida privada acima elencados, assume especial interesse o sigilo financeiro,[2] uma vez que este se constitui em instrumento de proteção à vida privada cuja maior ou menor extensão também irá determinar o fluxo de capital interno e externo pelo sistema financeiro nacional e internacional. Assim, da maior ou menor proteção que se dá ao sigilo financeiro decorrerão efeitos práticos no sistema financeiro e na investigação criminal. Além disso, pode ser utilizado como uma técnica de captação, uma estratégia econômica do país para atrair capitais estrangeiros, geralmente acompanhada de uma política de baixa incidência tributária sobre tais valores, como ocorre com a Suíça, Luxemburgo, o Líbano, o Uruguai[3] e vários outros *paraísos fiscais.*

O tema do sigilo financeiro adquiriu relevo ainda maior nos dias atuais, uma vez que, na sociedade moderna, a propriedade mobiliária assumiu maior importância que a imobiliária, e, além disso, praticamente a totalidade dos negócios é efetivada com intermediação bancária. Assim, o acesso às informações bancárias de uma determinada pessoa física ou jurídica permite conhecer não só sua situação financeira, mas também muito sobre seus negócios, suas preferências, seus gastos, ingressos, hábitos e aquisições. Quanto às pessoas jurídicas, o conhecimento de sua situação bancária pode até mesmo ser uma forma de burlar a livre concorrência, se o acesso a tais dados for obtido por um concorrente, fornecedor ou cliente. Isso se torna ainda mais relevante com os modernos meios tecnológicos hoje existentes, especialmente o computador,[4] a permitir um rápido entrecruzamento de informações, bem como da utilização de tais meios para a prática de crimes, especialmente no campo da macrocriminalidade de colarinho branco ou dourada, como em crimes de informática, contra a ordem tributária, o sistema financeiro e o consumidor, ou para a lavagem de dinheiro.

Estabelecidos que estavam, pela jurisprudência, os principais contornos da matéria à luz da legislação anterior (Lei n° 4.595, de 31 de dezembro de 1964, art. 38), reabriu-se a discussão com a nova regulamentação, vei-

---

[2] Embora consagrada pela tradição e pelo uso a expressão *sigilo bancário* é mais preciso, atualmente, falar-se em *sigilo financeiro* uma vez que não apenas os bancos em sentido estrito têm o dever de sigilo, mas também outras instituições financeiras não-bancárias.

[3] ABRÃO, Nelson. *Curso de Direito Bancário.* 2ª ed., São Paulo: RT, 1988, p. 51.

[4] Sobre a matéria: LIMBERGER, Têmis. A Informática e a Proteção à Intimidade. *Revista da Associação dos Juízes do Rio Grande do Sul*, Porto Alegre, n. 80, p. 319, dez. 2000.

culada pela LC nº 105, de 10 de janeiro de 2001, que: "Dispõe sobre o sigilo das operações de instituições financeiras e dá outras providências." Esse diploma, que será analisado ao longo deste trabalho, pretendeu dar uma nova e mais adequada disciplina à matéria, que de fato merecia mais que um singelo artigo da trintenária Lei nº 4.595/64.

Uma dificuldade na abordagem do tema escolhido reside na circunstância de que o sigilo financeiro tem implicações com vários ramos do direito, a saber: a) direito constitucional, do ponto de vista da proteção da vida privada (CRFB, art. 5º, X[5]) e das provas ilícitas (CRFB, art. 5º, LVI[6]); b) comercial, especialmente em seu ramo bancário, e do consumidor, no que diz com as relações entre bancos e clientes; c) civil, essencialmente diante da possibilidade de reparação do dano proveniente de eventual divulgação indevida; d) penal, pois há proteção criminal na matéria (CP, art. 154[7] e Lei nº 7.492, de 16 de junho de 1986, art. 18[8]); e) trabalhista, quanto ao modo como os empregados do banco são obrigados a preservar o segredo; f) processual penal, pois a prova produzida com violação indevida do sigilo será ilícita e, portanto, inadmissível no processo, havendo também restrição ao testemunho (CPP, art. 207[9]); g) processual civil, pois além das restrições à prova (CC, art. 229[10] e CPC, arts. 347, II[11]; 363, IV[12] e 406, II[13]) há discussão sobre a possibilidade de quebra de sigilo financeiro para fins processuais civis, como, por exemplo, para encontrar bens passíveis de penhora em processo de execução; h) tributário, pois as informações assim obtidas podem ser do interesse da fiscalização tributária para possibilitar o lançamento tributário ou identificar alguma infração cometida pelo contribuinte;[14] i) internacional público, pois a circulação de riquezas por via ban-

---

[5] Art. 5º.(...) X. São invioláveis a intimidade, a vida privada, a honra e a imagem das pessoas, assegurado o direito a indenização pelo dano material ou moral decorrente de sua violação.

[6] Art. 5º. (...) LVI. São inadmissíveis, no processo, as provas obtidas por meios ilícitos.

[7] Art. 154. Revelar alguém, sem justa causa, segredo, de que tem ciência em razão de função, ministério, ofício ou profissão, e cuja revelação possa produzir dano a outrem.

[8] Art. 18. Violar sigilo de operação ou de serviço prestado por instituição financeira ou integrante do sistema de distribuição de títulos mobiliários de que tenha conhecimento, em razão de ofício.

[9] Art. 207. São proibidas de depor as pessoas que, em razão de função, ministério, ofício ou profissão, devam guardar segredo, salvo se, desobrigadas pela parte interessada, quiserem dar o seu testemunho.

[10] Art. 229. Ninguém pode ser obrigado a depor sobre fato: I – a cujo respeito, por estado ou profissão, deva guardar segredo.

[11] Art. 347. A parte não é obrigada a depor de fatos: (...) II – a cujo respeito, por estado ou profissão, deva guardar sigilo.

[12] Art. 363. A parte e o terceiro se escusam de exibir, em juízo, o documento ou a coisa: (...) IV – se a exibição acarretar a divulgação de fatos, a cujo respeito, por estado ou profissão, devam guardar segredo.

[13] Art. 406. A testemunha não é obrigada a depor de fatos: (...) II – a cujo respeito, por estado ou profissão, deva guardar sigilo.

[14] Sobre a matéria: ABRÃO, Carlos Henrique. Os Sigilos Bancário e Fiscal na Cobrança da Dívida Ativa, *Revista Dialética de Direito Tributário*, São Paulo, n. 30, p. 15-16, mar. 1998.

cária não fica circunscrita aos limites de um só país, o que faz com que sejam necessários os instrumentos internacionais na matéria.

O objetivo deste trabalho é, diante disso, o levantamento da problemática pertinente ao sigilo financeiro, à luz da doutrina dos direitos fundamentais. Especificamente, pretende-se examinar o direito fundamental à vida privada como um possível fundamento para o sigilo financeiro, bem como sua compatibilização com o interesse coletivo em tais informações, para fins de fiscalização, efetivação da justiça ou elucidação e punição de delitos, determinando até que ponto e em que casos será legítima a violação ou restrição do direito fundamental em exame, à luz do ordenamento jurídico nacional. Ao final, serão examinadas as respostas possíveis em caso de violação do sigilo, nos campos penal, civil e processual.

A problemática será estudada tal como se apresenta no ordenamento jurídico nacional contemporâneo, com recurso a fontes estrangeiras ou históricas para o fim de solucionar problemas constatados na atual disciplina brasileira da matéria.

Na primeira parte, será examinado o direito fundamental à vida privada, à luz da teoria geral dos direitos fundamentais, seguida da determinação conceitual, modo a diferenciá-lo do direito de intimidade, como anota Fregadolli,[15] e da sua evolução histórica. Diante disso, pretende-se, então, levantar o que existe acerca da conceituação da vida privada, a fim de determinar se a vida privada e a intimidade são conceitos diversos e em caso positivo, quais os limites entre uma e outra. A seguir, diferenciar o direito à vida privada frente aos direitos de proteção da honra e da imagem. Por fim, questionar-se-á a existência de um direito genérico à proteção da vida privada ou apenas uma sucessão de casos diversos, sem relação entre si. Seguirá levantamento do tratamento da questão no direito estrangeiro e nacional, em seus contornos constitucionais.

Na segunda parte, será analisado o sigilo financeiro em si, enquanto forma específica de proteção da vida privada. Serão analisados seu histórico, conceito e fundamentos, bem como o perfil de sua proteção, levando em conta as hipóteses e a competência para limitação, conforme definido pela legislação infraconstitucional.

Na terceira parte, serão examinados os instrumentos de proteção do sigilo financeiro, tanto de ordem preventiva quanto repressiva. Para tanto, examinaremos as três grandes formas de proteção, a saber, a responsabilização criminal e civil e o tratamento processual dado à matéria. Não houve, nesse ponto, pretensão de esgotamento da matéria, buscando-se essencialmente as relações mais específicas com o sigilo financeiro.

---

15 FREGADOLLI, Luciana. O Direito à Intimidade. *Cadernos de Direito Constitucional e Ciência Política*, São Paulo, n. 19, p. 207, abr.-jun. 1997.

1. O Direito Fundamental à Vida Privada

1.1. DETERMINAÇÃO CONCEITUAL DA VIDA PRIVADA

A pesquisa realizada permitiu constatar uma grande indefinição sobre os contornos da intimidade e da vida privada, tanto na jurisprudência, quanto na própria doutrina. De acordo com Luciana Fregadolli:

> (...) não tem havido, em relação à privacidade, um consenso, salientando-se que certos autores a distinguem e outros a identificam com a intimidade, razão pela qual o nosso legislador constituinte preferiu garantir tanto o direito à intimidade como o direito à vida privada, a fim de incluir todos os elementos que podem estar implícitos em cada um dos conceitos.[16]

Essa indeterminação tem como uma de suas causas, provavelmente, o caráter eminentemente cultural e relativo de tais conceitos.[17] Assim, o que é privado em determinadas sociedades poderá ser público em outras e aquilo que hoje é preservado como privado em algum tempo poderá ser de domínio público. Em certos lugares do globo, é impudico mostrar as costas ou, para as mulheres, os seios. Em outros, tal não se dá. Mesmo entre grupos sociais que convivem em um mesmo país ou cidade poderão ocorrer variações entre o que será considerado privado ou não. Sendo assim, a determinação concreta do conteúdo de tais direitos deverá ocorrer, necessariamente, dentro de cada contexto histórico e geográfico, à luz do texto constitucional e legal, bem como dos costumes locais, especialmente pelo Poder Judiciário, que tem aí papel de grande relevo, como concretizador do direito fundamental, ao dirimir os conflitos entre tais direitos e outros que possam a ele representar ameaças, concretizando e determinando, de acordo com o seu tempo, a noção de vida privada, por si só dinâmica e flexível. É esta flexibilidade que permitirá a adaptação do texto a novas realidades, não previstas quando da edição da norma. Não se poderia imaginar ou regular, por exemplo, as

---

[16] FREGADOLLI, Luciana. *O Direito à Intimidade*, p. 209.

[17] PISÓN CAVERO, José Martínez de. *El Derecho a la Intimidad en la Jurisprudencia Constitucional*. Madrid: Civitas, 1993, p. 28.

novas possibilidades de invasão da vida privada representadas pela informática.[18] Como já afirmou o Tribunal Constitucional espanhol, a respeito da preservação da intimidade e da vida privada: "Estas são realidades intangíveis cuja extensão vem determinada em cada sociedade e em cada momento histórico e cujo núcleo essencial em sociedades pluralistas ideologicamente heterogêneas devem determinar os órgãos do Poder Judiciário".[19]

No Brasil mesmo há informações sobre a vida econômica ou pessoal que são objetos de registros públicos, acessíveis a terceiros, por razões históricas e de segurança jurídica, sem que se vislumbre aí eventual violação ao direito à vida privada, como o registro imobiliário, o registro civil das pessoas naturais e os registros de sociedades comerciais e civis.

As dificuldades na conceituação da vida privada, ou mesmo da determinação de seu núcleo essencial, diante da enormidade das penumbras que o cercam, não deve significar, porém, o abandono da perseguição de sua concretização. Já destacado o papel do Poder Judiciário nessa construção, não se pode esquecer que também a doutrina tem aí que oferecer também sua contribuição, sistematizando e criticando as decisões judiciais, apontando sua falhas ou contradições, ou reforçando suas construções.

A maior parte da doutrina e da jurisprudência utiliza indistintamente as expressões *vida privada* e *intimidade* (STJ, AGINQ nº 187/DF, Rel. Min. Sálvio de Figueiredo Teixeira, C.E., un., DJ 16.9.96, p. 33.651), sendo encontráveis, também, referências à *privacidade* (STJ, REsp. nº 37.566/RS, Rel. Min. Demócrito Reinaldo, 1ª T., un., DJ 28.3.94, p. 6.294), *à intimidade da vida privada*,[20] à *vida particular* ou *vida íntima;*[21] à *privança;*[22] à *privatividade*, à *esfera privada*[23] e ao *âmbito íntimo*. Preferimos a expressão *vida privada* em detrimento de *privacidade*, já que a primeira, sobre ter sido consagrada pela CRFB, é da tradição da língua portuguesa, enquanto *privacidade* é um anglicismo oriundo do termo *privacy*, introduzido em nosso meio na década de 70 do século passado, segundo Houaiss.[24]

---

[18] PISÓN CAVERO, José Martínez de. *El Derecho a la Intimidad en la Jurisprudencia Constitucional*, p. 81.

[19] Fundamento 4 da STC 171/1990, de 5 de novembro.

[20] DOTTI, René Ariel. *Proteção da Vida Privada e Liberdade de Informação*. São Paulo: RT, 1980, p. XI.

[21] BASTOS, Celso Ribeiro; MARTINS, Ives Gandra. *Comentários à Constituição do Brasil*. Vol. I, São Paulo: Saraiva, 1988.

[22] Termo considerado antigo, mas referido por: FERREIRA, Ivete Senise. A Intimidade e o Direito Penal. *Revista Brasileira de Ciências Criminais*, São Paulo, n. 5, p. 99, jan.-mar. 1994.

[23] SILVA, Tadeu Antônio Dix. *Liberdade de Expressão e Direito Penal no Estado Democrático de Direito*. São Paulo: IBCCrim, 2000, p. 176.

[24] HOUAISS, Antônio; VILLAR, Mauro de Sales; FRANCO, Francisco Manoel de Mello. *Dicionário Houaiss da língua portuguesa*. 1.ed. Rio de Janeiro: Objetiva, 2001. No mesmo sentido, PAULO JOSÉ DA COSTA Jr. para quem: "(...) a expressão exata, em bom vernáculo, é privatividade, que vem de privativo. E não privacidade, que é péssimo português e bom anglicismo (vem de privacy)." (*O direito de estar só – Tutela Penal da Intimidade*. São Paulo: RT, 2ª ed., 1995, p. 25.)

Não há negar, de fato, a existência de traços comuns entre os direitos à vida privada e a intimidade, ambos fundados na dignidade humana, consubstanciado na exclusividade, entendida como a preservação, por parte do cidadão, de atos, fatos ou características suas em um âmbito exclusivo, alheio ao conhecimento de terceiros. Em outras palavras, o cidadão, no exercício de tais direitos, controla a acessibilidade sobre sua pessoa.[25]

Tendo em vista, porém, que o nosso texto constitucional expressamente menciona a *intimidade* e a *vida privada*, parece de rigor concluir que não são sinônimas as duas expressões, o que, aliás, assim é na linguagem ordinária, ponto de partida para a interpretação, embora inexista, igualmente, consenso sobre o sentido de ambas as expressões.

O Dicionário Houaiss da língua portuguesa apresenta as seguintes definições:

íntimo: 1 relativo a ou que constitui a essência, o cerne de algo «a razão í. das coisas» «a natureza í. de um ser» 2 que tem origem ou que existe no âmago de uma pessoa «convicção í.» «desejos í.» 3 que diz respeito ao que se passa nos recônditos da mente, do espírito «problemas de foro í.» 4 a que se é estreitamente ligado por laços de afeição e amizade «amigo í.» 5 que tem o cunho de afeição profunda, de amizade sem reservas «são duas famílias de ligação í.» 6 que envolve contato ou ato sexual «nunca tiveram relações í.» 7 em que há estreita associação (diz-se de coisas) «a empresa tem í. ligação com o governo» «só gosta da poesia que é í. da realidade» 8 de que participam somente aqueles com que se tem estreita relação de amizade, ou familiaridade «jantar í.» «em situações í. é outra pessoa inteiramente» 9 que trata de assuntos extremamente pessoais e confidenciais; particular, privado «correspondência í.» «revelações í.» 10 que traduz cumplicidade, afeição e/ou atração física «trocaram olhares í.» 11 cujo ambiente é propício a que se tenha privacidade, tranqüilidade e aconchego «um restaurante bastante pequeno e í» 12 que é profundo e minucioso «tem í. conhecimento do Surrealismo» 13 relativo à região genital «partes í.» 14 pessoa que pertence à intimidade ou o círculo de confiança de alguém; amigo íntimo «o almoço será só para os í.» 15 o que há de mais profundo e interior em alguma coisa; âmago 16 o fundo da alma, da mente «não sei o que lhe vai no í.» (...) privado: 1 favorito, conselheiro ou protegido de um soberano; valido 2 a quem se privou de (algo); destituído, despojado, desapossado «a criança p. de amor» 3 que pertence a um indivíduo particular «bens p.» «empresa p.» p. opos. a público 4 restrito, reservado a quem de direito, confidencial «reunião p.» 5 que é pessoal e não expresso em público «vida p.» 6 que não possui emprego público nem oficial «cidadão p.» 7 afastado do conhecimento público; secreto «documentos p.» 8 assumindo individualmente ou por conta própria «investigação p.» 9 sem presenças alheias; só, solitário, isolado «jantar p.» 10 do interior da pessoa; íntimo, interno «temperamento p.» 11 relativo ou pertencente à fonte não governamental «verga p.» (...)

Também em outros idiomas há distinção entre intimidade e vida privada.

---

[25] PISÓN CAVERO, José Martínez de. *El Derecho a la Intimidad en la Jurisprudencia Constitucional.* p. 73.

Em espanhol, é mais utilizado o termo *intimidade*, certamente por ter sido este expressamente referido na Constituição (art. 18, 1), ao contrário da vida privada, cuja noção é construída a partir de documentos internacionais, especialmente a Convenção Européia de Direitos Humanos. Assim como no português, o termo *privacidad* é um neologismo, oriundo do inglês, que vem ganhando espaço.[26]

No inglês, berço da construção da noção de vida privada, o termo utilizado com larga amplitude é *privacy*, restando *intimity e intimacy* com menor utilização por designarem relações sexuais ilícitas.

Em francês distinguem-se *intimité* e *vie privée*; e em italiano *intimitá* e *privatezza* ou *riservatezza*.[27]

Em alemão, distinguem-se, na linguagem comum, *Intimität* e *Privat Leben*. Na linguagem jurídica, com a precisão que lhes é peculiar, construíram os germânicos a teoria das esferas, que utiliza a imagem de círculos concêntricos.[28] Na primeira formulação, de Hubmann, existiriam as esferas da vida pública, a esfera da vida privada (*Privatsphäre*) e a esfera da vida individual (*Individualsphäre*). A primeira como o campo a ser protegido de intromissões externas e a segunda abrangendo o direito ao nome, à imagem e à reputação. Henkel, a seu turno, desdobrou a esfera privada em outras três, uma esfera privada em sentido estrito; ladeada por uma esfera da intimidade (*Vertrauensphäre*) ou esfera confidencial (*Vertraulichkeitsphäre*) e uma esfera do segredo (*Geheimsphäre*). Na primeira, estariam os dados e informações conhecidos por um número determinado de pessoas. Na segunda, mais restrita, o acesso se daria somente por pessoas íntimas ou de confiança, compreendendo o segredo profissional e o sigilo de correspondência. Por fim, no segredo, o acesso é excluído de todos os demais indivíduos.[29]

Então, a intimidade diferenciar-se-ia da privacidade em termos de grau, mas já a esfera da vida privada fica, de modo geral, excluída do acesso dos demais cidadãos, havendo assim graus de exclusividade. Na intimidade, o grau de exclusividade é maior do que na privacidade. Finalmente, há uma esfera individual. Nessa esfera individual é que vigora um princípio de exclusividade ou de exclusão, no qual não devem ingressar o Estado ou outros cidadãos.[30]

---

26 PISÓN CAVERO, José Martínez de. Ob. cit., p. 28.

27 Ibidem, p. 15.

28 A teoria das esferas é criticada por Silva em dois pontos. Primeiro, por ser considerada estática, não levar em conta as variações históricas. Segundo, por ser vazia de conteúdo, por não determinar o que deverá ser contido em cada esfera. (SILVA, Tadeu Antônio Dix. *Liberdade de Expressão e Direito Penal no Estado Democrático de Direito*, p. 190.)

29 SILVA, Tadeu Antônio Dix. *Liberdade de Expressão e Direito Penal no Estado Democrático de Direito*, p. 183.

30 LAFER, Celso. *A Reconstrução dos Direitos Humanos*. São Paulo: Cia. das Letras, 1988, p. 267.

Outra formulação interessante, também de origem alemã, é a chamada teoria dos mosaicos, a qual parte da superação da dicotomia entre público e privado em função e admite a possibilidade de violação a partir do entrecruzamento de várias informações, as quais, isoladas, não violariam o direito à vida privada, como as peças de um mosaico.[31]

As definições acima parecem conferir razão à Gonzáles Gaitano, para quem a noção de vida privada designa algo que fica oculto ou afastado dos demais, enquanto a intimidade, comungando com a vida privada a característica da exclusividade, desta se diferencia por estar mais ligada aos sentimentos, emoções, estados de ânimo e à imanência, ou seja, aquilo que permanece dentro do agente, por ter nele seu próprio fim, sendo vista como um fator de individuação, em oposição ao que é transcendente, que passa do agente para o objeto. A intimidade seria algo espiritual, imaterial.[32] Também por isso a intimidade se distingue da interioridade, que tem um sentido físico. Poder-se-ia dizer, assim, que o íntimo é algo que se pretenda esteja oculto dos demais, estando, desse modo, contido na vida privada, mas sendo mais restrito.

Como exemplos de manifestações da intimidade podem ser lembrados: confidências, recordações pessoais, memórias, diários, relações familiares, lembranças de família, sepultura, vida amorosa ou conjugal, saúde física ou mental, afeições, entretenimentos, costumes domésticos a liberdade constitucional de consciência e de crença, que seria um aspecto do direito à intimidade.[33] Já no âmbito da vida privada podem ser vistos como manifestações o segredo profissional, a inviolabilidade da correspondência e do domicílio, o direito ao esquecimento, o sigilo financeiro e o tratamento de dados informatizados.

Concluído haver distinção entre intimidade e vida privada, poderíamos definir o direito à vida privada, com apoio em Tércio Sampaio Ferraz Jr., como um direito subjetivo fundamental, emanado do direito de personalidade, que tem como sujeito qualquer pessoa física, brasileira ou estrangeira, que resida ou transite no Brasil, que tem como conteúdo constranger os demais ao respeito, ao que é próprio ou privado ao cidadão, e como objeto a sua integridade moral.[34]

---

[31] TÉLLEZ AGUILERA, Abel. *Nuevas Tecnologias. Intimidad y Protección de Datos*. Madrid: Edisofer, 2001, p. 64.

[32] GONZÁLES GAITANO, Norberto. *El Deber de Respeto a la Intimidad*. Pamplona: Ediciones Universidad de Navarra, S.A. 1990, p. 18.

[33] AIETA, Vânia Siciliano. *A Garantia da Intimidade como Direito Fundamental*. Rio de Janeiro: Lumen Juris, 1999, p. 121.

[34] FERRAZ JUNIOR, Tércio Sampaio. Sigilo de Dados: o Direito à Privacidade e os Limites à Função Fiscalizadora do Estado. *Cadernos de Direito Constitucional e Ciência Política*, São Paulo, n.1, p. 83, 1992.

Não deve ser confundida, tampouco, a preservação da vida privada e da intimidade com a proteção da honra, também objeto do inciso X do art. 5º da CRFB. A proteção da vida privada abrange quaisquer fatos que se pretende permaneçam ocultos, sejam eles positivos ou negativos, enquanto apenas a divulgação destes poderá configurar ofensa à honra. Quanto à honra, consiste essencialmente na idéia que a pessoa faz de si própria (honra subjetiva) e que terceiros dela fazem (honra objetiva). Assim, ainda que um certo grau de intimidade seja necessário, essencialmente para a formação da honra subjetiva, seus caracteres são diversos. Toda pessoa necessitará de uma certa intimidade e mesmo que seja privada desta, poderá manter sua honra. Do mesmo modo, nem todo ataque à vida privada consistirá em uma ofensa à honra. A invasão da vida privada se dá pelo conhecimento de fatos que o cidadão pretendia manter fora do conhecimento dos demais, mesmo que tais fatos não sejam desonrosos. Além disso, a imputação de uma característica desonrosa poderá consistir em ofensa à honra, ainda que se cuide, por exemplo, de um defeito físico visível à primeira vista e que, portanto, não possa ser privativa, por necessariamente exposta no contato social. Na proteção da vida privada, o essencial é que a informação deve ser preservada de terceiros, enquanto na proteção da honra o que se evita é a divulgação de uma informação que rebaixa o indivíduo perante terceiros.[35]

Quanto à proteção da imagem, embora tenha tido esta, também, inicialmente, um cunho privatista, hoje adquiriu foros de proteção da dignidade humana, como os demais direitos referidos no inciso X do art. 5º da Constituição. Poderá ocorrer, porém, violação do direito à imagem sem ofensa à honra, quando a imagem colhida, por si só, não seja desairosa, como na utilização não autorizada da fotografia de alguém para uma propaganda. Distingue-se a proteção da imagem, igualmente, da proteção da vida privada, pois a imagem poderá ser colhida quando a pessoa circula em local público, como uma praça. Ainda assim, sua imagem não poderá ser veiculada sem autorização, não pela preservação da vida privada, mas sim do direito à imagem, que dela independe.[36]

Merece questionamento, ainda, a existência de um direito genérico à preservação da vida privada, com um núcleo comum, caso em que se poderiam imaginar outras manifestações desse direito, não previstas de forma expressa.

A questão foi discutida na célebre polêmica entre Prosser e Bloustein. O primeiro, analisando a jurisprudência norte-americana,[37] concluiu que as

---

[35] PISÓN CAVERO, José Martínez de. *El Derecho a la Intimidad en la Jurisprudencia Constitucional*, p. 102.
[36] FARIAS, Edilsom Pereira de. *Colisão de Direitos, a Honra, a Intimidade, a Vida Privada e a Imagem versus A Liberdade de Expressão e Informação*. Porto Alegre: Sergio Antonio Fabris Editor, 1996, p. 121.
[37] Sobre a evolução da jurisprudência norte-americana na matéria, vide, infra, o item 1.2.1.

formas de invasão da vida privada poderiam ser divididas em quatro categorias, a saber: a) intromissão por meio físico, visual ou eletrônico no âmbito pessoal do cidadão; b) a revelação pública de fatos privados embaraçosos; c) a revelação pública de fatos falsos atribuídos a uma pessoa; ou, d) o uso do nome, da imagem ou de qualquer outro dado da identidade de uma pessoa, sem sua autorização, com fins lucrativos. Prosser tem uma concepção cética quanto à existência de um direito fundamental à vida privada. Para tal autor, na linha do *case law*, inexistiria, assim, um direito à vida privada, mas sim um conjunto de casos reunidos sob tal nome, aos quais faltaria um tronco comum. Bloustein, a seu turno, entendia que a *privacy* tinha como fundamento a proteção da dignidade humana, sendo perfeitamente possível falar-se em um direito geral de proteção da vida privada.[38]

A primeira linha, mais casuística, apresenta-se, de um lado, adequada para um direito multifacetado, variado e cultural como é a vida privada. Parece-nos, porém, possível identificar um núcleo mínimo ou idéia-força na proteção da vida privada, que reside na nota da exclusividade, variando o grau dessa exclusividade conforme a sociedade, o tempo e a própria pessoa de quem se trata. Bem por isso, esse relativismo não deve negar validade à cláusula genérica de proteção da vida privada, a partir da qual poderão os tribunais construir e adaptar aos costumes de cada país e mesmo levando em consideração dados como cuidar-se de uma pessoa pública ou privada, qual foi seu comportamento anterior em relação à preservação, ou mesmo a existência de um interesse público na divulgação daquele fato.

Por fim, não há negar, também, um necessário aspecto relacional da personalidade humana, que não faz parte de sua intimidade ou de sua vida privada. Caracteres como o nome e a imagem são exclusivos, são próprios do cidadão, mas se desenvolvem necessariamente perante os outros, no contato social.[39]

1.2. HISTÓRICO

1.2.1. Direito Estrangeiro

A necessidade de preservação de um âmbito de exclusividade para o indivíduo é uma necessidade moderna. No mundo greco-romano, o homem exercia sua liberdade na vida política, participando das decisões sobre o

---

[38] PISÓN CAVERO, José Martínez de. *El Derecho a la Intimidad en la Jurisprudencia Constitucional*, p. 35.

[39] FERRAZ JÚNIOR, Tércio Sampaio. Sigilo de Dados: o Direito à Privacidade e os Limites à Função Fiscalizadora do Estado, p. 79.

destino de sua comuna. Na vida em família não havia liberdade ou reserva de ação, devendo o cidadão agir de acordo com o determinado pelo Estado.[40] Naqueles tempos, as esferas pública e privada distinguiam-se por critério diverso do atual, a saber, a utilidade: o que era de utilidade pública era público, e o que era de utilidade particular era particular.

Modernamente, há um espaço público-estatal, ligado ao aparelho do Estado, o qual deve ser informado essencialmente pelos critérios da igualdade e da transparência. Há também um espaço social-privado ou um público-privado que é imposto pelo contato social, assim entendido aquele espaço em que o cidadão se inter-relaciona com os demais, de modo que não há exclusão, na medida em que, por exemplo, o cidadão utiliza o seu nome, que lhe é próprio, no contato social, de modo que não se pode aí falar de vida privada. Com relação a esse social-privado, que é criado pela sociedade de massas, é que há uma necessidade de criar uma proteção em relação ao indivíduo para que ele possa preservar a sua individualidade.[41]

No mundo moderno, o cidadão tem menores chances de participação direta na vida política. O âmbito do exercício da liberdade desloca-se, então, do lugar público para o privado. Segundo Benjamin Constant, citado por Rebollo Delgado, a liberdade moderna se identifica com o desfrutar da intimidade.[42]

A partir do nascimento e fortalecimento da burguesia e do individualismo que lhe acompanhou, baseado em Hobbes, Mill e Locke, a partir do término da Idade Média e início da Era Moderna, essa nova classe passa a exigir um espaço privado, ou seja, afastado de possíveis intervenções do Estado e mesmo de terceiros, o que passa a ser positivado de modo específico ou casuístico, como na inviolabilidade do domicílio e da correspondência, a preservação do direito de autor e do direito à imagem, bem como em bases contratuais.[43] Também nos direitos de vizinhança, com proibições como a construção de janelas nos limites do terreno, podem ser vistos antecedentes da preservação da vida privada.[44] Como fundamento para tais limites utilizava-se, inicialmente, o direito de propriedade, notando-se um forte caráter patrimonialista na proteção. Nessa primeira fase, a proteção da vida privada era um privilégio exclusivo da classe burguesa, dado que,

---

40 O direito romano conhecia, porém, a proteção do domicílio. (REBOLLO DELGADO, Lucrecio. *El Derecho Fundamental a la Intimidad*, p. 55.)

41 FERRAZ JÚNIOR, Tércio Sampaio. *Sigilo de Dados: o Direito à Privacidade e os Limites à Função Fiscalizadora do Estado*, p. 78.

42 REBOLLO DELGADO, Lucrecio. *El Derecho Fundamental a la Intimidad*. Madrid: Dykinson, 2000, p. 43.

43 PISÓN CAVERO, José Martinez de. *El Derecho a la Intimidad en la Jurisprudencia Constitucional*, p. 52.

44 DOTTI, René Ariel. *Proteção da Vida Privada e Liberdade de Informação*, p. XII.

para o povo, que trabalhava e vivia no mesmo espaço físico, a preservação de um espaço privado era algo impossível.[45]

Uma segunda fase na evolução de tal proteção pode ser vista na construção da doutrina dos direitos da personalidade, formulado pelos civilistas.[46] Vivia-se, ainda, a era dos grandes códigos civis, anterior ao fortalecimento das constituições que se iniciaria no século XX. A formulação era, ainda então, de caráter privado.

Seguiu-se a positivação da proteção da vida privada e da intimidade em vários documentos internacionais, alguns dos quais firmados pelo Brasil, e até integrados ao nosso direito interno, o que é especialmente relevante diante da cláusula do § 2º do art. 5º da Constituição. A Declaração Universal dos Direitos Humanos, de 1948, em seu art. 12, estabelece que: "Ninguém sofrerá intromissões arbitrárias na sua vida privada, na sua família, no seu domicílio ou na sua correspondência, nem ataques à sua honra ou reputação. Contra tais intromissões ou ataques toda pessoa têm direito à proteção da lei."

Do mesmo ano é a Declaração Americana dos Direitos e Deveres do Homem, aprovada na IX Conferência Internacional Americana, em Bogotá, segundo a qual: "Toda pessoa tem direito à proteção da lei contra os ataques abusivos à sua honra, à sua reputação e à sua vida privada, particular e familiar."

Embora não tenha vigência em nosso país, merece referência pelo alto grau de desenvolvimento dos países europeus, bem como pela felicidade da redação, inclusive quanto às possibilidades de limitação, o disposto no art. 8º da Convenção Européia sobre a Proteção dos Direitos Humanos e das Liberdades Fundamentais, lavrada em Roma, também em 1948, nos seguintes termos:

1) Toda pessoa tem direito ao respeito de sua vida privada e familiar, de seu domicílio e sua correspondência. 2) Não poderá haver ingerência da autoridade pública no exercício deste direito, salvo na medida em que esta ingerência estiver prevista pela lei e constitua uma medida que, numa sociedade democrática, seja necessária para a segurança nacional, a segurança pública, o bem-estar econômico do país, a defesa da ordem e a prevenção do delito, a proteção da saúde ou da moral, ou a proteção dos direitos e das liberdades dos demais.

Por fim, o art. 17 do Pacto Internacional sobre Direitos Civis e Políticos, adotado pela Assembléia das Nações Unidas para ratificação e adesão em 16 de dezembro de 1996, em vigor a partir de 23 de março de 1976 e incorporado ao nosso direito interno mediante aprovação pelo Decreto Le-

---

[45] PISÓN CAVERO. José Martinez de. *El Derecho a la Intimidad en la Jurisprudencia Constitucional*, p. 44.

[46] SAMPAIO, José Adércio Leite. *Direito à Intimidade e à Vida Privada*. Belo Horizonte: Del Rey, 1998, p. 48-53.

gislativo nº 226/91 (DO de 13.12.91) e promulgação pelo Decreto 592/92 assim dispõe: "Ninguém poderá ser objeto de ingerência arbitrárias ou ilegais em sua vida privada, em sua família, em seu domicílio ou em sua correspondência, nem de ofensas ilegais à sua honra e reputação."

Assim também o fazem a Convenção Americana sobre Direitos Humanos, conhecida como Pacto de São José da Costa Rica, de 1969, no art. 11, nº 2: "Ninguém pode ser objeto de ingerências arbitrárias ou abusivas em sua vida privada, na de sua família, em seu domicílio ou em sua correspondência, nem de ofensas ilegais a sua honra ou reputação." Este ato vigora no Brasil, pois aprovado pelo Decreto Legislativo nº 27/92 (DO de 28.5.92) e promulgado pelo D. nº 678/92.

Atualmente, a maioria dos textos constitucionais consagram, de forma explícita ou implícita, a proteção da vida privada, coincidindo com o fortalecimento das constituições e da doutrina em torno dos direitos fundamentais. Desse modo, atualmente, é fora de dúvida o caráter jusfundamental da proteção da vida privada, uma vez que consagrada na grande maioria dos textos constitucionais contemporâneos, de forma explícita ou implícita. As origens de tal proteção, contudo, remontam a período anterior à própria consagração dos direitos fundamentais. Não se pode negar, é claro, a importância da consagração constitucional da preservação da vida privada e da mudança de seu fundamento da propriedade para a própria personalidade humana, que teve como principal conseqüência a sua universalização, deixando de ser a preservação da vida privada um privilégio dos proprietários para se tornar um direito de todo cidadão.[47]

É no final do século XIX, no contexto histórico do fortalecimento da burguesia, bem como da urbanização, com as pessoas convivendo cada vez mais próximas, da tecnologia, com instrumentos a permitir a devassa da privacidade e da comunicação de massas, a fortalecer um mórbido interesse por fatos privados, que vai consolidar-se a proteção da vida privada. Bem por isso, já se afirmou que se cuida de direito com um forte traço individualista, até porque representa a demarcação de um espaço do homem frente ao Estado e seus semelhantes, o que não impede que hoje tal direito seja interpretado de acordo com o tempo em que vivemos.[48]

São desse período os antecedentes mais próximos do direito à proteção da vida privada.

Na Inglaterra, o primeiro caso noticiado data de 1741, quando a Câmara dos Lordes decidiu pela proibição da venda e divulgação de livros que continham cartas pessoais de várias pessoas, entre as quais Jonathan Swift

---

47 PISÓN CAVERO. José Martinez de. *El Derecho a la Intimidad en la Jurisprudencia Constitucional*, p. 46.
48 SAMPAIO, José Adércio Leite. *Direito à Intimidade e à Vida Privada*, p. 35.

e Alexander Pope, que foram publicadas sem autorização dos autores. Já em 1820, com fundamento na quebra de confiança, foi vedado a um ex-empregado de um veterinário a utilização, em um outro negócio, de fórmulas elaboradas pelo antigo empregador. O caso mais célebre, fundado no direito à imagem, se deu em 1849, quando proibida a divulgação em impressos de pinturas feitas pela Rainha Vitória e o Príncipe Alberto, presenteadas a amigos, as quais chegaram, sem autorização, às mãos de William Strange.[49]

Na doutrina, o pioneiro foi David Augusto Röder, ao publicar, na Alemanha, em 1846, obra intitulada *Grundzüge des Naturrechts oder der Rechtsphilophie*, definindo como violação do direito natural à vida privada as condutas de incomodar alguém com perguntas indiscretas ou entrar em um aposento sem se fazer anunciar.

Na jurisprudência francesa, o precedente mais antigo é o *affaire Rachel*, de 1858, no qual o Tribunal Civil do Sena reconheceu o direito da família de opor-se à publicação de reprodução de fotografia de uma famosa atriz em seu leito de morte, com fundamento no direito à vida privada, e não no direito à imagem.[50]

Mas é nos Estados Unidos da América que a proteção da vida privada terá grande desenvolvimento e o seu marco principal, ao contrário do que se poderia esperar em um país do sistema da *common law*, não é uma decisão judicial, mas um artigo doutrinário, a saber, o ensaio *The Right to Privacy*, publicado em 15 de dezembro de 1890 pelos advogados Samuel Dennis Warren e Louis Dembitz Brandeis, que depois tornou-se juiz da Suprema Corte, na *Harvard Law Review*.

Nesse célebre artigo, alegadamente motivado pelas notícias veiculadas na imprensa sensacionalista sobre a família de Warren, os autores, preocupados com as possibilidades oferecidas pelas modernas tecnologias, defendiam o surgimento de um novo direito de proteção à vida privada, sem conotação patrimonialista, mas emanado do direito geral de personalidade, consubstanciado como um direito de estar só ou de ser deixado tranqüilo (*the right to be let alone*), diferenciado do direito à reputação e do direito autoral. O direito à proteção da vida privada não impediria a publicação de fatos de interesse público ou quando autorizados pelo próprio indivíduo.[51] Os precedentes utilizados por tais autores, porém, tinham um certo cunho patrimonialista, pois baseados no direito de propriedade ou no descumprimento de contratos.[52]

---

[49] DOTTI, René Ariel. *Proteção da Vida Privada e Liberdade de Informação*, p. 46.

[50] SAMPAIO, José Adércio Leite. *Direito à Intimidade e à Vida Privada*, p. 72.

[51] WARREN, Samuel e BRANDEIS Louis. *El Derecho a la Intimidad*. Trad. Benigno Pendás e Pilar Baselga. Madrid: Civitas, 1995.

[52] FAYOS GARDÓ, Antonio. *Derecho a la Intimidad y Medios de Comunicación*. Madrid: Centro de Estudos Políticos y Constitucionales, 2000, p. 31.

A partir daí, paulatinamente, os tribunais norte-americanos passaram a construir a noção de *privacy*.

O primeiro caso referido foi de negativa da existência do direito, por parte do Tribunal de Apelações de Nova Iorque, ao argumento de inexistência de precedentes e de violação do direito de liberdade de imprensa. Era o caso *Roberson v. Rochester Folding Box Co.* em que se discutia a utilização da fotografia de uma mulher, sem seu consentimento, para um anúncio de farinha. Apesar de ter o tribunal negado a existência do direito, a polêmica que se seguiu provocou, posteriormente, a elaboração de uma lei impondo responsabilização civil e criminal em casos como tais.[53]

O primeiro caso de reconhecimento do direito se deu em Geórgia, no caso *Pavesich v. New England Life Insurance Co.*, no qual houve utilização não autorizada do nome, imagem e testemunho de uma pessoa para um anúncio publicitário de uma companhia de seguros, baseado no direito a buscar a felicidade, sem publicidade de dados pessoais.[54]

Depois disso, os tribunais seguiam ora um, ora outro dos precedentes acima, para reconhecer ou negar o direito, até que a própria Suprema Corte, em 1965, declara inconstitucional uma lei do Connecticut que criminalizava o uso de anticoncepcionais por marido e mulher, no caso *Griswold v. Connecticut*, de 1965.[55] Não havendo precedentes para uma elaboração a partir da *common law*, passaram os tribunais a entender que havia um fundamento constitucional para a proteção da vida privada, diferenciado da responsabilidade civil e do direito de propriedade, apesar de a expressão *privacy* não figurar no texto constitucional norte-americano. Ainda assim, a construção do direito à proteção da vida privada baseou-se nos seguintes dispositivos, constantes do *Bill of Rights*: a) liberdade de expressão e associação (artigo I);[56] b) proibição de aquartelar soldados em casas privadas (artigo III);[57] c) direito de segurança pessoal, da casa e seu conteúdo (artigo IV);[58] d) o caráter não-exaustivo dos direitos (artigo IX).[59] O próprio Brandeis, já

---

[53] FAYOS GARDÓ, Antonio. *Derecho a la Intimidad y Medios de Comunicación*, p. 33.

[54] Ibidem, p. 31.

[55] *Griswold v. Connecticut*, 381 U.S. 479 (1965) In: *Oxford Companion to the Supreme Court of the United States*. Oxford: Oxford University Press, 1992, p. 351.

[56] Art. I. O Congresso não legislará no sentido de estabelecer uma religião, ou proibindo o livre exercício dos cultos; ou cerceando a liberdade de palavra, ou de imprensa, ou direito do povo de se reunir pacificamente, e de dirigir ao governo petições para a reparação de seus agravos. (Trad.: Direitos Humanos: Declarações de Direitos e Garantias. 2ª ed. Brasília: Senado Federal, 1996, p. 135.)

[57] Art. III. Nenhum soldado poderá, em tempo de paz, instalar-se em um imóvel sem autorização do proprietário, nem em tempo de guerra, senão na forma a ser prescrita em lei. (Ob. loc. cit.)

[58] Art. IV. O direito do povo à inviolabilidade de suas pessoas, casas, papéis, e haveres contra busca e apreensão arbitrárias não poderá ser infringido; e nenhum mandado será expedido a não ser mediante indícios de culpabilidade confirmados por juramento ou declaração, e particularmente com a descrição do local da busca e a indicação das pessoas ou coisas a serem apreendidas. (Ob. loc. cit.)

[59] Art. IX. A enumeração de certos direitos na Constituição não poderá ser interpretada como negando ou coibindo outros direitos inerentes ao povo. (Ob. cit., p. 136.)

como juiz da Suprema Corte, em voto divergente no caso *Olmstead v. US*, de 1928, apontou para o artigo 4º da Declaração de Direitos como fundamento para a proteção da vida privada.

A partir de tal precedente, numerosas foram as decisões baseadas no direito à proteção da vida privada, nos mais variados campos, como: a) no direito ao aborto, com base na liberdade da mulher de tomar decisões sobre seu corpo (*Roe v. Wade*, 410 US 113, 1973; *Webster v. Reproductive Health Services*, 109 S Ct. 3040, 1989; *Planned Parenthood of South-Eastern Pennsylvania and others v. Caset and others*, 112 S Ct 2791, 120. Led.2d 674, 1992); b) no direito de uma associação de não revelar os nomes de seus membros (*NAACP v. Alabama*, 357 US 449, 1958; *NAACP v. Button*, 371 US 415, 1963); c) no direito reconhecido aos pais de decisão sobre a educação dos filhos, podendo fazê-lo em casa (*Meyer v. Nebraska* 262 US 390, 1923; *Pierce v. Society of Sisters*, 268 US 510, 1925); d) na declaração da inconstitucionalidade de uma lei da Geórgia que criminalizava a posse de material pornográfico dentro de casa (*Stanley v. Georgia*). Em 1986, porém, a Suprema Corte considerou constitucional a criminalização da sodomia por uma lei da Geórgia, ainda que praticada de forma consentida, por adultos, na privacidade de uma casa (*Bowers v. Hardwick*, 478 U.S. 186, 106 S. Ct. 2841, 92 L.Ed.2d 140).[60]

O reconhecimento jurisprudencial gerou, também, a introdução de dispositivos específicos a respeito em algumas constituições estaduais, como no art. I, 1, da Constituição da Califórnia, bem como em numerosas leis, como o *Privacy Act* de 1974 e o *Privacy Protection Act*, de 1980, nas quais reconhecido o *status* constitucional da proteção da vida privada. Apesar disso, lá como aqui, a noção conceitual não é clara, e a aproximação ao conceito ainda demanda desenvolvimento.[61]

1.2.2. Direito Brasileiro

Os textos constitucionais anteriores ao atual não consagravam uma proteção genérica da intimidade ou da vida privada, mas apenas pontualmente, em relação à proteção do domicílio e ao sigilo da correspondência. A própria Constituição do Império, como todas as demais, já previa a proteção do domicílio e da correspondência, respectivamente nos incisos VII e XXVII de seu art. 179. Gianotti, ao tempo da Constituição de 1969, vislumbrava uma proteção constitucional da *intimidade* com fundamento no § 36

---

[60] FAYOS GARDÓ, Antonio. *Derecho a la Intimidad y Medios de Comunicación*, p. 37.
[61] LEVINSON, Sanford. Privacy In: *Oxford Companion to the Supreme Court of the United States*. New York: Oxford University Press, 1992, p. 671.

do art. 153 daquele diploma, assim redigido: "A especificação dos direitos e garantias expressas nesta Constituição não exclui outros direitos e garantias decorrentes do regime e dos princípios que ela adota".[62]

No âmbito legislativo ordinário, a primeira menção expressa à vida privada que alcançamos se deu com a Lei de Imprensa (Lei n° 5.250, de 9 de fevereiro de 1967), que faz referência à vida privada no § 1° de seu art. 49,[63] ao tratar de responsabilidade civil. Já no § 2° do art. 21, em manifestação explícita de *direito ao esquecimento*, a Lei de Imprensa estabelece que: "Constitui crime de difamação a publicação ou transmissão, salvo se motivada por interêsse público, de fato delituoso, se o ofendido já tiver cumprido pena a que tenha sido condenado em virtude dele".

O Código Penal de 1969, que jamais entrou em vigor, previa, em seu art. 62, o crime de violação de intimidade.

A Lei da Informática (Lei n° 7.232, de 29 de outubro de 1984), em seu art. 2°, VIII, protege o sigilo de dados que sejam do interesse da *privacidade* das pessoas.[64]

A Constituição de 1988, a par de manter, nos incisos XI e XII, as garantias da inviolabilidade do domicílio e da correspondência, inovou, no particular, ao prever uma cláusula geral de preservação da vida privada e da intimidade no inciso X de seu art. 5°, Assim também o fazem a Constituição portuguesa de 1976, em seu art. 26[65] e a Constituição espanhola, em seu art. 18.[66]

A cláusula genérica teve a importância de permitir que, além daqueles direitos especificamente mencionados pelo constituinte, outras manifesta-

---

[62] GIANOTTI, Edoardo. *A Tutela Constitucional da Intimidade*. Rio de Janeiro: Forense, 1987, p. 13.

[63] Art. 49. (...) § 1° Aquele que no exercício de liberdade de manifestação de pensamento e de informação, com dolo ou culpa, viola direito, ou causa prejuízo a outrem, fica obrigado a reparar (...) § 1°. Nos casos de calúnia e difamação, a prova da verdade, desde que admissível na forma dos arts. 20 e 21, excepcionada no prazo da contestação, excluirá a responsabilidade civil, salvo se o fato imputado, embora verdadeiro, diz respeito à vida privada do ofendido e a divulgação não foi motivada em razão de interesse público.

[64] Art. 2°. A Política Nacional de Informática tem por objetivo a capacitação nacional nas atividades de informática, em proveito do desenvolvimento social, cultural, político, tecnológico e econômico da sociedade brasileira, atendidos os seguintes princípios: (...) VIII – estabelecimento de mecanismos e instrumentos legais e técnicos para a proteção do sigilo dos dados armazenados, processados e veiculados, do interesse da privacidade e de segurança das pessoas físicas e jurídicas, privadas e públicas; IX – estabelecimento de mecanismos e instrumentos para assegurar a todo cidadão o direito ao acesso e à retificação de informações sobre ele existentes em bases de dados públicas ou privadas;

[65] Art. 26. 1. A todos são reconhecidos os direitos à identidade pessoal, à capacidade civil, à cidadania, ao bom nome e reputação à imagem, à palavra e à reserva da intimidade da vida privada e familiar. 2. A lei estabelecerá garantias efetivas contra a utilização abusiva, ou contrária à dignidade humana, de informações relativas às pessoas e famílias. 3. A privação da cidadania e as restrições à capacidade civil só podem efetuar-se nos casos e termos previstos na lei, não podendo ter como fundamento motivos políticos.

[66] Art. 18. 1. São garantidos os direitos à honra, à intimidade pessoal e familiar e à própria imagem.

ções da vida privada possam ser abrigados sob o pálio daquele direito fundamental.

Como manifestações da preservação da vida privada expressas na Constituição, podem ser enumeradas: a) o direito à imagem (art. 5º, X); b) a inviolabilidade do domicílio (art. 5º, XI); c) o sigilo da correspondência e das comunicações (art. 5º, XII), d) o acesso a bancos de dados (art. 5º, XXXIII; XXXIV, *b* e LXXI). Além desses, vários outros aspectos, não referidos expressamente na Constituição, podem ser lembrados ao se falar em vida privada, como, por exemplo, a utilização de dados informatizados por órgãos públicos ou privados de estatística ou da administração tributária, a possibilidade de vigilância por câmeras de vídeo, o direito de morrer, o direito ao esquecimento, o segredo profissional, o sigilo processual, etc. Refoge, porém, aos limites deste trabalho o detalhamento dessas outras manifestações da vida privada.

A proteção da vida privada de crianças e adolescentes, de resto determinada constitucionalmente (CRFB, art 227) vem detalhada no Estatuto da Criança e do Adolescente, nos seguintes termos, estando o parágrafo único com a redação dada pela Lei nº 10.764, de 12 de novembro de 2003:

Art. 143. E vedada a divulgação de atos judiciais, policiais e administrativos que digam respeito a crianças e adolescentes a que se atribua autoria de ato infracional. Parágrafo único. Qualquer notícia a respeito do fato não poderá identificar a criança ou adolescente, vedando-se fotografia, referência a nome, apelido, filiação, parentesco, residência e, inclusive, iniciais do nome e sobrenome.

Merece referida, ainda, a regra geral sobre proteção da vida privada consagrada no art. 21 do novo CC: "A vida privada da pessoa física é inviolável, e o juiz, a requerimento do interessado, adotará as providências necessárias para impedir ou fazer cessar ato contrário a esta norma."

Por fim, há menção expressa à proteção da vida privada e da intimidade no projeto de lei nº 2.961/97 da Câmara dos Deputados, que tomou o nº 65/99 no Senado, conhecido como *Lei da Mordaça*, ainda em trâmite no Congresso Nacional, que altera a Lei nº 4.898, de 9 de dezembro de 1965, para tipificar como abuso de autoridade qualquer atentado "à intimidade, à vida privada, à honra e à imagem". O projeto estabelece que também constituem abuso de autoridade as condutas adiante descritas:

j) revelar o magistrado, o membro do Ministério Público e membro do Tribunal de Contas, a autoridade policial ou administrativa, ou permitir, indevidamente, que cheguem ao conhecimento de terceiro ou aos meios de comunicação fatos ou informações de que tenha ciência em razão do cargo *e que violem o sigilo legal, a intimidade, a vida privada*, a imagem e a honra das pessoas; l) dispensar tratamento indigno a quem esteja sob custódia de autoridade policial ou permitir a exposição pública de acusado em processo criminal ou administrativo, em detrimento *da intimidade*, da honra e da dignidade da pessoa humana.

1.3. INVIOLABILIDADE DA VIDA PRIVADA COMO DIREITO FUNDAMENTAL

1.3.1. Noção

Embora hoje pareça comum, óbvia e universalmente aceita a igualdade formal entre os homens, historicamente nem sempre assim foi. Na democracia grega, por exemplo, escravos e mulheres não tinham qualquer participação na política, nem acesso ao estudo. Mesmo para os cidadãos, mais importantes eram a pólis e o papel ali desempenhado pelo homem, e não como indivíduo. No direito civil romano nasce o conceito de personalidade, a partir de *persona*, termo que designava a máscara usada pelos atores no teatro, como sujeito de direitos, embrião dos direitos da personalidade.[67]

Mas é somente a partir da formulação tomista de que o homem foi criado à imagem e semelhança de Deus é que começa a despontar a idéia de igualdade entre todos os homens. Posteriormente, com as concepções contratualistas de Estado de Grotius, Locke, Hobbes e Rousseau passa a entender-se que o cidadão, livre por natureza, abre mão de parte de sua liberdade para receber a proteção do Estado. Se o homem é semelhante a Deus e livre por natureza, o Estado, como criação, terá que respeitar alguns limites em relação ao homem. É nesse contexto, de humanismo e superação do absolutismo monárquico, que vem a surgir os primeiros textos legislados consagrando os então chamados direitos do homem, nomeadamente a Declaração dos Direitos de Virgínia, de 1776, e a Declaração francesa dos Direitos do Homem e do Cidadão, de 1789. Tais documentos tiveram como antecedentes remotos de reconhecimento de tais direitos e limitações dos governantes, na Inglaterra, a Magna Carta, de 1215, a Petição de Direitos, de 1628, o *Habeas Corpus Act*, de 1689, e o *Bill of Rights*, de 1689.[68]

A partir daí, com o liberalismo econômico e o fim do absolutismo político, passando a organização política a ser entendida em bases mais racionais e não divinas, o Estado passa a ser também uma pessoa jurídica, portanto, titular de direitos e obrigações, que, podem, assim, ser limitados, sendo os governantes também subordinados à lei. A par disso, a descoberta do novo mundo e a necessidade de definir o estatuto dos seus habitantes como pessoas e o movimento pela abolição da escravatura permitem que se alcance uma noção de igualdade entre todos os homens, como sujeitos de direitos. Não se pode negar, também, que a formulação inicial dos direitos humanos esteve permeada de um forte sentido individualista, de fortalecimento do indivíduo frente ao Estado.

---

[67] DOTTI, René Ariel. *Proteção da Vida Privada e Liberdade de Informação*, p. 8.
[68] Ibidem, p. 12.

Traço importantíssimo na construção dos direitos fundamentais, tal como os conhecemos hoje, é a sua total desvinculação com outras qualidades que não sejam aquelas inerentes ao ser humano. Desimporta, em termos ideais, o que faz este homem ou quais são suas riquezas e formação. Seus direitos devem ser respeitados apenas e tão-somente porque é homem. Supera-se, assim, a personalidade estatutária, na qual algumas classes, como os nobres, tinham privilégios por nascimento, ou direitos decorrentes da condição de proprietário, como no voto censitário. Diga-se, aliás, que o voto universal representou uma alavanca de alargamento dos direitos fundamentais, pois também os parlamentos passaram a ser ocupados não apenas por proprietários e contribuintes mas igualmente, ainda que em menor número, por não-proprietários.

No âmbito do direito à vida privada, merece registro a mudança de eixo representada pela evolução da concepção da *privacy property*, individualista e seletiva, presente em sua raiz histórica, pois emanada dos direitos de propriedade, proteção do domicílio, segredo industrial e direito autoral para a *privacy dignity*, ou seja, de proteção da vida privada com fundamento constitucional, social e intersubjetivo, a partir da dignidade da pessoa humana.[69]

Preserva-se, assim, a dignidade da pessoa humana, e, como seus corolários, a vida, a igualdade perante a lei e a liberdade. Aliás, a dignidade da pessoa humana é mencionada no art. 1º da Declaração Universal dos Direitos do Homem e tratada como fundamento da República Federativa do Brasil (CRFB, art. 3º, III). A própria Lei Fundamental de Bonn estabelece, em seu art. 1º, a inviolabilidade da dignidade do homem, nos seguintes termos: "A dignidade da pessoa humana é inviolável. Todas as autoridades públicas têm o dever de a respeitar e proteger".[70]

Modernamente, nenhum Estado deixa de consagrar, em seu texto constitucional, uma declaração de direitos fundamentais, que constituem esferas de autodeterminação individual, alheias ao acesso dos detentores do poder, que constituem, juntamente com o princípio de distribuição e, por conseqüência, de limitação do poder, no núcleo da constituição material.[71] A Constituição de 1988, em uma importante inversão topográfica, apresenta a declaração de direitos como antecedente aos capítulos que tratam da organização do Estado, ao contrário da Constituição de 1967. Mais que isso, os direitos fundamentais são consagrados como cláusula pétrea (CRFB, art. 60, § 4º).

---

[69] PISÓN CAVERO. José Martinez de. *El Derecho a la Intimidad en la Jurisprudencia Constitucional*, p. 44.

[70] ROGEIRO, Nuno. *A Lei Fundamental da República Federal da Alemanha*. Coimbra: Coimbra Editora, 1996, p. 124.

[71] LOEWENSTEIN, Karl. *Teoria de La Constitución*. Trad. Alfredo Gallego Anabitarte. 2ª ed. Barcelona: Ediciones Ariel, 1970, p. 153-154.

Bem por isso, tema importantíssimo no direito constitucional contemporâneo é o dos direitos fundamentais, na terminologia adotada mediante tradução da designação alemã *Grundrechte*, que veio a suplantar termos como direitos humanos ou direitos do homem e do cidadão. Com o prestígio que os textos constitucionais passaram a ter a partir do século XX, especialmente, a tal ponto que as regras e princípios constitucionais impregnam todo o ordenamento jurídico, resulta que não há ramo do direito imune ao influxo constitucional. Em outras palavras, os direitos fundamentais não ficam circunscritos ao declarado no texto constitucional, mas fazem – ou deveriam fazer – parte da vida dos cidadãos e da prática administrativa e judiciária.

1.3.2. Constituição de 1988

Um primeiro traço dos direitos fundamentais é a sua historicidade. Nesse sentido, inexistem direitos fundamentais absolutos e universais, mas decorrem eles da decisão política tomada pelo legislador constituinte, como fruto de um dado momento histórico e da formação cultural de um país. Em outras palavras, são direitos fundamentais aqueles qualificados como tal pelo direito positivo de um país, de forma explícita ou implícita.[72] Nesse sentido, como fundamentais entendem-se os: "...direitos do ser humano reconhecidos e positivados na esfera do direito constitucional positivo de determinado Estado".[73]

No Brasil, a inviolabilidade da intimidade e da vida privada estão consagrados no inciso X do art. 5º da Constituição, de modo que não há negar o caráter jusfundamental da intimidade e da vida privada em nosso ordenamento. Isso é resultado do reconhecimento, pelo legislador constituinte, da necessidade de proteção diante do gigantismo do Estado e das grandes corporações em relação ao indivíduo, bem como das possibilidades de controle que os modernos meios tecnológicos proporcionam. No atual momento histórico, aliás, é desnecessário recorrer aos direitos de personalidade para fundamentar a preservação da vida privada, o que se dava antes da consagração constitucional dessa proteção.[74]

O direito à vida privada emana da proteção conferida à dignidade da pessoa humana, arrolada, no inciso III do art. 1º da Constituição, como um dos objetivos fundamentais da República Federativa do Brasil. Esse direito

---

[72] HESSE, Konrad. *Elementos de Direito Constitucional da República Federal da Alemanha* .Trad. Luís Afonso Heck, Porto Alegre: Sergio Antonio Fabris Editor, 1998, p. 225, nº marginal 277.
[73] SARLET, Ingo Wolfgang. *A Eficácia dos Direitos Fundamentais*. Porto Alegre: Livraria do Advogado, 1998, p. 31-32.
[74] Para Farias, a proteção da vida privada é, a um só tempo, direito fundamental e direito da personalidade. FARIAS, Edilsom Pereira de. *Colisão de Direitos, a Honra, a Intimidade, a Vida Privada e a Imagem versus a Liberdade de Expressão e Informação*, p. 107.

tem duas dimensões, uma negativa, de um círculo alheio à ingerências externas, dentro do qual pode o cidadão obrar livremente, e uma dimensão positiva, a permitir o livre desenvolvimento da personalidade do cidadão, tal como formulado expressamente na Constituição alemã.[75]

Diante da já mencionada historicidade dos direitos fundamentais, seus contornos serão dados, em última análise, pelos tribunais constitucionais. Diga-se, mesmo, que muito da construção doutrinária sobre os direitos fundamentais deve-se ao trabalho do Tribunal Constitucional alemão.[76] Em nosso país, a partir da formulação acima referida, o STF já reconheceu a proteção da vida privada ou da intimidade como fundamento nos seguintes casos: a) indenização por dano moral (STF, RE nº 192.593/SP, Rel. Min. Ilmar Galvão, 1ª T, DJ 13.8.99, p. 17); b) impossibilidade de condução para realização de exame de *DNA* em ação de investigação de paternidade (STF, HC nº 71.373/RS, Rel. p/ acórdão Min. Marco Aurélio, Pl., DJ 22.11.96, p. 45.686); c) utilização como prova, em processo civil, de interceptação telefônica que expõe terceiro estranho ao processo (STF, RE nº 100.094/PR, Rel. Min. Rafael Mayer, 1ª T., DJ 24.8.84, p. 13.482.); d) de inadmissibilidade de prova, em processo penal, de degravação de conversa telefônica realizada por um dos interlocutores sem o conhecimento de outro e de apreensão de microcomputador (STF, AP nº 307/DF, Rel. Min. Ilmar Galvão, Pl., DJ 13.10.95, p. 34.247 (*Caso Collor de Mello*); e) de interceptação telefônica sem observância dos requisitos legais (STF, HC nº 72.588/PB, Rel. Min. Maurício Corrêa, Pl., DJ 4.8.00, p. 3).

Do reconhecimento da vida privada como direito fundamental decorrem como conseqüências: a) a aplicabilidade imediata (CRFB, art. 5º, § 1º); b) a impossibilidade de sua revogação, pois abrigada pela *cláusula pétrea* (CRFB, art. 60, § 4º, IV); e, c) a impossibilidade de violação de seu núcleo essencial,[77] devendo eventuais restrições obedecer ao preceito da proporcionalidade, a ser examinado adiante, no item 2.3.5.

A preservação do núcleo essencial dos direitos fundamentais é objeto do art. 19, 2, da Lei Fundamental de Bonn,[78] e do art. 53 da Constituição espanhola.[79] No direito brasileiro, conquanto inexista regra expressa a res-

---

[75] FERRAZ JÚNIOR, Tércio Sampaio. *Sigilo de Dados*: o Direito à Privacidade e os Limites à Função Fiscalizadora do Estado, p. 78.

[76] Sobre a matéria: HECK, Luís Afonso. *O Tribunal Constitucional Federal e o Desenvolvimento dos Princípios Constitucionais. Contributo para uma Compreensão da Jurisdição Constitucional Alemã.* Porto Alegre: Sergio Antonio Fabris Editor, 1995, p. 167-171.

[77] HESSE, Konrad. *Elementos de Direito Constitucional da República Federal da Alemanha*, p. 266-267, nº marginal 332.

[78] Art. 19.2. Em caso algum pode um direito fundamental ser afetado no seu conteúdo essencial. (ROGEIRO, Nuno. *A Lei Fundamental da República Federal da Alemanha*. p. 146.)

[79] Art. 53. 1. Os direitos e liberdades reconhecidos no Capítulo segundo do presente título vinculam a todos os poderes públicos. Somente por lei, que em todo caso deverá respeitar seu conteúdo essencial, poderá regular-se o exercício de tais direitos e liberdades, que serão tutelados de acordo com o previsto no art. 161, 1, *a*.

peito, também tem sido defendida a necessidade de preservação do núcleo essencial do direito fundamental.[80] Quanto à determinação do que seja o núcleo essencial, tem-se que isso será objeto de determinação pela doutrina e pela jurisprudência.[81] Malgrada a possibilidade de aplicação imediata, claro está que em muitos aspectos da vida privada haverá disciplina infra-constitucional específica, como se dá com o próprio sigilo financeiro, objeto da segunda parte deste trabalho.

1.3.3. Características

Como é comum em relação aos demais direitos fundamentais, o direito à vida privada apresenta uma dimensão negativa e uma positiva. Em sentido negativo, apresenta-se como uma limitação para o Estado e terceiros no sentido de impedir a invasão da esfera privada do cidadão, preservando aquilo que seja objeto da vida privada do conhecimento alheio. Em sentido positivo, este espaço demarcado permitirá o livre desenvolvimento da personalidade do cidadão, criando um espaço dentro do qual pode agir livre das máscaras impostas pela vida em sociedade. Mais que isso, o aspecto positivo pode ser visto no controle que deve ser garantido ao cidadão sobre as informações acerca de sua vida privada[82] ou, em outra formulação, de acesso e direito de retificação ou cancelamento, particularmente no que diz com os bancos de dados[83] armazenadas por órgãos públicos ou privados. Em tais manifestações positivas, a vida privada é garantida por instrumentos como os direitos de petição e certidão (CRFB, art. 5º, XXXIV, *a* e *b*) e o *habeas data* (CRFB, art. 5º, LXXII e Lei nº 9.507, de 12 de novembro de 1997), como será visto no item 3.4.2.

Não há como negar, também, um viés relacional na vida privada e mesmo na intimidade. Não se imagina o homem vivendo isolado, em uma vida totalmente íntima e privada. O homem não vive, simplesmente, mas convive. Assim, ao mesmo tempo em que há necessidade de uma preservação das esferas íntima e privada, tem o homem necessidade de externar aquilo que constrói em sua intimidade, no contato com as demais pessoas.

Os direitos fundamentais, sobre serem vistos como direitos subjetivos, apresentam também um aspecto objetivo. No primeiro, os direitos fundamentais são vistos como direitos subjetivos do cidadão, oponíveis ao Estado

---

[80] SARMENTO, Daniel. *Os Princípios Constitucionais e a Ponderação de Bens*. In: TORRES, Ricardo Lobo. *Teoria dos Direitos Fundamentais*. Rio de Janeiro: Renovar, 1999, p. 60.

[81] HERRERO-TEJEDOR, Fernando. *La Intimidad como Derecho Fundamental*. Madrid: Colex, 1998, p. 48.

[82] PISÓN CAVERO. José Martinez de. *El Derecho a la Intimidad en la Jurisprudencia Constitucional*, p. 66.

[83] ALVAREZ-CIENFUEGOS SUAREZ, José Maria. *La Defensa de la Intimidad de los Ciudadanos y la Tecnología Informática*. Pamplona: Aranzadi Editorial, 1999, p. 49.

ou a terceiros,[84] quando lesados ou ameaçados. A par desse aspecto mais visível, Hesse aponta nos direitos fundamentais um aspecto objetivo, de *elementos fundamentais da ordem objetiva da coletividade.*[85] Em outras palavras, como normas consagradas constitucionalmente, traduzem decisões políticas que permeiam todo o tecido legislativo por força da hierarquia constitucional. Deste modo, os direitos fundamentais ultrapassam a perspectiva individualista com que foram gestados, durante período histórico no qual predominava o liberalismo político e econômico, para assumirem cariz coletivo, devendo ser preservados no interesse de todos. Bem por isto, acabam sendo dotados de uma força irradiante, servindo como parâmetro de elaboração e interpretação de regras infraconstitucionais, tanto em seu aspecto individual como coletivo.

Especificamente em relação ao direito à proteção da vida privada, diz-se que apresenta como características a generalidade, a extrapatrimonialidade e a inalienabilidade.[86]

A característica da generalidade decorre da circunstância de que são titulares do direito à proteção da vida privada também os estrangeiros, não ficando esse direito limitado aos nacionais, pois os alienígenas residentes ou transeuntes no país têm direito à preservação de sua vida privada. Com efeito, a melhor interpretação é no sentido da extensão dos direitos fundamentais aos estrangeiros em trânsito, como regra, ressalvados direitos incompatíveis com tal condição, conquanto o *caput* do art. 5° da Constituição faça menção aos *brasileiros e aos estrangeiros residentes no país.*[87]

No item 1.2.1, acima, verificou-se a mudança na concepção da proteção da vida privada, que evoluiu de uma origem patrimonial (*privacy property*), com fundamento na propriedade, para uma conceção atual extrapatrimonial (*privacy dignity*), com fundamento na liberdade.[88]

Apesar disso, eventual violação da vida privada poderá implicar sanções pecuniárias e reparação civil decorrente da violação, como adiante se

---

[84] De ver-se, ainda, que não somente os poderes públicos, mas também os particulares estão vinculados ao respeito aos direitos fundamentais, nos chamados efeitos perante terceiros (*Drittwirkung*). (HESSE, Konrad. *Elementos de Direito Constitucional da República Federal da Alemanha.* p. 281-287, n°s marginais 351-357.)

[85] HESSE, Konrad. *Elementos de Direito Constitucional da República Federal da Alemanha.* p. 228, n° marginal 279.

[86] AIETA, Vânia Siciliano. *A Garantia da Intimidade como Direito Fundamental,* p. 112. A autora refere, também, como características do direito fundamental à vida privada o absolutismo, a impresscritibilidade e a intransmissibilidade após a morte.

[87] Afirma-se, ainda, a aplicabilidade dos direitos fundamentais compatíveis com sua condição às pessoas jurídicas (BRANCO, Paulo Gustavo Gonet. *Aspectos de Teoria Geral dos Direitos Fundamentais.* In: Hermenêutica Constitucional e Direitos Fundamentais. Brasília: Brasília Jurídica, 2000, p. 166).

[88] FERRAZ JÚNIOR, Tércio Sampaio. Sigilo Bancário. *Revista de Direito Bancário, do Mercado de Capitais e da Arbitragem,* São Paulo, v.4, n. 14, p. 20, out.-dez. 2001.

SIGILO BANCÁRIO E PRIVACIDADE

verá, na última parte deste trabalho, quando abordados os instrumentos de proteção do sigilo financeiro.

Embora alguns aspectos da vida privada possam ser comercializados, como a imagem, por exemplo, isso se dá temporariamente, sendo o direito em si inalienável.[89] A inalienabilidade é expressa, por exemplo, na legislação espanhola.[90]

1.3.4. Direito Fundamental à Vida Privada como Princípio

Não se pode falar em direitos fundamentais sem ter em conta a sistematização teórica levada a efeito neste campo por Robert Alexy, em sua Teoria dos Direitos Fundamentais, embasada na construção do Tribunal Constitucional Alemão, na qual faz a distinção entre princípios e regras, como espécies de normas, distinção considerada um dos "pilares do edifício da teoria dos direitos fundamentais".[91]

Alexy, após afirmar a existência de uma diferença qualitativa entre regras e princípios, afirma que esta reside no fato de que os princípios são mandados de otimização, de modo que seu cumprimento depende das condições fáticas e jurídicas. Assim, uma regra, que é determinada, funciona em uma lógica binária, somente podendo ser cumprida ou não. A regra não será cumprida quando sua incidência for afastada por uma outra regra, de acordo com as normas de solução para os conflitos entre regras como a especialidade, a anterioridade, a vigência, a revogação, a derrogação, etc. Já entre os princípios não se cuida de conflitos, mas de colisão.[92]

No conflito entre regras, não será possível a aplicação simultânea de regras contraditórias, sem que uma seja declarada inválida ou inaplicável ao caso concreto, pela existência de uma regra de exceção. Já na colisão entre princípios, é perfeitamente possível que um deles seja aplicado concretamente, de forma parcial ou total, em uma ponderação a ser feita concretamente, sem que isso signifique qualquer perda de força do princípio contraposto, parcialmente afastado ou que seja tal princípio declarado inválido.

Essa noção parece essencial para a compreensão do conteúdo do direito à vida privada em seu conflito com a dimensão social de direitos fundamentais outros como o direito à informação e a necessidade de ponderação. Essa ponderação, em muitos casos, já é feita ou apontada, de forma

---

[89] Sobre os limites da liberdade contratual no campo da vida privada, veja-se: CABEZUELO ARENAS, Ana Laura. *Derecho a la Intimidad*. Valencia: Tirant Lo Blanch, 1998, p. 163 e ss.

[90] Lei Orgânica de Proteção Civil ao Direito à Honra, à Intimidade Pessoal e Familiar e à Própria Imagem, de 5 de maio de 1982, art. 1º, 1.

[91] ALEXY, Robert. *Teoria de Los Derechos Fundamentales*. Trad. Ernesto Garzón Valdés. Madrid: Centro de Estudios Constitucionales, 1997, p. 78.

[92] Ibidem, p. 88.

indiciária, pelo legislador. É indispensável, porém, a contribuição do aplicador para a construção mais exata dos critérios de ponderação, a somar-se no exame de vários fatos concretos, para que haja uma maior certeza acerca dos contornos do direito fundamental. Com efeito, afirmar que as normas de direito fundamental são, em sua maioria, princípios, não leva à conclusão de que deve reinar na matéria total e completa incerteza. O que se afirma é a possibilidade de colisão e relativização da preservação da vida privada em certos casos, sem que isso afete a integridade do princípio, que poderá ser invocado em casos diversos. Aí a riqueza do trabalho judicial, em especial dos tribunais constitucionais, no circunscrever com precisão os contornos do princípio, à luz da realidade de seu tempo, construindo uma certeza, não fixa, imóvel, mas uma certeza em permanente construção, na medida em que se modificam as concepções sociais, econômicas e filosóficas do entorno que rodeia o edifício do jurídico.[93] A noção de princípio permite, em verdade, uma elasticidade necessária diante da historicidade do fenômeno em exame.

Seja diante do direito à informação (CRFB, art. 5º, inciso XIV), da moderna criminalidade de colarinho branco, da preservação da moralidade pública (CRFB, art. 37, *caput*) ou da capacidade contributiva[94] (CRFB, art. 145, § 1º), há, muitas vezes, necessidade de uma violação ou quebra do princípio de exclusividade que informa a proteção da vida privada para assegurar a liberdade de imprensa, a identificação de contribuintes ou fatos geradores e a identificação do fato criminoso e de sua autoria. Em verdade, o crescimento da preocupação com a preservação da vida privada é acompanhado pela pretensão dos poderes públicos e outras forças sociais em conhecer o que se passa na esfera privada.[95]

Deve ainda ser dito que a restrição do direito fundamental à vida privada, possível na medida em que inexiste direito absoluto se dará, as mais das vezes, em virtude de conflito com interesse coletivo, que poderá prevalecer em contraponto ao estrito interesse individual.[96] Como já tive a oportunidade de afirmar:

---

[93] Sobre a matéria, ver: ALEXY, Robert. Direito Constitucional e Direito Ordinário. Jurisdição Constitucional e Jurisdição Especializada. Trad. Luís Afonso Heck. *Revista dos Tribunais*, São Paulo, v. 799, p. 51, maio 2002.

[94] "Decorre deste princípio, basicamente, que o Estado deve exigir que as pessoas contribuam para as despesas públicas na medida de sua capacidade para contribuir, de maneira que nada deve ser exigido de quem só tem para sua própria subsistência, a carga tributária deve variar segundo as demonstrações de riqueza e, independentemente disso, a tributação não deve implicar confisco." (PAULSEN, Leandro. *Direito Tributário. Constituição e Código Tributário à Luz da Doutrina e da Jurisprudência.* 2ª ed. Porto Alegre: Livraria do Advogado, 2000, p. 50. Para mais, ver item 2.4.7).

[95] PISÓN CAVERO, José Martinez de. *El Derecho a la Intimidad en la Jurisprudencia Constitucional*, p. 13.

[96] SCHÄFER, Jairo Gilberto. *Direitos Fundamentais – Proteção e Restrições*. Porto Alegre: Livraria do Advogado Editora, 2001, p. 64.

O atual momento histórico é marcado pela aparente inexistência de uma alternativa à política neoliberal, a qual, pelos efeitos que provoca, pouco parece ter de nova em relação ao liberalismo que lhe antecedeu. Prega-se a diminuição do Estado, com sua redução ao mínimo, como se a eficiência na prestação de serviços e produção de bens fosse uma exclusividade da iniciativa privada. Acentuam-se a desigualdade econômica e a concentração de renda, tanto na comparação entre países centrais e periféricos quanto entre as populações ricas e pobres de uns e outros. O supremo valor é o lucro, que deverá resultar na acumulação de riquezas, muitas vezes improdutivas. O homem passa ao segundo ou terceiro plano e a solidariedade fica reduzida a um princípio constitucional de papel, na terminologia de Ferdinand Lassalle.[97]

Assim é que se impõe, em alguns pontos, fazer uma relativização dessa proteção da vida privada. Essa ponderação não pode ser feita de outra forma que não seja por meio da aplicação do princípio da proporcionalidade, objeto do item seguinte.

1.3.5. O Princípio da Proporcionalidade

Não é recente a preocupação da humanidade em buscar alcançar a concretização de um ideal de justiça material ou natural, tendo como instrumento a ordem jurídica.[98]

Modernamente, visto o direito em sua historicidade e contexto, dentro de uma tradição,[99] não pode o jurista, de um lado, desconsiderar os fatores sociais, históricos, filosóficos e reais, sob pena de um absoluto distanciamento entre o discurso e a prática jurídica e a realidade concreta, resultando em erosão da legitimidade do Poder Judiciário e da própria ordem jurídica diante da sociedade.[100]

De outro lado, as constituições deixaram de ser vistas como meros programas ou reflexos da realidade fática, para passar a ser encaradas como instrumentos jurídicos dotados de *força normativa*, na terminologia de Konrad Hesse.[101] Quer dizer, tomadas as decisões políticas fundamentais, assim entendidas, aquelas decisões da sociedade que são decisivas e determinantes para o presente e o futuro de sua conformação,[102] veiculadas pela constituição, tais decisões deverão ser concretizadas pela legislação ordinária e pela prática constitucional.

---

97 BALTAZAR JUNIOR, José Paulo. *O Crime de Omissão no Recolhimento de Contribuições Sociais Arrecadadas*. Porto Alegre: Livraria do Advogado Editora, 2000, p. 183.

98 Foge aos limites desse trabalho discussão sobre a eterna polêmica entre concepções positivistas e não-positivistas do direito, sendo certa a vinculação do texto legal com a constituição.

99 GADAMER, Hans-Georg. *Verdade e Método. Traços fundamentais de uma hermenêutica filosófica.* Trad. Flávio Paulo Meurer. Petrópolis: Vozes, 1999, p. 421, nº marginal 285.

100 FARIA, José Eduardo (Org.). *Direitos Humanos, Direitos Sociais e Justiça*. São Paulo: Malheiros, 1998, p. 18-9.

101 HESSE, Konrad. *A Força Normativa da Constituição*. Trad. Gilmar Ferreira Mendes, Porto Alegre: Sergio Antonio Fabris Editor, 1996, p. 32.

102 LOEWENSTEIN, Karl. *Teoria de La Constitución*, p. 112.

Neste quadro, não mais satisfaz a mera legalidade, no sentido de conformação dos fatos às normas prescritas, se estas não se ajustam materialmente ao que está previsto na Constituição. Do mesmo modo, a circunstância de ser a lei votada e aprovada em processo legislativo regular, tal como previsto na constituição, não garante seja essa mesma lei adequada e, nesse sentido, justa, ou que concretize esta lei os objetivos determinados pela constituição e desejados pela sociedade, de modo que a mera verificação da constitucionalidade formal das leis permitiria o fenômeno da *escavação interna* dos direitos fundamentais.[103]

A construção do princípio da proporcionalidade, tal como hoje é compreendido, somente se fez possível a partir de três pilares consolidados no século XIX, a saber: a supremacia da Constituição; a possibilidade de controle da constitucionalidade das leis e a existência de direitos fundamentais. Somente partindo do pressuposto de que o sistema jurídico está organizado de forma escalonada, devendo as leis ordinárias guardar, necessariamente, respeito à ordem constitucional, é que se pode falar em proporcionalidade na conformação da constituição, pois, se as leis não guardam relação com o texto constitucional ou se a constituição limita-se a organizar o exercício do poder político, a liberdade do legislador ordinário seria total. De nada bastaria, porém, a supremacia da Constituição, se não fosse dado a um órgão do Estado o poder de verificar a compatibilidade da legislação ordinária ao texto constitucional, no exercício do controle da constitucionalidade. Por fim, a existência de um rol de direitos consagrados como fundamentais também atua como limitador ao poder do legislador ordinário de conformação da ordem jurídica, na exata medida em que tais direitos fundamentais devem ser preservados, ou que seu sacrifício somente é admitido em prol da coletividade ou de outros direitos fundamentais, fazendo-se a devida ponderação dos direitos em jogo.

Assim é que o legislador ordinário, no exercício de seu papel conformador da constituição, está limitado materialmente, como não poderia deixar de ser, pelo conteúdo desta, o mesmo valendo para o seu aplicador. Muitas vezes, porém, não será facilmente constatável a violação perpetrada pelo legislador ordinário. Mais que isso, porém, a limitação do direito fundamental somente será admitida quando proporcional, ou seja, necessária, adequada e proporcional em sentido estrito. Do mesmo modo, o administrador e o juiz, enquanto aplicadores da lei, estão igualmente vinculados ao princípio da proporcionalidade.

Segue uma aproximação ao preceito da proporcionalidade, que vem sendo, com freqüência, invocado na jurisprudência brasileira, como um

---

[103] HESSE, Konrad. *Elementos de Direito Constitucional da República Federal da Alemanha*, p. 264-268, nºs marginais 329-334.

limite imanente, embora não-escrito, ao poder conformador do legislador ordinário em matéria de direitos fundamentais. O tema, embora ainda pouco desenvolvido na doutrina pátria, reveste-se de grande relevo, por se constituir em um critério técnico-jurídico para aferição da constitucionalidade material da legislação inferior.

O termo *proporcionalidade*, origina-se da tradução do termo alemão *Verhältnismässigkeit*.[104] Na Alemanha, é utilizado, também, o termo *Übermassverbot*, ou proibição de excesso, com o mesmo significado. Com efeito, o que é excessivo não pode ser proporcional. Há, então, um avanço em relação ao princípio da reserva legal, passando-se para o princípio da reserva legal proporcional.[105]

São três os subprincípios que integram o princípio da proporcionalidade, a saber: necessidade (*Notwendigkeit*), adequação (*Geeignetheit*), e proporcionalidade em sentido estrito, também chamada, de justa medida, no sentido de adaptação ao caso concreto (*Angemessenheit*).[106]

Para que se atenda ao subprincípio da necessidade, em existindo várias medidas possíveis para alcançar a finalidade pretendida, deve ser eleita aquela menos nociva aos interesses do cidadão. Em outras palavras, deve ser escolhido, sempre que possível, o meio mais suave ou menos gravoso. Quer dizer, a violação da vida privada não pode ser simplesmente um meio para obviar a dificuldade da administração de chegar a uma determinada informação, como, por exemplo, na sistemática violação do sigilo financeiro para possibilitar penhora em ação de execução fiscal, sem que o exeqüente verifique a existência de outros bens penhoráveis. Segundo Hesse, a limitação não é necessária quando um meio mais ameno seria suficiente para atingir idêntica finalidade.[107] Quer dizer, a restrição deve ser a menor possível, através do meio menos gravoso.

O subprincípio da adequação (*Geeignetheit*) deve ser entendido como exigência de que a restrição deve ser apta a produzir o fim colimado, pois, do contrário, há de ser considerada inconstitucional. Tal verificação somente pode ser levada a cabo diante de uma situação concreta. É possível transpor isso perfeitamente para a situação de um juiz colocado diante de um pedido de autorização para que se forneçam documentos ou informações

---

104 Na jurisprudência do STF é corrente, também, a expressão *razoabilidade*, decorrência da construção norte-americana da *reasonableness*, outra vertente da proporcionalidade. (DORIA, Antônio Roberto Sampaio. *Direito Constitucional Tributário e Due Process of Law*. Rio de Janeiro: Forense, 1986)

105 MENDES, Gilmar Ferreira. Os Direitos Individuais e suas limitações: Breves Reflexões. In: MENDES, Gilmar Ferreira; COELHO, Inocêncio Mártires; BRANCO, Paulo Gustavo Gonet. *Hermenêutica Constitucional e Direitos Fundamentais*. Brasília: Brasília Jurídica, 2000, p. 24.

106 HESSE, Konrad. *Elementos de Direito Constitucional da República Federal da Alemanha*, p. 255-256, os marginais 317-319.

107 Ibidem, p. 256, nº marginal 318. Sobre a aplicação do preceito no caso concreto do sigilo financeiro, vide, infra, item 2.4.7.2.

protegidas por sigilo financeiro, o que somente será adequado se os dados pretendidos são contemporâneos ao fato que se pretende investigar.

Finalmente, o subprincípio da proporcionalidade em sentido estrito serve para indicar, entre as possibilidades jurídicas, se o meio utilizado encontra-se em proporção com o fim perseguido, da relação entre meios e fim (*Zweck-Mittel*). É o momento da ponderação dos bens em jogo.[108]

Essa construção guarda estrita relação com a dimensão dos direitos fundamentais como princípios, ou seja, como "...normas que ordenam que algo seja realizado na maior medida possível, dentro das possibilidades jurídicas e fáticas existentes", como mandados de otimização.[109] Ora, vistos os direitos fundamentais como princípios e, portanto, normas passíveis de colisão, é que é possível falar em ponderação com base na proporcionalidade, o que não seria possível em se tratando de regras. Pretende-se, então, conferir a máxima eficácia aos direitos fundamentais, atendido o princípio da concordância prática.[110]

Ao contrário de outros ordenamentos constitucionais, como o de Portugal,[111] a Constituição de 1988 não consagra, expressamente, o princípio da proporcionalidade.

Apesar disso, ainda ao tempo da Constituição de 1967, Celso Antônio Bandeira de Mello, examinando a questão da igualdade, já destacava a supremacia da constituição na eleição dos fatores de discriminação, ao afirmar que:

> (...) não basta a exigência de pressupostos fáticos diversos para que a lei distinga situações sem ofensa à isonomia. Também não é suficiente o poder-se argüir fundamento racional, pois não é qualquer fundamento lógico que autoriza desequiparar, *mas tão-só aquele que se orienta na linha de interesses prestigiados na ordenação jurídica máxima.*[112]

Se assim era ao tempo da Constituição anterior, o que parece correto, com maior razão se dá à luz do texto atual, cujo § 2º do art. 5º prevê que: "Os direitos e garantias expressos nesta Constituição não excluem outros

---

[108] De acordo com Barros: "A diferença básica entre o princípio da necessidade e o princípio da proporcionalidade em sentido estrito está, portanto, no fato de que o primeiro cuida de uma otimização com relação a possibilidades fáticas, enquanto este envolve apenas a otimização de possibilidades jurídicas." (BARROS, Suzana de Toledo. *O Princípio da Proporcionalidade e o Controle de Constitucionalidade das Leis Restritivas de Direitos Fundamentais*. Brasília: Brasília Jurídica, 2000, p. 84.) Acrescentamos que, além da necessidade, também a adequação é verificada concretamente.

[109] ALEXY, Robert. *Teoria de Los Derechos Fundamentales*, p. 86.

[110] HESSE, Konrad. *Elementos de Direito Constitucional da República Federal da Alemanha*, p. 66, nº marginal 72.

[111] Nos termos do item 2 do art. 18 da Constituição Portuguesa: A lei só pode restringir os direitos, liberdades e garantias nos casos expressamente previstos na Constituição, devendo as restrições limitar-se ao necessário para salvaguardar outros direitos ou interesses constitucionalmente protegidos.

[112] *O Conteúdo Jurídico do Princípio da Igualdade*. 2ª ed., São Paulo: RT, 1984, p. 56, com destaque por nossa conta.

decorrentes do regime e dos princípios por ela adotados, ou dos tratados internacionais em que a República Federativa do Brasil seja parte." Aliás, também a Lei Fundamental da Alemanha, berço do preceito da proporcionalidade, não o consagra no texto de forma expressa.

Lembre-se que o art. 1º da Constituição estabelece que a República Federativa do Brasil constitui-se em Estado Democrático de Direito, para, no inciso III consagrar a dignidade da pessoa humana como seu fundamento. Mais além, reconhece o direito à igualdade (CRFB, art. 5º, *caput*). No plano das relações internacionais, o Brasil rege-se pela "prevalência dos direitos humanos" (CRFB, art. 4º, II). Estão consagrados no texto, também, o princípio da legalidade (CRFB, art. 5º, II) e a garantia do devido processo legal (CRFB, art. 5º, LIV), interpretado não só em seu aspecto formal, mas também substantivo, tal como construído na jurisprudência norte-americana.[113]

A garantia do devido processo (CRFB, art. 5º, LIV), em sua vertente substantiva, pode ser vista como fundamento para a aplicação do princípio da proporcionalidade ao direito nacional.[114] Isso já foi, aliás, afirmado pelo Min. Moreira Alves, nos seguintes termos:

> A Constituição, em seu art. 5º, inciso LIV – e aqui trata-se de direitos não apenas individuais, mas também coletivos e aplica-se, inclusive, às pessoas jurídicas – estabelece que: ninguém será privado da liberdade ou de seus bens sem o devido processo legal. Processo legal, aqui, evidentemente, não é o processo da lei, senão a Constituição não precisaria dizer aquilo que é óbvio, tendo em vista, inclusive o inciso II do art. 5º que diz: ninguém será obrigado a fazer ou deixar de fazer alguma coisa senão em virtude da lei. Este princípio constitucional que tem a sua origem histórica nos Estados Unidos, lá é interpretado no sentido de abarcar os casos em que há falta de razoabilidade de uma norma. Por isso mesmo já houve quem dissesse que é um modo de a Suprema Corte americana ter a possibilidade de certa largueza de medidas para declarar a inconstitucionalide de leis que atentem contra a razoabilidade.[115]

Nesse ponto, vale citar Bonavides, o qual, após enumerar vários dispositivos constitucionais que tratam da proporcionalidade em campos específicos do ordenamento constitucional, afirma:

> Poder-se-á enfim dizer, a esta altura, que o princípio da proporcionalidade é hoje axioma do Direito Constitucional, corolário da constitucionalidade e canône do Estado de direito, bem como regra que tolhe a ação ilimitada do poder do Estado no

---

113 Para uma visão histórica da cláusula do devido processo, em suas vertentes processual e substantiva, veja-se: CASTRO, Carlos Roberto de Siqueira. *O Devido Processo Legal e a Razoabilidade das Leis na nova Constituição do Brasil*, Rio de Janeiro: Forense, 1989, p. 7-33.

114 Nesse sentido, apontando tal posição como majoritária na doutrina: BUECHELE, Paulo Armínio Tavares. *O Princípio da Proporcionalidade e a Interpretação da Constituição*, Rio de Janeiro: Renovar, 1999, p. 146.

115 STF, ADIs nºs 966-4 e 958-3, Rel. Min. Marco Aurélio, DJ 20.5.94, p. 26.021. No mesmo sentido: ADIMC –1407/DF, Rel. Min. Celso de Mello, Pl.., DJ 24.11.00, p. 86.

quadro de juridicidade de cada sistema legítimo de autoridade. A ele não poderia ficar estranho, pois, o Direito Constitucional brasileiro. Sendo, como é, princípio que embarga o alargamento dos limites do Estado ao legislar sobre matéria que abrange direta ou indiretamente o exercício da liberdade e dos direitos fundamentais, mister se faz proclamar a força cogente de sua normatividade.[116]

No plano infraconstitucional, já existem até mesmo referências normativas à proporcionalidade, como o art. 2º da Lei nº 9.784, de 29 de janeiro de 1999, que regula o processo administrativo no âmbito da administração pública federal, colocando como princípios da administração pública, dentre outros, a proporcionalidade, para, a seguir, estabelecer que:

Art. 2º (...) Parágrafo único. Nos processos administrativos serão observados, entre outros, os critérios de: (...) VI – adequação entre meios e fins, vedada a imposição de obrigações, restrições e sanções em medida superior àquelas estritamente necessárias ao atendimento do interesse público;

Também o § 6º do art. 3º do D. 3.724, de 10 de janeiro de 2001, ao regular as hipóteses de acesso da autoridade fazendária a dados bancários, determina expressamente que seja observado o princípio da razoabilidade.

Em conclusão, embora não figure explicitamente na Constituição, é possível afirmar ser o princípio da proporcionalidade derivado do texto constitucional, com fundamento no princípio do Estado de direito, do devido processo substantivo, da dignidade da pessoa humana, ou mesmo da igualdade material.

---

[116] BONAVIDES, Paulo. Curso de Direito Constitucional. 10ª ed. São Paulo: Malheiros, 2000, p. 397.

2. O Sigilo Financeiro

2.1. HISTÓRICO

O sigilo financeiro é fenômeno antigo na história, estando presente desde as primeiras instituições da fase embrionária deste ramo de negócios, havendo registro de sigilo ligado ao fato de que a atividade de guarda de dinheiro e câmbio era realizada, inicialmente, pelos sacerdotes, funcionando os templos como casas bancárias, havendo aí algo de sagrado, na Babilônia (Eridon, Agade, Sippar, Delfos e Orouk), no Egito, entre os hebreus, bem como na Grécia e em Roma. Mesmo depois, com o processo de laicização do estado e o surgimento dos banqueiros privados, chamados colubistas ou trapezistas na Grécia, argentários e numerários em Roma, o sigilo permaneceu, havendo registro disso no Digesto. Também o Código de Hammurabi fazia referência, embora indireta, ao sigilo bancário, estabelecendo um dever geral de discrição, pelo qual o banqueiro somente poderia revelar o conteúdo de seus arquivos perante a autoridade judicial em caso de conflito com o cliente.[117]

Na Idade Média, surgiram os primeiros bancos, como o Banco de São Jorge, em Roma (1147-1767), o qual impunha o sigilo aos seus empregados, assim como o faziam o Banco de Santo Ambrósio de Milão, fundado em 1593, os Estatutos do Banco de Hamburgo de 1619, o decreto de 1663 que criou o Banco do Estado do Rei da Suécia e o art. 8° da Grande Ordenação sobre o Comércio francesa, de 1706. Na Espanha, a primeira referência legislativa foi o Real Decreto de 6 de maio de 1856, que dispunha sobre o Estatuto do Banco da Espanha.[118]

Em nosso país, a atividade bancária teve início em 1808, com a criação do Banco do Brasil. Já em 25 de junho de 1850, o Código Comercial, vei-

---

[117] COVELLO, Sérgio Carlos. *O Sigilo Bancário*. 2ª ed. São Paulo: Leud, 2001, p. 21 e ss.
[118] GUILLÉN FERRER, Maria José. *El Secreto Bancário y sus Límites Legales*. Valencia: Tirant lo Blanch, 1997, p. 28.

SIGILO BANCÁRIO E PRIVACIDADE

53

culado pela Lei nº 556, previa o segredo dos livros comerciais, em seu art. 17, nos seguintes termos:

Nenhuma autoridade, juízo ou tribunal, debaixo de pretexto algum, por mais especioso que seja, pode praticar ou ordenar alguma diligência para examinar se o comerciante arruma ou não devidamente seus livros de escrituração mercantil, ou neles tem cometido algum vício.

O art. 120 do mesmo Código estabelecia que:

As operações de Banco serão decididas e julgadas pelas regras gerais dos contratos estabelecidos neste Código, que forem aplicáveis segundo a natureza de cada uma das transações que se operarem.

Assim, embora houvesse exceções ao segredo dos livros comerciais, previstas nos arts. 18 a 20 do Código Comercial, nos dispositivos acima referidos fundamentou-se, à época, o sigilo financeiro.

A seu turno, o art. 144 do CC de 1916, em norma reprisada pelo novo CC, em seu art. 229, dispunha que: "Ninguém pode ser obrigado a depor de fatos, a cujo respeito, por estado ou profissão, deva guardar segredo." Posteriormente, o art. 154 do CP de 1940 passou a punir a violação de segredo profissional, já se tendo entendido que o sigilo financeiro era forma de sigilo profissional, relativo à profissão de banqueiro, posição hoje superada, como examinado no item 3.2.

Em 28 de dezembro de 1945 é publicado o Decreto-Lei nº 8.495, que atribuiu à extinta Superintendência da Moeda e do Crédito – SUMOC – a fiscalização bancária, determinando o sigilo sobre tais informações, nos seguintes termos:

Art. 3º. A inspeção dos estabelecimentos bancários far-se-á através de documentos e informações requisitadas pela Superintendência da Moeda e do Crédito, em impressos próprios por ela fornecidos, sendo-lhe facultado sempre que julgar necessário, efetivar a inspeção direta de qualquer estabelecimento bancário.

§ 1º Os documentos e informações que venham a ser fornecidos pelos estabelecimentos bancários, serão tratados em caráter estritamente confidencial.

A Lei nº 4.595, de 31 de dezembro de 1964, que regulamentou o Sistema Financeiro Nacional, regulamentava o sigilo financeiro, de forma bastante sucinta, em seu art. 38, abaixo reproduzido, que veio a ser revogado, expressamente, pela LC nº 105/01:

Art. 38. As instituições financeiras conservarão sigilo em suas operações ativas e passivas e serviços prestados. § 1º As informações e esclarecimentos ordenados pelo Poder Judiciário, prestados pelo Banco Central do Brasil ou pelas instituições financeiras, e a exibição de livros e documentos em juízo, se revestirão sempre do mesmo caráter sigiloso, só podendo a eles ter acesso as partes legítimas na causa, que deles não poderão servir-se para fins estranhos à mesma. § 2º O Banco Central do Brasil e as instituições financeiras públicas prestarão informações ao Poder Legislativo, podendo, havendo relevantes motivos, solicitar sejam mantidas em reserva ou sigilo. § 3º As Comissões Parlamentares de Inquérito, no exercício da competência constitucional e legal de ampla investigação (art. 53 da Constituição Federal e Lei nº 1.579, de 18 de março de 1952), obterão as informações que necessitarem das instituições financeiras, inclusive através do Banco Central do Brasil. § 4º Os pedidos de informações a que se referem os §§ 2º e 3º deste artigo deverão ser aprovados pelo plenário da Câmara dos Deputados ou do Senado Federal e, quando se tratar de Comissão Parlamentar de Inquérito, pela maioria absoluta de seus membros. § 5º Os agentes fiscais tributários do Ministério da Fazenda e dos Estados somente poderão proceder a exames de documentos, livros e registros de contas de depósitos, quando houver processo instaurado e os mesmos forem considerados indispensáveis pela autoridade competente. § 6º O disposto no parágrafo anterior se aplica igualmente à prestação de esclarecimentos e informes pelas instituições financeiras às autoridades fiscais, devendo sempre estas e os exames serem conservados em sigilo, não podendo ser utilizados senão reservadamente. § 7º A quebra do sigilo de que trata este artigo constitui crime e sujeita os responsáveis à pena de reclusão, de 1 (um) a 4 (quatro) anos, aplicando-se, no que couber, o Código Penal e o Código de Processo Penal, sem prejuízo de outras sanções cabíveis.

Tal dispositivo não foi revogado pela superveniência do CTN, veiculado pela Lei nº 5.172, de 25 de outubro de 1966, ao prever, em seu art. 197,[119] a possibilidade de acesso a informações por parte das autoridades fiscais, tendo em vista que o parágrafo único ressalva as informações objeto de sigilo, de modo que os dispositivos são compatíveis entre si.[120]

Durante a tramitação da reforma da previdência social que resultou na Emenda Constitucional nº 20, de 15 de dezembro de 1998, veiculada inicialmente pela Proposta de Emenda Constitucional nº 33-F, de 1995, houve proposta de alteração dos arts. 5º, XII, e 145 da Constituição, para deixar clara a possibilidade de quebra do sigilo financeiro, independentemente de autorização judicial, que acabaram por ser rejeitadas. A redação proposta para o inciso XII do art. 5º da Constituição pelos Deputados Eduardo Jorge e José Pimentel, para "assegurar que a fiscalização previdenciária possa contar com mecanismos efetivos de atuação", era a seguinte:

XII – é inviolável o sigilo da correspondência e das comunicações telegráficas, de dados e das comunicações telefônicas, salvo, nos últimos dois casos, por ordem judicial, nas hipóteses e na forma que a lei estabelecer, para fins de investigação fiscal e previdenciária, criminal ou instrução processual penal, ficando o agente do Estado responsável civil e criminalmente pelo uso inadequado das informações;

O Deputado Eduardo Pinotti propunha que a redação do § 1º do art. 145 da Constituição apresentasse a seguinte feição:

§ 1º Sempre que possível, os impostos terão caráter pessoal e serão graduados segundo a capacidade econômica do contribuinte, facultado às fiscalizações tributária e previdenciária, respeitados os direitos individuais e nos termos da lei, a requi-

---

[119] Art. 197. Mediante intimação escrita, são obrigados a prestar à autoridade administrativa todas as informações de que disponham com relação aos bens, negócios ou atividades de terceiros.

[120] BARCELOS, Luciana Pereira Abrão. CPMF – Implicações Decorrentes da M.P. nº 2.037-21/00 e da I.N. SRF nº 89/00. *Revista Dialética de Direito Tributário*, São Paulo, n. 63, p. 120, dez. 2000.

sição judicial de informações sobre o patrimônio, os rendimentos e as operações financeiras e bancárias dos contribuintes, respondendo civil, penal e administrativamente, os requisitantes, pela garantia do sigilo dos dados que obtiver.

Merece registro histórico, no campo tributário, o art. 2º do Decreto-Lei nº 1.718/79:

> Art. 2º. Continuam obrigados a auxiliar a fiscalização de tributos sob a administração do Ministério da Fazenda, ou, quando solicitados, a prestar informações, os estabelecimentos bancários, inclusive Caixas Econômicas, os Tabeliães e Oficiais de Registro, o Instituto Nacional de Propriedade Industrial, as Juntas Comerciais ou as repartições e autoridades que as substituírem, as Bolsas de Valores e as Empresas Corretoras, as Caixas de Assistência, as Associações e Organizações que possam, por qualquer forma, esclarecer situações de interesse para a mesma finalidade.

Na mesma linha, o art. 8º da Lei nº 8.021, de 12 de abril de 1990,[121] assim redigido:

> Art. 8º. Iniciado o procedimento fiscal, a autoridade fiscal poderá solicitar informações sobre operações realizadas pelo contribuinte em instituições financeiras, inclusive extratos de contas bancárias, não se aplicando, nesta hipótese, o disposto no art. 38 da Lei nº 4.595, de 31 de dezembro de 1964.
>
> Parágrafo único. As informações, que obedecerão às normas regulamentares expedidas pelo Ministério da Economia, Fazenda e Planejamento, deverão ser prestadas no prazo máximo de dez dias úteis contados da data da solicitação, aplicando-se, no caso de descumprimento desse prazo, a penalidade prevista no § 1º do art. 7º.[122]

Da mesma data, assim dispunha o art. 10 da Lei nº 8.033:

> Art. 10. Para a facilidade de implementação e fiscalização da presente Lei, sem prejuízo do sigilo legalmente estabelecido, é facultado à autoridade fiscal do Banco Central do Brasil e do Departamento da Receita Federal, proceder a fiscalizações junto aos agentes do Sistema Financeiro da Habitação e em quaisquer das entidades que interfiram, direta ou indiretamente, no mercado de títulos ou valores mobiliários, inclusive instituições financeiras e sociedades corretoras e distribuidoras, que são obrigadas a prestar as informações que lhe forem exigidas por aquela autoridade.

De lembrar, ainda, o art. 12 da LC nº 70, de 30 de dezembro de 1991, que instituiu a COFINS, adiante citado:

> Art. 12. Sem prejuízo do disposto na legislação em vigor, as instituições financeiras, as sociedades corretoras e distribuidoras de títulos e valores mobiliários, as socie-

---

[121] Carlos Henrique Abrão afirma que o dispositivo seria constitucional por estar dirigido apenas à administração. (Os Sigilos Bancário e Fiscal na Cobrança da Dívida Ativa. *Revista Dialética de Direito Tributário*, São Paulo, n. 30, p. 14, mar. 1998.)

[122] Segundo o STJ: "O art. 8º, parágrafo único, da Lei n. 8.021/90 não é auto-aplicável, dependendo a sua incidência de normas regulamentares a serem expedidas pelo Ministério da Economia, Fazenda e Planejamento." (REsp. nº 22.824/CE, Rel. Min. Pádua Ribeiro, 2ª T., un., DJ 30.10.95, p. 36.747). Já para o TRF da 3ª Região: "(...) A lei 8.021/90, lei ordinária, não tem o condão de alterar a lei 4.595/94, razão pela qual carece de legitimidade a autoridade administrativo-fiscal para requerer o fornecimento de informações sigilosas." (TRF 3ª R., REO nº 94.03.008002-7/SP, 3ª T., un., DJ 18.8.99, p. 429). O TRF da 4ª Região, por sua vez, entendeu constitucional o dispositivo, pois apenas disciplinava medida já autorizada pelo inciso II do art. 196 do CTN. (AMS nº 95.04.44243-9/SC, Rel. p/ acórdão Des. Fed. Nylson Paim de Abreu, Pl., m., 11.97.)

dades de investimento e as de arrendamento mercantil, os agentes do Sistema Financeiro da Habitação, as bolsas de valores, de mercadorias, de futuros e instituições assemelhadas e seus associados, e as empresas administradoras de cartões de crédito fornecerão à Receita Federal, nos termos estabelecidos pelo Ministro da Economia, Fazenda e Planejamento, informações cadastrais sobre os usuários dos respectivos serviços, relativas ao nome, à filiação, ao endereço e ao número de inscrição do cliente no Cadastro de Pessoas Físicas (CPF) ou no Cadastro Geral de Contribuintes (CGC). § 1º As informações recebidas nos termos deste artigo aplica-se o disposto no § 7º do art. 38 da Lei nº 4.595, de 31 de dezembro de 1964. § 2º As informações de que trata o caput deste artigo serão prestadas a partir das relações de usuários constantes dos registros relativos ao ano-calendário de 1992. § 3º A não-observância do disposto neste artigo sujeitará o infrator, independentemente de outras penalidades administrativas à multa equivalente a trinta e cinco unidades de valor referidas no art. 5º desta lei complementar, por usuário omitido.

Atualmente, como já dito, disciplina a matéria a LC nº 105/01, que será examinada em detalhes no item 3.4.

2.2. FUNDAMENTO

Não há consenso acerca do fundamento do sigilo financeiro, nem é possível uma conclusão absoluta e indiscutível a respeito, uma vez que esta fundamentação varia no tempo e também no espaço, de país para país. Sustenta Méjan que o sigilo financeiro deita raízes: a) na constituição psicológica do ser humano, dotado de curiosidade sobre os segredos alheios ao mesmo tempo em que tenta preservar os seus, na medida em que informação é poder; b) na origem histórica religiosa da atividade bancária; c) na filosofia moral, uma vez que a ética consagra a obrigação de discrição por parte de quem tem acesso a segredos alheios; c) na opção política de determinado Estado acerca das liberdades individuais; d) como estratégia econômica; e, finalmente, e) na regulamentação jurídica.[123]

Feitas essas observações, impõe-se deixar claro que o objetivo aqui é apenas determinar a fundamentação jurídica do instituto. Nesse campo, o fundamento do sigilo financeiro pode ser visto como: a) uso ou costume comercial; b) contratual, decorrente da vontade das partes; c) extracontratual, por gerar a responsabilização civil da instituição financeira em caso de dano causado ao cliente ou terceiro; d) criminal, por constituir crime a sua violação; e) segredo profissional; f) legal, quando previsto em lei; g) constitucional, por conta da proteção concedida à vida privada.

Em sua origem, diz-se que o sigilo financeiro tinha feição costumeira ou negocial, mas privada, devendo o banqueiro guardar sigilo para preser-

---

[123] C. MÉJAN, Luis Manuel. *El Secreto Bancario*. 3ª ed., Editorial Porrúa: México, 2000, p. 1.

SIGILO BANCÁRIO E PRIVACIDADE

var o interesse de seu cliente.[124] Essa visão pode ser sustentada do ponto de vista das origens, mas não subsiste à regulamentação legal da matéria, pois poderá ocorrer que mesmo os limites, de modo geral incertos quanto ao costume, estarão definidos de maneira mais ampla ou mais restrita na lei. No devir histórico, o uso comercial poderá ser uma fase que culminará com o fundamento legal, quando alcançado grau mais alto de desenvolvimento na matéria.

Adotado o entendimento de que o sigilo financeiro tem matiz contratual, resultaria ele da vontade do cliente, manifestada de forma expressa ou tácita. Não é comum, porém, a utilização de tal cláusula nos contratos bancários, o que fez com que a doutrina criasse figuras como o pacto implícito ou de uma obrigação contratual acessória de segredo. É considerado contratual o fundamento do sigilo financeiro na Inglaterra, na Bélgica e na Suíça. A principal crítica feita a tal teoria é a dificuldade de abranger as informações pré-contratuais ou pós-contratuais,[125] ao que podemos acrescer as situações nas quais inexiste contrato, como no mero pagamento de uma fatura em agência bancária por aquele que não é correntista do banco. Na verdade nada impede que tal obrigação seja pactuada, observado apenas que não será eficaz em relação a normas de ordem pública que determinem o fornecimento de informações, como ocorre, no Brasil, com a LC nº 105/01.

O fundamento extracontratual está hoje superado, por parcial, já que abrangente apenas dos efeitos, mas não do fundamento do dever de sigilo. Baseava-se na responsabilidade da instituição financeira pelos prejuízos advindos da indevida divulgação dos dados,[126] com fundamento na cláusula geral de responsabilidade civil extracontratual, como previsto no art. 927 do Código Civil.[127] Ainda que superado o entendimento que reduzia o sigilo financeiro à responsabilização civil, isso não impede que haja responsabilidade civil na matéria. Quer dizer, a violação ou divulgação indevida de dados bancários pode gerar responsabilização civil, mas não se reduz a tanto.

Não se pode, tampouco, reduzir o fundamento do sigilo financeiro à circunstância de constituir crime sua indevida violação, o que constitui apenas uma das formas de proteção adotada. Quer dizer, sobre ser parcial, por reduzir o fenômeno a um de seus efeitos, não é esse efeito o único produzido.

---

124 GUILLÉN FERRER, Maria José. *El secreto bancario y sus límites legales*, p. 12.

125 C. MÉJAN, Luis Manuel. *El Secreto Bancario*, p. 37.

126 C. MÉJAN, Luis Manuel. *El Secreto Bancario*, p. 42.

127 Art. 927. Aquele que, por ato ilícito (arts. 186 e 187), causar dano a outrem, fica obrigado a repará-lo.

O sigilo financeiro é visto como segredo profissional na França, onde há disposição legal expressa na legislação bancária, remetendo ao dispositivo do CP francês que incrimina a violação por parte dos confidentes, como também ocorre em Luxemburgo, na Argélia e em Portugal. Na Espanha, tal fundamento é repelido, com argumentos que também poderiam ser esgrimidos no Brasil: a) nem todos os que trabalham no banco são profissionais do banco; b) não há amparo legal para tanto; c) o banco não é um profissional, que exerce individualmente uma atividade, mas uma empresa comercial; d) os dispositivos penais a respeito, como a previsão do art. 154 do CP brasileiro, são meramente sancionadores e protegem interesses públicos, enquanto o objeto do sigilo financeiro são os interesses privados do cliente na sua intimidade financeira e do banco em viabilizar sua atividade.[128]

No Brasil, embora haja posição no sentido de estar o banqueiro abrangido pelo sigilo profissional,[129] entendemos mais acertada a posição contrária, na linha da conhecida referência de Aliomar Baleeiro, ao comentar o parágrafo único do art. 197 do CTN, que exclui do dever de colaboração com a autoridade fiscal "...a prestação de informações quanto a fatos sobre os quais o informante esteja legalmente obrigado a observar segredo em razão de cargo, ofício, função, ministério, atividade ou profissão", do seguinte teor: "Não é, porém, o caso dos banqueiros, p.ex., que não estão adstritos às mesmas regras éticas e jurídicas de sigilo. Em princípio só devem aceitar e ser procurados para negócios lícitos e confessáveis".[130]

O sigilo terá fundamento legal quando previsto em lei, de forma expressa, o que fará desnecessárias maiores digressões ou construções que tentem embasá-lo no costume ou em regras gerais de responsabilidade civil ou segredo profissional.

Finalmente, o fundamento será constitucional quando consagrado, de forma explícita no texto constitucional ou dele derivar, como abaixo se verá.

Não há, em verdade, total incompatibilidade entre os vários fundamentos apontados para o sigilo financeiro. Como visto, o uso comercial parece figurar na origem do instituto, a ser superado como fundamento com o advento da regulamentação legal, a qual certamente será baseada, ao menos parcialmente, nos usos consagrados. Nada impedirá a estipulação contratual a respeito, no que diz com os interesses privados, desde que o contrato

---

[128] C. MÉJAN, Luis Manuel. *El Secreto Bancario*, p. 74.

[129] CARVALHO DE MENDONÇA. J.X. *Tratado de Direito Comercial*. v. 6, Rio de Janeiro: Freitas Bastos, p. 223-224 e WALD, Arnoldo. O Sigilo Bancário no Projeto de Lei Complementar de Reforma do Sistema Financeiro e na Lei Complementar nº 70. *Revista da Associação dos Juízes do Rio Grande do Sul*, n. 56, p. 17, nov. 1992.

[130] BALEEIRO, Aliomar. *Direito Tributário Brasileiro*. 3ª ed. Rio de Janeiro: Forense, 1971, p. 551. No mesmo sentido: AZEVEDO, Noé. O Sigilo Bancário. *Revista dos Tribunais*, São Paulo, n. 315, p. 427-428, 1948.

não contrarie normas legais de ordem pública, impedindo a fiscalização, por exemplo. Ainda que inexista contrato, a divulgação indevida poderá acarretar a responsabilização civil, com fundamento nas regras legais respectivas. Dispondo o texto constitucional sobre a matéria, ainda assim será necessária regulamentação legal ou mesmo infralegal. Em suma, parece-nos que os vários fundamentos apontados ao início deste item contemplam facetas diversas de um mesmo e complexo fenômeno jurídico.

Tendo em vista o caráter histórico do direito, temos que o exame da matéria deve dar-se à luz de cada ordenamento jurídico em um determinado momento, de acordo com a opção política do constituinte e do legislador e a respectiva regulamentação, uma vez que, se a legislação consagrar expressamente o sigilo financeiro como hipótese de sigilo profissional, atribuindo tal dever especificamente aos prepostos das casas bancárias, de pouco valerá dizer-se, doutrinariamente, que o fundamento é costumeiro.

A Constituição, apesar de seu alto grau de detalhamento e da existência de um capítulo destinado à regulamentação do Sistema Financeiro Nacional, não faz menção expressa ao sigilo financeiro. Apesar disso, e da conseqüente dúvida sobre a própria existência de um fundamento constitucional para o sigilo financeiro, predomina na jurisprudência nacional, como será visto no item 2.3, bem como na doutrina, o entendimento de que tal fundamento deverá ser buscado no direito à inviolabilidade da vida privada previsto no inciso X do art. 5º da Constituição.[131] Tendo em vista a distinção entre intimidade e vida privada, temos por certo que o sigilo financeiro integra esta, mas não aquela, não se podendo falar em *intimidade financeira*.[132]

PROCESSUAL PENAL – *HABEAS CORPUS* – QUEBRA DE SIGILO BANCÁRIO E FISCAL – DILAÇÃO PROBATÓRIA – IMPOSSIBILIDADE – COAÇÃO ILEGAL –INEXISTÊNCIA – APLICAÇÃO DO PRINCÍPIO DA RAZOABILIDADE. (...) 2. A quebra do sigilo bancário e fiscal deve ser verificada e examinada no plano maior das restrições dos direitos e garantias fundamentais em face do interesse público da persecução criminal, incumbindo ao intérprete, nestes casos, o exame da proporcionalidade, de sorte a que se possa verificar, em eventual conflito de normas mesmo no plano constitucional, o bem da vida que deva ser tutelado no caso concreto. 3. Inexiste ilegalidade ou abuso de poder que possa coartar a liberdade física do Paciente que teve decretada a quebra de sigilo bancário e fiscal por não representar esta maior restrição à intimidade e à vida privada do que a interceptação telefônica, a busca domiciliar e a busca pessoal, e por se constituir no único caminho à obtenção de elementos para apurar ilícitos tributários e penais em relação aos quais existam

---

131 SOVERAL. Adriana Pileggi de. Sigilo Bancário. Quebra. Observação do devido Processo Legal. *Revista da Associação dos Juízes Federais do Brasil*, Brasília, n. 65, p. 269.
132 Nesse sentido, Gonzáles Gaitano, afirmando que "A intimidade não se expressa em cifras." (GONZÁLES GAITANO, Norberto. *El Deber de Respeto a La Intimidad*, p. 26.)

elementos mínimos de convicção. 4. As informações sobre o patrimônio das pessoas não se inserem nas hipóteses do art. 5º, X e XII, da Constituição Federal, uma vez que o patrimônio não se confunde com a intimidade, a vida privada, a honra e a imagem e, nesta linha, o próprio Código Tributário Nacional, em seu art. 197, II, estabelece que os bancos são obrigados a prestar todas as informações de que disponham em relação aos bens, negócios e atividades de terceiros à autoridade administrativa.

Poderia objetar-se contra tal argumentação com o caráter patrimonial do sigilo financeiro.[133] A patrimonialidade não deve, porém, servir como óbice ao reconhecimento do fundamento constitucional do sigilo financeiro, especificamente na proteção da vida privada. Em primeiro lugar, porque o patrimônio é um valor a ser protegido e em mais de um ponto o próprio texto constitucional deixa isso claro, ao tratar, por exemplo, da propriedade. Demais disso, o que se busca com a resguarda do sigilo financeiro não é simplesmente a proteção do patrimônio ali depositado. Tanto é assim que a lei determina que o sigilo recaia sobre operações ativas e passivas, além dos serviços prestados. Assim, também a pessoa com patrimônio negativo, devedora da instituição financeira, deverá ter seu sigilo preservado. O que se protege são os dados por si mesmos, independentemente de representarem patrimônio. Além disso, com o acesso à movimentação financeira, especificamente quanto a pagamentos e recebimentos, é possível até mesmo conhecer outros dados, próprios da vida privada, que o cidadão pretenda manter em sigilo, tais como doações, compras, relacionamentos amorosos, etc.[134] A possibilidade dessa violação indireta foi reconhecida pelo Tribunal Constitucional Espanhol.[135]

Na Espanha, o item 1 do art. 18 da Constituição garante o direito à intimidade pessoal e familiar, tendo o Tribunal Constitucional, na sentença 110/1984, de 26 de novembro, bem como no Auto 642/1986, de 23 de julho, entendido que os dados bancários são abrangidos pelo dispositivo constitucional, mas admitindo limitações baseadas no interesse público, especialmente pelo disposto no item 1 do art. 31: "Todos contribuirão para o sustento dos gastos públicos de acordo com sua capacidade econômica mediante um sistema tributário justo, inspirado nos princípios de igualdade e

---

[133] "PROCESSO CIVIL. AGRAVO REGIMENTAL. SOLICITAÇÃO EXTRATO BANCÁRIO. QUEBRA. SIGILO BANCÁRIO. INOCORRÊNCIA 1. Inexiste ofensa ao art. 5º, inc. X, da CF/88 porquanto o patrimônio não se confunde com a intimidade, a vida privada, a honra ou a imagem das pessoas. (...)" (TRF 4ª R., AGA nº 2001.04.01.056635-5/RS, Rel. Des. Fed. Tadaaqui Hirose, 6ª T., un., DJ 18.7.01, p. 783). No mesmo sentido: TRF 2ª R., HC nº 2002.02.01.0099893-ES, Rel. Des. Fed. Frederico Gueiros, 3ª T., un., DJ 5.11.02, p. 140.

[134] Sobre a repercussão no campo da vida privada da divulgação de dados financeiros: FERRAZ JÚNIOR, Tércio Sampaio. Sigilo Bancário. *Revista de Direito Bancário, do Mercado de Capitais e da Arbitragem*, São Paulo, v.4, n. 14, p. 20-21, out.-dez. 2001.

[135] ATC 52/1992, de 18 de fevereiro, 1º Fundamento Jurídico.

progressividade".[136] A conclusão do Tribunal é criticada por Guilllén Ferrer, para quem os limites a que está sujeito o sigilo financeiro são mais amplos que aqueles impostos ao direito à intimidade em geral, bem assim porque o fundamento do sigilo financeiro seriam interesses privados do banco e do cliente.[137]

Ambas as objeções podem ser refutadas. Quanto à primeira, nada impede que aspectos diversos do direito à vida privada recebam proteção também diversa, podendo ser citado o impedimento absoluto à interceptação da comunicação epistolar – enquanto está em curso – e a possibilidade de interceptação telefônica. Quanto ao segundo, parece certo que também há um interesse público na preservação do sigilo financeiro.

Também na Alemanha predomina o entendimento no sentido da existência de fundamento constitucional para o sigilo financeiro, por duas vertentes. Do ponto de vista do cliente, o fundamento seria o direito ao livre desenvolvimento da personalidade,[138] previsto no art. 2°, 1,[139] da Lei Fundamental. Do ponto de vista da instituição, o fundamento é a liberdade de profissão, prevista no art. 12[140] da Lei Fundamental.[141]

Em Portugal, de acordo com o Tribunal Constitucional: "...a situação econômica do cidadão, espelhada na sua conta bancária, incluindo as operações activas e passivas nela registadas, faz parte do âmbito de proteção do direito à reserva da intimidade privada condensado no art. 26° da Constituição, surgindo o segredo bancário como um instrumento de garantia deste direito" (Acórdão do Tribunal Constitucional n° 278/95, proferido no proc. 510/91, e publicado no DR, IIª Série de 28/7). Mesmo nesse país, porém, há várias possibilidades de relativização dessa proteção, especialmente por conta do dever de cooperar com a Justiça.[142]

Afasta-se aqui a tentativa de fundamentar o sigilo financeiro no inciso XII do art. 5° da Constituição, que trata das comunicações de dados, e não dos dados, que não estão, por si, cobertos por sigilo, mas encontram-se protegidos enquanto objeto de correspondência ou de comunicação. Tanto

---

136 NOGUEROLES PEIRÓ. La Intimidad y Los Datos Económicos In: *Sobre la Intimidad.* Valencia: Fundación Universitaria San Pablo C.E.U, 1996, p. 184.

137 GUILLÉN FERRER, Maria José. *El secreto bancario y sus límites legales,* p. 60.

138 HADDING, Walther; SCHNEIDER, Uwe H. *Bankgeheiminis und Bankauskunft in der Bundesrepublik Deutschland und in ausländischen Rechtsordnungen.* Berlim: Duncker & Humblot, 1986, p. 13.

139 Art. 2° (1) Todos têm o direito ao livre desenvolvimento da sua personalidade, desde que não violem os direitos de outrem e não atentem contra a ordem constitucional ou a moral. (ROGEIRO, Nuno. *A Lei Fundamental da República Federal da Alemanha.* Coimbra: Coimbra Editora, p. 125.)

140 Art. 12 (1) Todos os alemães têm o direito de escolher livremente a sua profissão e o local de trabalho, bem como o lugar de formação profissional. O exercício da profissão pode ser regulado por lei ou com base numa lei. (ROGEIRO, Nuno. *A Lei Fundamental da República Federal da Alemanha,* p. 125.)

141 GUILLÉN FERRER, Maria José. *El secreto bancario y sus límites Legales,* p. 58.

142 VEIGA, Vasco Soares da. *Direito Bancário.* Coimbra: Almedina, 1997, p. 227.

é assim que se admite a interceptação apenas no caso de comunicação telefônica, em virtude de sua instantaneidade.[143] Como afirmou o Min. Moreira Alves, em voto proferido no julgamento do MS nº 21.729-4: "as palavras voam, enquanto que os escritos permanecem. Cuida-se de forma de comunicação que não deixa vestígios para sua realização".[144] Caso se entenda que os dados referidos no inciso XII do art. 5º da Constituição são quaisquer dados, entendidos estes como informações, independentemente de estarem sendo ou não comunicados, todo e qualquer registro de informações, em qualquer suporte, como papel, fitas gravadas, disquetes, computadores, estaria coberto por sigilo. Essa solução inviabilizaria, na prática, a prova de qualquer ilícito, administrativo ou penal, bem como as provas no processo civil, de modo que não pode ser esta a interpretação do dispositivo constitucional.[145]

Nesse ponto, merece transcrito o seguinte trecho de autoria do Min. Francisco Rezek, em voto proferido no MS nº 21.729-4/DF:

> Do inciso XII, por seu turno, é de ciência corrente que ele se refere ao terreno das comunicações: a correspondência comum, as mensagens telegráficas, a comunicação de dados, e a comunicação telefônica. Sobre o disparate que resultaria de entendimento de que, fora do domínio das comunicações, os dados em geral – e a seu reboque o cadastro bancário – são invioláveis, não há o que dizer. O funcionamento mesmo do Estado e do setor privado enfrentaria um bloqueio. A imprensa, destacadamente, perderia sua razão existir.

No mesmo sentido a manifestação do Min. Sepúlveda Pertence no julgamento do MS nº 23.452/RJ, como segue:

> Com relação especificamente à requisição de dados telefônicos – que aqui só se enfrentou de raspão – a minha convicção é a de que o problema há de ser encarado à luz do princípio da proteção constitucional e da intimidade, e não propriamente do inc. XII do art. 5º, que diz respeito ao sigilo das comunicações, em suas diversas modalidades: são desdobramentos que a tecnologia impôs ao multissecular princípio da inviolabilidade da correspondência. O que ali se protege, pois, é a comunicação telemática de dados: a não ser assim, então, todos os dados, todos os apontamentos, todos os fichários antigos e modernos existentes no mundo estariam protegidos por uma reserva que até se pode sustentar absoluta, porque a alusão do final do inc. XII do art. 5º, é restrita às comunicações telefônicas. A meu ver, o absurdo a que levaria conferir quanto a tudo o mais uma reserva absoluta mostra que, naquele inciso, só se cogitou das diversas técnicas de comunicação. E, por isso mesmo, teve-se de

---

[143] FERRAZ JUNIOR. Tércio Sampaio. Sigilo de Dados: o Direito à Privacidade e os Limites à Função Fiscalizadora do Estado, p. 81. No mesmo sentido, asseverando que o "sigilo bancário não tem nada a ver com o inciso XII do art. 5º": JOBIM, Nelson. Sigilo Bancário e Fiscal no Brasil. In: seminário soluções para a execução fiscal no Brasil. Brasília: AJUFE, 2000, p. 95.

[144] Rel. Min. Marco Aurélio, Pl., DJ 19.10.01.

[145] No sentido do texto: SOUZA, José Fernando Vidal de. *Temas Atuais de Processo Penal*. Campinas: Copola Editora, 1994, p. 131. Em sentido contrário: MARTINS, Ives Gandra da Silva. Inconstitucionalidades da Lei Complementar 105/2001. *Revista de Direito Bancário, do Mercado de Capitais e da Arbitragem*, São Paulo, n. 11, p. 31, jan.-mar. 2001.

resguardar mesmo de intromissão judicial o próprio ato da comunicação, salvo se cuida da comunicação telefônica, única em que a interceptação é necessária, porque não deixa prova de seu conteúdo.

Conseqüência da fundamentação do sigilo financeiro no inciso XII do art. 5º da Constituição seria a impossibilidade de sua quebra para fins processuais extrapenais, uma vez que o dispositivo somente prevê sua relativização *para fins de investigação criminal ou instrução processual penal.*[146] Mais que isso, albergado o sigilo financeiro no inciso XII do art. 5º da Constituição, somente poderia ser violado com autorização judicial, como está expressamente previsto no dispositivo, o que não se dá caso se entenda fundado o sigilo financeiro no direito fundamental à vida privada, matéria que será objeto de exame adiante, no item 3.4.7, quando examinadas as hipóteses de quebra do sigilo.

No plano infraconstitucional, o sigilo financeiro foi regulamentado pela já mencionada LC nº 105/01, examinada em detalhes no item 3.4, de modo que, no atual momento histórico brasileiro, é possível afirmar que o sigilo financeiro encontra fundamento constitucional no inciso X do art. 5º da Constituição e infraconstitucional na LC nº 105/01.

Do reconhecimento desse fundamento constitucional não decorre, porém, a conclusão de que a preservação do sigilo financeiro se converta em direito absoluto, pois a preservação da vida privada tampouco é absoluta, podendo ser restringida por conta do direito à informação (CRFB, art. 5º, XIV), da fiscalização tributária (CRFB, art. 145, § 1º) ou de necessidades de segurança da sociedade. Salta aos olhos o conflito existente entre o direito à informação e a liberdade de imprensa, de um lado, e a proteção da vida privada, de outro, muitas vezes resolvido em favor daqueles e em detrimento deste. No âmbito da fiscalização tributária, exemplifica-se com a prosaica e amplamente aceita atuação estatal do exame da bagagem do turista que chega do exterior pela fiscalização aduaneira. Por fim, a busca pessoal, prevista no art. 244 do CPP, evidentemente afeta intensamente a própria intimidade corporal do cidadão.[147] Na mesma linha, o STF entendeu possível a interceptação da correspondência dirigida ao preso, por razões de segurança pública, por ato fundamentado da administração penitenciária (HC nº 70.814/SP, Rel. Min. Celso de Mello, 1ª T., un., DJ 24.6.94, p.

---

[146] Tal efeito é afirmado no precedente que segue: PROCESSO CIVIL. AGRAVO DE INSTRUMENTO. QUEBRA DE SIGILO BANCÁRIO. IMPOSSIBILIDADE. 1- Impossibilidade de quebra de sigilo bancário, conforme dispõe o artigo 5º, inciso XII, da Constituição Federal, uma vez que a quebra de dados somente é permitida como medida excepcional, para fins de investigação criminal ou instrução processual penal. precedentes do STF. (...) (TRF 3ª R., AG nº 38476/SP, Rel. Des. Fed. Oliveira Lima, 1ª T., un., DJ 19.10.99, p. 354.)

[147] Art. 244. A busca pessoal independerá de mandado, no caso de prisão ou quando houver fundada suspeita de que a pessoa esteja na posse de arma proibida ou de objetos ou papéis que constituam corpo de delito, ou quando a medida for determinada no curso de busca domiciliar.

16.649). Os exemplos acima referidos bem demonstram que também o sigilo financeiro, conquanto tenha fundamento constitucional na proteção da
vida privada, poderá sofrer restrições.

2.3. SIGILO FINANCEIRO NA JURISPRUDÊNCIA DO SUPREMO TRIBUNAL FEDERAL

A primeira decisão do STF sobre a matéria encontrada foi o RMS nº
1.047, julgado em 6 de setembro de 1949, com a seguinte ementa: "Os
bancos não se podem eximir de ministrar informações, no interesse público,
para o esclarecimento da verdade, essenciais e indispensáveis ao julgamento das demandas submetidas ao Poder Judiciário." Discutia-se, na hipótese,
a negativa de dois bancos em fornecer informações constantes em seus
registros sobre os réus em ação de indenização promovida por empresa
comercial contra ex-empregados seus que teriam cometido fraudes contra
a empresa. Os bancos negavam-se ao fornecimento das informações, com
argumento no segredo profissional. O STF, confirmando decisão anterior
do Tribunal de Justiça, denegou a segurança, afirmando a primazia do interesse público.[148]

No RHC nº 31.611, julgado em 25 de julho de 1951, anulou-se, por
cerceamento de defesa, sentença proferida após indeferimento de produção
de provas formulado pela defesa, consistente em fichas cadastrais e extratos
de contas-correntes de posse do Banco do Brasil. O impetrante do *habeas
corpus* e réu da ação penal era ex-gerente do banco acusado de estelionato,
supressão ou alteração de marca em animais e falsa identidade (CP, arts.
171, 162 e 307), tendo por vítima a instituição financeira. Na hipótese, o
banco negou-se a fornecer os documentos, ao argumento de sigilo profissional, o que foi aceito pelo juiz de primeiro grau e confirmado pelo Tribunal de Justiça de Pernambuco. Na oportunidade, ficou vencido o Relator,
Min. Orosimbo Nonato, prevalecendo a tese divergente, defendida pelo
Min. Afrânio Costa, no sentido de que o sigilo financeiro não poderia constituir-se em óbice ao pleno direito de defesa do acusado.

Na sessão de 23 de janeiro de 1953, apreciou o STF o MS nº 1.959-DF,
impetrado pelo Sindicato dos Bancos do Rio de Janeiro contra ato da Mesa
da Câmara dos Deputados que determinou a publicação do relatório de CPI
constituída para investigar atividades do Banco do Brasil, tendo o tribunal
autorizado a publicação, porque os fatos já haviam sido amplamente divulgados pela imprensa, bem como pela prevalência do interesse público na

---

[148] RF n.143, p. 154-159. A decisão é comentada no seguinte artigo doutrinário: AZEVEDO, Noé. O
Sigilo Bancário, p. 412-430.

obtenção da informação. Reafirmou-se ainda o caráter relativo do sigilo, valendo transcrever os seguintes excertos do voto do Min. Nelson Hungria: "Não há, aliás, país do mundo civilizado que algum dia tenha sobreposto o interesse do sigilo bancário acima do interesse nacional. (...) Jamais se ouviu dizer que o segredo profissional pudesse encobrir crime ou atividades administrativas ilícitas."

A decisão seguinte no STF teve por relator Nelson Hungria, no julgamento do MS nº 2.172-GO, julgado em 10 de julho de 1953 e publicado no Diário da Justiça de 5 de janeiro de 1954, com a seguinte ementa: "Sigilo Profissional do banqueiro: sua relatividade e limites. Pode ser devassado pela justiça penal ou civil, salvo por intermédio de testemunho do obrigado a guardá-lo." Na oportunidade, o relator reafirmou estar o banqueiro abrangido pelo sigilo profissional, de modo que impedido de prestar depoimento como testemunha, sem que se pudesse impedir, porém, o acesso da justiça às informações. Relevante a assertiva da relatividade do sigilo, em época anterior à própria Lei nº 4.595/64.

Já no julgamento do Mandado de Segurança nº 2.574, impetrado pelo Banco do Brasil contra ato de Juiz de Direito, que determinava a exibição de ficha financeira do marido em ação de desquite, julgado em 8 de julho de 1957, o Relator, Ministo Villas Boas, assentou que: "Não há lei que obrigue um Banco a exibir o seu fichário cadastral, de natureza singular e privado. Assim, é ilegal e pode ser anulada por mandado de segurança a ordem judicial de exibição."

Invocando o precedente acima, ao julgar o ROMS nº 9.057, em 13 de setembro de 1961, relator o Min. Gonçalves de Oliveira, impetrado pelo Banco Hipotecário e Agrícola do Estado de Minas Gerais, contra ato do juiz que, em ação promovida contra o banco por cliente seu, determinava o exame de fichas cadastrais, o STF entendeu que: "O cadastro do Banco é excluído do exame dos peritos, que devem se limitar aos negócios das partes em litígio, não tendo o poder de examinar, na perícia, quaisquer outros dados ou lançamentos estranhos ao objeto do litígio."

A questão do acesso por parte de servidores fazendários, e não por perito em ação entre partes privadas, vai surgir no julgamento do Recurso de Mandado de Segurança nº 15.925-GB, de 20 de maio de 1966. O Relator, Min. Gonçalves de Oliveira, embora tenha negado o acesso às fichas cadastrais no precedente referido linhas acima, no qual as partes eram privadas, neste entendeu que: "Não há perigo de devassa ou quebra de sigilo bancário, porquanto, como assinala o parecer, os Agentes Fiscais do Imposto de Renda são obrigados ao sigilo (art. 301, Decreto 47.373-59), sob pena de responsabilidade." Com efeito, os dados informados à fiscalização fazendária seguem protegidos pelo sigilo fiscal, havendo mera transferência de sigilo.

Em 10 de novembro de 1967, no julgamento do Agravo de Instrumento n° 40.883-GB, a Terceira Turma, tendo por Relator o Min. Hermes Lima, entendeu legítima a recusa do banco em exibir a Agentes Fiscais do Imposto de Renda livros e documentos relativos a contas-correntes de seus clientes, em data anterior à publicação do art. 7° da Lei n° 4.154, de 28 de novembro de 1962.[149]

A relatividade do sigilo financeiro frente à fiscalização tributária voltou a ser firmada, desta feita já na vigência da Lei n° 4.595, de 31 de dezembro de 1964, por ocasião do julgamento do RE n° 71.640-BA, julgado em 17 de setembro de 1971,[150] no qual o Banco da Bahia S.A. questionava a notificação por parte de fiscais tributários do Município de Salvador para "exibir as fichas contábeis do Razão, referentes a contratos subsidiários efetuados com terceiros para refinanciamento". O acórdão foi relatado pelo Ministro Djaci Falcão, com a seguinte ementa: "As decisões na instância ordinária entenderam que em face do Código Tributário Nacional o segredo bancário não é absoluto. Razoável inteligência do direito positivo federal, não havendo ofensa ao disposto no art. 153, § 9°, da Lei Magna, nem tampouco negativa de vigência ao art. 144 do Código Civil." O STF entendeu acertada a interpretação do Tribunal de Justiça da Bahia no sentido de que os arts. 195 e 197 do CTN, têm o efeito de limitar o sigilo financeiro, com o importantíssimo detalhe de que inexistia, no caso, ordem judicial.

O próprio direito constitucional ao fornecimento de certidões[151] restou limitado pelo sigilo financeiro no julgamento do RE n° 82.700-SP, na sessão de 5 de dezembro de 1975, relatado pelo Min. Xavier de Albuquerque, no qual se discutia o direito do recorrente de obter certidão de inteiro teor de processo administrativo para aquisição de casa própria no qual era mutuário o próprio requerente. Apesar disso, entendeu o STF que era legítima a negativa da instituição financeira em fornecer a certidão do inteiro teor do processo, com fundamento no sigilo financeiro: "Porque nele se continham pareceres e informações dos seus diversos órgãos internos, exarados para orientação da sua própria administração."

Em 6 de abril de 1984 foi julgado o RE n° 94.608-SP, relatado pelo Min. Cordeiro Guerra. Cuidava-se de execução promovida pelo Banco do Brasil contra devedor solvente, discutindo-se o indeferimento de expedição

---

[149] Art. 7°. Os estabelecimentos bancários, inclusive as Caixas Econômicas, não poderão eximir-se de fornecer à fiscalização do imposto de renda, em cada caso especificado em despacho do diretor, dos delegados regionais ou seccionais e dos inspetores do imposto de renda, cópia das contas correntes de seus depositantes e de outras pessoas que tenham relações com tais estabelecimentos, nem de prestar informações ou quaisquer esclarecimentos solicitados.

[150] RTJ n. 59, p. 571-575.

[151] CRFB/67, Art. 153. (...) § 35. A lei assegurará a expedição de certidões requeridas às repartições administrativas para defesa de direitos e esclarecimentos de situações.

SIGILO BANCÁRIO E PRIVACIDADE

67

de ofício à Receita Federal para obtenção de informações. A questão, então, envolvia mais propriamente o sigilo fiscal que o financeiro. De todo modo, extrai-se do julgado, que deferiu a medida, o seguinte excerto: "Nada justifica a proteção ao inadimplente em detrimento da boa-fé no mundo dos negócios e do prestígio da justiça." (RTJ n. 110, p. 195-198.)

Em 1992, já sob a égide da Constituição de 1988, surge a primeira vinculação do sigilo financeiro ao direito fundamental à vida privada, por parte do Ministro Carlos Velloso, ao apreciar a Petição nº 577–DF, relativa ao *caso Magri*. Na oportunidade, o relator, bem como o Min. Celso Mello, afirmaram textualmente a ancoragem constitucional do sigilo financeiro, como se vê do seguinte excerto do voto do relator: "Faço residir, portanto, no inciso X do art. 5º, da Constituição, o sigilo bancário, que tenho como espécie do direito à privacidade." Já o Ministro Célio Borja mencionou, ainda que sem descer a maiores detalhes, a par do inciso X, também o inciso XII do art. 5º, com o que não concordamos, pelas razões explicitadas no item 2.2. Afirmou-se, também, na oportunidade, a necessidade da existência de *elementos de prova mínimos de autoria do delito, em inquérito regularmente instaurado* para possibilitar a quebra de sigilo. Entendeu o STF que o pedido, sobre não especificar sequer qual era o objeto da investigação em curso, não trazia indícios suficientes de autoria do delito ou da relação de pertinência entre a prova pretendida e a investigação, pois instruído apenas com cópia de notícia publicada em jornal, dando conta de terem sido encontradas cintas de dinheiro no lixo da residência do então Ministro de Estado.[152]

Em 23 de novembro de 1994, apreciando pedido de quebra do sigilo financeiro do ex-Deputado Federal José Carlos de Moraes Vasconcellos, formulado pelo Procurador-Geral da República, no AGINQ. nº 897-5-DF, o Relator, Min. Francisco Rezek, assim ementou o acórdão: "A quebra do sigilo bancário não afronta o art. 5º, X e XII da CF." Destacada, no voto do relator, a menção de que "...a prova pretendida com as informações bancárias guarda relação de pertinência com o objeto das investigações". A seu turno, o Min. Celso de Mello destacou "...que o deferimento da quebra de sigilo bancário impunha-se como providência essencial à satisfação das finalidades inderrogáveis da investigação penal", bem como a inexistência de meio menos gravoso para alcançar tais objetivos. Presente aí, bem se vê, a aplicação do preceito da proporcionalidade. De destaque, ainda, em tal decisão, a assertiva, também ementada, de que: "O princípio do contraditório não prevalece na fase inquisitória."

---

[152] RTJ n. 148, p. 366. Também o Superior Tribunal de Justiça já afirmou representar a quebra de sigilo financeiro sem autorização judicial "indevida intromissão na privacidade do cidadão, garantia esta expressamente amparada pela Constituição Federal (artigo 5º, inciso X)." (STJ, REsp. nº 37.566/RS, 1ª T., un., Rel. Min. Demócrito Reinaldo, DJ 22.9.97, p. 46.337, RSTJ n. 60, p. 357)

Em 5 de outubro de 1995, concluiu o STF julgamento iniciado em 7 de abril daquele ano, e por duas vezes adiado, do MS nº 21.729-4/DF, impetrado pelo Banco do Brasil em face do Procurador-Geral da República, no qual se discutia a negativa da instituição financeira em fornecer ao Ministério Público documentos e informações sobre empréstimos concedidos pelo Banco do Brasil a empresas do setor sucroalcooleiro, no valor de um bilhão e cem milhões de dólares norte-americanos, à conta do Tesouro Nacional. O acórdão, publicado apenas em 19 de outubro de 2001, revela que no julgamento, por escassa maioria de seis votos contra cinco; o tribunal indeferiu a segurança, afirmando que os documentos deveriam ser entregues ao Ministério Público, independentemente de intervenção judicial, tendo em conta que se cuidava de recursos públicos.

Inevitável aqui a referência ao voto vencedor, da lavra do Min. Francisco Rezek, que negava estatura constitucional ao sigilo financeiro, acompanhado, nesse ponto, pelo Min. Sepúlveda Pertence, admitindo ampla liberdade do legislador ordinário para conformação da matéria, nos seguintes termos:

> Cuida-se de instituto que protege certo domínio – de resto nada transcendental, mas bastante prosaico – da vida das pessoas e das empresas, contra a curiosidade gratuita, acaso malévola, de outros particulares, e sempre até o exato ponto onde alguma forma de interesse público reclame sua justificada prevalência. (...) O inciso X do rol de direitos fala assim numa intimidade onde a meu ver seria extraordinário agasalhar a contabilidade, mesmo a das pessoas naturais, e por melhor razão a das empresas.

Entre os votos vencidos, chama a atenção a assertiva dos Mins. Carlos Velloso e Celso de Mello, afirmando a necessidade de que a restrição ao direito fundamental se dê por órgão imparcial, ou seja, pelo Poder Judiciário, sem contudo, adentrar mais profundamente na questão da reserva de jurisdição.

Em 18 de abril de 1996 o tribunal, apreciando questão de ordem no Inquérito nº 732-3/DF, no qual indiciados João Alves de Almeida e outros, no chamado *escândalo do orçamento*, seguindo brevíssimo voto do Min. Moreira Alves, baseado no § 1º do art. 38 da Lei nº 4.595/64, denegou pedido da Receita Federal para acesso aos documentos obtidos mediante quebra de sigilo financeiro e constantes do inquérito policial para fins de lançamento tributário. Em suma, entendeu o Tribunal que os documentos obtidos na investigação criminal não poderiam ser utilizados para o lançamento dos tributos sonegados. A decisão é merecedora de crítica, em nossa ótica, na medida em que a autoridade fiscal poderia requerer tais documentos ao Poder Judiciário.

Enfrentou o Tribunal, por sua Segunda Turma, a questão da ilicitude da prova obtida mediante alegada violação indevida do sigilo financeiro

SIGILO BANCÁRIO E PRIVACIDADE

ao apreciar o HC nº 74.197-5/RS, relatado pelo Min. Francisco Rezek e julgado em 26 de novembro de 1996. O *mandamus* fora impetrado pelo ex-prefeito do Município de Estrela, condenado por peculato consistente em depósito de cheques de fornecedores do Município em conta particular. A peculiaridade do caso era de que a prova favorecia a defesa. Eis a ementa:

HABEAS CORPUS. PREFEITO MUNICIPAL. ARTIGO 1º, I DO DECRETO-LEI 201/67. CONDENAÇÃO. PROVA ILÍCITA. QUEBRA DO SIGILO BANCÁRIO. FALTA DE AUTORIZAÇÃO JUDICIAL. ORDEM DENEGADA. A quebra de sigilo bancário – não observado o disposto no artigo 38, § 1º da Lei 4.595/64 – não se traduz em prova ilícita se o réu, corroborando as informações prestadas pela instituição bancária, utiliza-as para sustentar sua defesa. Ordem denegada.

O reconhecimento expresso da ilicitude da prova obtida mediante quebra de sigilo financeiro sem autorização judicial se deu no julgamento do ROHC nº 74.807-4/MT, da 2ª Turma, julgado em 22 de abril de 1997 e publicado em 20 de junho daquele ano, sendo Relator o Min. Maurício Corrêa.

O caráter relativo do sigilo financeiro e a necessidade de regulamentação legal voltou a ser afirmado por ocasião do julgamento do RE nº 219.780/PE, em 13 de abril de 1999, relatado pelo Min. Carlos Velloso, com a seguinte ementa:

CONSTITUCIONAL. SIGILO BANCÁRIO: QUEBRA. ADMINISTRADORA DE CARTÕES DE CRÉDITO. CF, art. 5º, X. I. – Se é certo que o sigilo bancário, que é espécie de direito à privacidade, que a Constituição protege art. 5º, X, não é um direito absoluto, que deve ceder diante do interesse público, do interesse social e do interesse da Justiça, certo é, também, que ele há de ceder na forma e com observância de procedimento estabelecido em lei e com respeito ao princípio da razoabilidade. No caso, a questão foi posta, pela recorrente, sob o ponto de vista puramente constitucional, certo, entretanto, que a disposição constitucional é garantidora do direito, estando as exceções na norma infraconstitucional. (2ª T., un., DJ 10.9.99, p. 23.)

Na mesma data asseverou o Tribunal, por sua Segunda Turma, a impossibilidade da quebra de sigilo financeiro por determinação de membro do Ministério Público Federal. Cuidava-se do RE nº 215.301-0/CE, impetrado pelo Ministério Público questionando acórdão do TRF da 5ª Região que havia trancado, por falta de justa causa, ação penal por desobediência contra gerente de instituição financeira que havia se recusado a fornecer informações sobre a movimentação bancária de clientes sem intervenção judicial. A relevância da decisão está em deixar claro que o julgamento do MS nº 21.729-4 não representou a adoção, pelo STF, da tese de que ao Ministério Público é dado quebrar sigilo financeiro independentemente de autorização judicial.

Em 1998, o STF se manifesta uma vez mais sobre a matéria, reafirmando a relatividade do sigilo frente à investigação criminal, sendo esclarecedora a ementa a seguir transcrita:

MANDADO DE SEGURANÇA DENEGADO. RECURSO ORDINÁRIO. SIGILO BANCÁRIO: QUEBRA. LEI Nº 4.595/64, ART. 38, E CF, ART. 5º, X. O Superior Tribunal Militar denegou mandado de segurança impetrado contra decisão que deferiu a quebra do sigilo bancário dos ora recorrentes, porquanto reconhecera, a partir de informações providenciadas pela Comissão de Inquérito, que existem dados que, nas circunstâncias descritas, precisam ser apurados, sendo manifesto o interesse da Comissão de Inquérito em sua obtenção como providência essencial à satisfação das finalidades inderrogáveis da investigação penal. Esta Corte tem admitido a quebra do sigilo bancário quando há interesse público relevante, como o da investigação criminal fundada em suspeita razoável de infração penal. RMS nº 23.002/RJ, Rel. Min. Ilmar Galvão, 1ª T., un., DJ 27.11.98, p. 59.)

No julgamento do Agravo Regimental em Petição nº 1564/RJ, julgado em 17 de junho de 1999, o Relator, Min. Octavio Gallotti, ao confirmar a quebra de sigilo financeiro do ex-Deputado Sérgio Naya, afirmou textualmente que: "Não tem caráter absoluto a garantia do sigilo bancário, cuja dispensa se acha regulada pelo § 1º do art. 38 da Lei nº 4.595-64, sendo facultada ao Juiz a providência, em caso de relevante interesse público." (Pl., un., DJ 27.8.99, p. 58.)

Em 16 de setembro de 1999, apreciou o STF o MS nº 23.452-RJ, relatado pelo Min. Celso de Mello e impetrado por advogado que prestava serviços para instituições financeiras, o qual teve seu sigilo financeiro e telefônico quebrado por ato da CPI do Sistema Financeiro. O Plenário, por unanimidade, concedeu a segurança por não estar fundamentada a decisão da comissão, assentando a premissa de que, conferidos às CPIs os poderes de investigação próprios das autoridades judiciais, ficam também subordinadas ao dever de fundamentar tais decisões, demonstrando a *existência concreta de causa provável que legitime a medida* e obrigadas ao dever de manter sigilo sobre tais dados. Bastante o fundamento da falta de motivação, não foi enfrentada, de todo, a questão da reserva de jurisdição. O relator, porém, afirmou que a Constituição não confere à CPI o poder geral de cautela reservado aos juízes, não podendo determinar medidas de busca e apreensão, desrespeitar o direito de não se auto-incriminar, nem decretar a prisão de qualquer pessoa, exceto em flagrante. O relator reafirmou, ainda, a conexão do sigilo financeiro com o inciso X do art. 5º da CRFB, e não com seu inciso XII, esse sim sujeito à reserva de jurisdição.

Em 4 de maio de 2000 vai a julgamento o MS nº 23.466-1/DF, impetrado por Francisco Lopes, ex-presidente do BACEN, também contra ato da CPI do Sistema Financeiro que, além de determinar quebra de sigilo, decretava indisponibilidade de seus bens. A liminar havia sido deferida pelo Relator, Min. Sepúlveda Pertence, e, no mérito, o Tribunal concluiu pela

SIGILO BANCÁRIO E PRIVACIDADE

perda de objeto do mandado de segurança, porque encerrados os trabalhos da CPI. De todo modo, o relator deixou claro seu entendimento no sentido de que a quebra de sigilo financeiro não está coberta por reserva absoluta de jurisdição.

Ato da *CPI do Narcotráfico* determinando a quebra do sigilo fiscal, financeiro e telefônico foi atacado pelo MS nº 23.639-6/DF, julgado em 16 de novembro de 2000, confirmando o Relator, Min. Celso de Mello, sua posição anterior, apenas acrescentando que, embora a CPI não possa ser constituída exclusivamente para a investigação de crimes, eventualmente tais atos poderão estar conexos aos fatos determinados que constituem objeto da comissão. O mandado de segurança foi indeferido.

Idêntico destino teve o MS nº 23.652-3/DF, também relatado pelo Min. Celso de Mello, igualmente interposto contra ato da *CPI do Narcotráfico*, julgado em 21 de novembro de 2000. A peculiaridade do caso ficou por conta de que a quebra em discussão havia sido atacada, com sucesso na medida liminar, pelo MS nº 23.549, por falta de fundamentação da decisão, a qual foi revogada pela CPI, gerando a extinção da ação de mandado de segurança. O segundo mandado de segurança foi indeferido, admitindo o tribunal a renovação da medida, com a adequada motivação.

Nos julgados mais recentes do STF, referindo os precedentes acima coligidos, não têm havido mudanças significativas de orientação, podendo ser resumidos nos seguintes pontos as manifestações do STF sobre o sigilo financeiro: a) cuida-se de direito não-absoluto, podendo ser relativizado em favor do interesse público; b) o sigilo financeiro tem fundamento constitucional no inciso X do art. 5º da Constituição, especificamente na proteção da vida privada; c) a matéria não está submetida à reserva de jurisdição, podendo o sigilo ser quebrado por comissão parlamentar de inquérito; d) a relativização do direito fundamental requer decisão fundamentada com base empírica concreta na qual reste evidenciada a existência de indícios dos fatos, bem como da necessidade da medida.

2.4. A DISCIPLINA LEGAL DO SIGILO FINANCEIRO NO BRASIL (LC nº 105, DE 10 DE JANEIRO DE 2001)

2.4.1. Generalidades

Como visto, inexiste na Constituição regra específica a respeito de sigilo financeiro, tendo sido feito no item anterior um esforço para determinar a existência de fundamento constitucional na matéria. Aliás, ainda que existisse menção explícita na Constituição a respeito, provavelmente não desceria ela a detalhes, de modo que não prescindiríamos de legislação infraconstitucional regulamentadora, hoje veiculada pela LC n° 105, de 10 de janeiro de 2001, com a pretensão de ser uma lei geral sobre a matéria. De acordo com sua ementa, a LC n° 105/01: "Dispõe sobre o sigilo das operações da instituições financeiras e dá outras providências." Esta lei regulamenta vários aspectos do sigilo financeiro, contendo normas de conteúdo administrativo, processual e penal.

Tendo sido a Lei n° 4.595, de 31 de dezembro de 1964, recepcionada pela Constituição de 1988 como lei complementar, por força do disposto no *caput* de seu art. 192 (STJ, RHC 1.290/MG, Rel. Min. Jesus Costa Lima, 5ª T., un., DJ 21.10.91, RSTJ n° 36, p. 113), impôs-se a utilização de lei complementar para veicular a nova regulamentação da matéria.

A lei complementar em exame começou a ser debatida no Senado Federal em 1995, quando apresentados os Projetos de Lei Complementar n°s 219 e 7, de autoria, respectivamente, dos Senadores Lúcio Alcântara e José Eduardo Dutra, os quais propunham ampla revisão da disciplina do sigilo financeiro, tendo em vista a defasagem do art. 38 da Lei n° 4.595/64. Tramitavam em conjunto tais projetos, ao qual foi apensado, também, o Projeto de Lei Complementar n° 53, de 1997, da autoria do Senador Antônio Carlos Magalhães, que propunha nova redação para o art. 38 da Lei n° 4.595/64 e para o art. 18 da Lei n° 7.492/86.

Em 3 de fevereiro de 1998, o projeto foi aprovado no Senado Federal, apresentando-se, basicamente, com os contornos da lei atual e remetido à Câmara, onde tomou o n° 220/98. Após amplos debates, especialmente sobre a questão da quebra de sigilo financeiro sem prévia autorização judicial por parte das autoridades fazendárias e do Ministério Público, o projeto é aprovado na Câmara em 13 de dezembro de 2000, seguindo-se a sanção presidencial e publicação, com imediata entrada em vigor. O art. 38 da Lei n° 4.595/64 foi expressamente revogado.

Dito isso, segue o exame da regulamentação veiculada pela LC n° 105/01.

2.4.2. Regra Geral

O art. 1° da LC n° 105/01 estabelece a *regra* geral na matéria, ao dispor que: "As instituições financeiras conservarão sigilo em suas operações ativas e passivas e serviços prestados".[153]

Por sigilo ou segredo se entende aquilo que se tem como reservado e oculto. Assim, o sigilo financeiro pode ser definido como o dever a que estão sujeitas as instituições financeiras e seus empregados de manter sob reserva as informações de que tiverem conhecimento em decorrência de

---

[153] Neste item 3.4, as referências a artigos sem menção ao diploma legal são da LC n° 105/01.

SIGILO BANCÁRIO E PRIVACIDADE

suas atividades. Cuida-se, então, de uma vedação ou obrigação de fato negativo, de não fazer.[154]

Existe, então, um direito do cidadão ao segredo de tais informações, com o correspondente dever das instituições financeiras de não divulgá-las, o qual se estende tanto aos dirigentes do banco quanto aos empregados[155] ou ex-empregados. Com a moderna tendência de terceirização dos serviços bancários, temos que também os empregados de tais empresas não podem divulgar tais dados, cometendo, eventualmente, o delito de violação de segredo. A legislação portuguesa comete o dever de sigilo, nomeadadamente, aos *membros dos órgãos de administração ou fiscalização das instituições de crédito, os seus empregados, mandatários, comitidos e outras pessoas que lhes prestem serviços a título permanente ou ocasional* (Regime Geral das Instituições de Crédito e das Sociedades Financeiras, art. 78, item 1). É comum e recomendável, aliás, que o empregado de instituição financeira seja expressamente alertado de tal dever por ocasião da contratação, firmando termo de compromisso de manter o sigilo. Conveniente, também, que a instituição mantenha uma política de controle sobre os acessos informatizados, de tal modo que se possa identificar quem teve acesso aos dados dos clientes, evitando ainda o acesso amplo dos empregados a informações que não sejam necessárias a suas atividades, mediante escalonamento conforme o grau de responsabilidade do trabalhador.

Em se cuidando de dados cobertos por sigilo, são vedados tanto o fornecimento de informações quanto a autorização para o exame de documentos por parte de terceiros, ressalvadas as hipóteses legais.

O sigilo não pode, todavia, ser oposto ao próprio usuário, que tem o direito de acesso às informações constantes em bancos de dados a seu respeito. É o reverso da medalha a manifestação da dimensão positiva do direito fundamental à proteção da vida privada, referida no item 1.3.3. Ao tempo em que é negado o acesso das informações a terceiros que não comprovem legítimo interesse, o acesso aos bancos de dados há de ser garantido ao cidadão cujos dados tenham sido registrados, incluindo-se eventual modificação de dados incorretos.[156] O cidadão terá direito ao conhecimento de eventuais restrições ao seu crédito e mesmo aos motivos de indeferimento de um financiamento. Aliás, ainda que controvertida a aplicação do CDC

---

154 CATARINO, Luís Guilherme. Segredo Bancário e Revelação Jurisdicional. *Revista do Ministério Público de Portugal*, Lisboa, n. 74, p. 67, abr.-jun. 1998.

155 A CLT menciona, na alínea *g* de seu art. 482, a "violação de segredo da empresa" e na alínea *j*, "ato lesivo da honra ou da boa fama praticado no serviço contra qualquer pessoa", como causas justas para a rescisão do contrato de trabalho pelo empregador, o que pode ser interpretado como abrangente de fatos objeto do sigilo financeiro.

156 DOTTI, René Ariel. A liberdade e o direito à intimidade. *Revista de Informação Legislativa*, Brasília, n. 66, p. 143, abr.-jun. 1980.

(Lei n° 8.078, de 11 de setembro de 1990) à atividade bancária,[157] é de lembrar que aquele diploma, em seu art. 43, garante ao consumidor: "acesso às informações existentes em cadastros, fichas, registros e dados pessoais e de consumo arquivados sobre ele, bem como sobre as suas respectivas fontes." O mesmo diploma legal incrimina, em seu art. 72, a conduta de quem: "Impedir ou dificultar o acesso do consumidor às informações que sobre ele constem em cadastros, banco de dados, fichas e registros", punindo-a com as penas de detenção de seis meses a um ano ou multa.[158]

A lei é omissa sobre as despesas decorrentes da quebra de sigilo financeiro, por exemplo na obtenção e fornecimento de cópias de um grande volume de documentos. Em se cuidando de procedimento administrativo ou penal, no silêncio da regra, tais despesas deverão ser suportadas pela instituição financeira.[159]

Como já afirmou o STJ: "(...) O sigilo fiscal não se equipara ao sigilo bancário e nem o absorve. (...)" (HC n° 7.618/RS, Rel. Min. Gilson Dipp, 5ª T., un., DJ 17.2.99, p. 152). Aquele é regulado pelo art. 198 do CTN, que impõe dever assemelhado aos servidores fazendários, com os seguintes contornos, na redação moldada pela LC n° 104, de 10 de janeiro de 2001:

Art. 198. Sem prejuízo do disposto na legislação criminal, é vedada a divulgação, por parte da Fazenda Pública ou de seus servidores, de informação obtida em razão do ofício sobre a situação econômica ou financeira do sujeito passivo ou de terceiros e sobre a natureza e o estado de seus negócios ou atividades. § 1º Excetuam-se do disposto neste artigo, além dos casos previstos no art. 199, os seguintes: I – requisição de autoridade judiciária no interesse da justiça; II – solicitações de autoridade administrativa no interesse da Administração Pública, desde que seja comprovada a instauração regular de processo administrativo, no órgão ou na entidade respecti-

---

[157] A constitucionalidade do § 2° do art. 3° do CDC (Lei n° 8.078/90), que subordina os serviços bancários àquela lei é objeto da ADI 2591, promovida pela Confederação Nacional do Sistema Financeiro, ainda não julgada.

[158] O TRF da 4ª Região pronunciou-se sobre tal tipo penal, afirmando que: "O fato de alguém comunicar apenas oralmente algo existente nesses arquivos é absolutamente legal. A forma escrita não é exigida pela citada lei, de forma que não é conduta típica de quem se recusa a fornecer dados dessa maneira." (HC n° 2000.04.01.022441-5/RS, Rel. Des. Fed. Élcio Pinheiro de Castro, 2ª T., un., DJ 14.6.00, p. 290)

[159] Nesse sentido: "PENAL. MANDADO DE SEGURANÇA. MINISTÉRIO PÚBLICO. REQUISIÇÃO DE INFORMAÇÕES. INSTITUIÇÃO BANCÁRIA. OBRIGATORIEDADE. ÔNUS FINANCEIRO. PROVA. 1. O art. 8°, II, da Lei Complementar n° 75/93 concede ao *parquet*, para o adequado exercício de suas atribuições, a prerrogativa de requisitar informações, exames, perícias e documentos de autoridades da Administração Pública direta ou indireta, cujo atendimento é obrigatório pelo Banco do Brasil, por ser sociedade de economia mista. 2. Na hipótese de ficar comprovado que a solicitação ministerial acarreta elevadas despesas à instituição requisitada, devem ser buscadas alternativas, para que não se inflija demasiado gravame a pessoa estranha ao processo. De outro lado, se o pleito não ensejar ônus financeiro excessivo, devem as informações prontamente ser fornecidas ao Ministério Público. 3. Não se mostra correta a pretensão de que os custos relativos à extração dos documentos sejam remunerados pelo *parquet*. Esse órgão, ao pedir os elementos supracitados, não atua como consumidor, mas sim no cumprimento de sua função constitucional. (TRF 4ª R., MS n° 2001.04.01.072500-7/RS, Rel. Des. Fed. Élcio Pinheiro de Castro, 8ª T., un., DJ 16.1.02, p.1.406.)

va, com o objetivo de investigar o sujeito passivo a que se refere a informação, por prática de infração administrativa. § 2º O intercâmbio de informação sigilosa, no âmbito da Administração Pública, será realizado mediante processo regularmente instaurado, e a entrega será feita pessoalmente à autoridade solicitante, mediante recibo, que formalize a transferência e assegure a preservação do sigilo. § 3º Não é vedada a divulgação de informações relativas a: I – representações fiscais para fins penais; II – inscrições na Dívida Ativa da Fazenda Pública; III – parcelamento ou moratória.

2.4.3. Abrangência Objetiva

O art. 1º da LC nº 105/01 já aponta para uma primeira questão a ser respondida, sobre a abrangência objetiva do sigilo, ou seja, sobre o tipo de informação que não poderá ser revelada.

A LC nº 105/01 menciona *operações ativas e passivas e serviços prestados* no art. 1º. Já no § 1º do art. 1º menciona *contas de depósitos, aplicações e investimentos*; no § 2º do art. 2º faz referência a *contas correntes e operações com outras instituições financeiras* e no art. 6º menciona *contas de depósitos e aplicações financeiras.*

Operações ativas caracterizam-se pela distribuição de recursos, como o mútuo, o desconto de títulos, a antecipação, a abertura de crédito e a carta de crédito, figurando a instituição financeira como credora.[160] Já as *operações passivas* são aquelas consubstanciadas em atividades de captação de recursos, como o depósito, a conta-corrente e o redesconto, que tornam a instituição financeira devedora. *Serviços*, por fim, são o aluguel de cofres de segurança, a cobrança de títulos, a prestação de informações, etc.[161] Como se vê, a expressão utilizada no art. 1º da LC abrange aquelas referidas nos demais dispositivos.

Sobre o que sejam operações financeiras, um indicativo pode ser tomado pelo § 1º do art. 5º da LC nº 105/01, que enumera as seguintes operações financeiras:

I – depósitos à vista e a prazo, inclusive em conta de poupança; II – pagamentos efetuados em moeda corrente ou em cheques; III – emissão de ordens de crédito ou documentos assemelhados; IV – resgates em contas de depósitos à vista ou a prazo, inclusive de poupança; V – contratos de mútuo; VI – descontos de duplicatas, notas promissórias e outros títulos de crédito; VII – aquisições e vendas de títulos de renda fixa ou variável; VIII – aplicações em fundos de investimentos; IX – aquisições de moeda estrangeira; X – conversões de moeda estrangeira em moeda nacional; XI – transferências de moeda e outros valores para o exterior; XII – operações com ouro,

---

[160] MARTINS, Fran. *Contratos e Obrigações Comerciais*. Rio de Janeiro: Forense, 1993, p. 515.
[161] MELLO FILHO, Álvaro. Dimensões Jurídicas do Sigilo Bancário. *Revista Forense*, Rio de Janeiro, n. 287, p. 469, 1984.

ativo financeiro; XIII – operações com cartão de crédito; XIV – operações de arrendamento mercantil; e XV – quaisquer outras operações de natureza semelhante que venham a ser autorizadas pelo Banco Central do Brasil, Comissão de Valores Mobiliários ou outro órgão competente.

Como o dispositivo legal faz referência às operações ativas e passivas e serviços prestados, até mesmo singela operação de pagamento levada a efeito através de um banco, por quem não mantém com a instituição financeira qualquer outra relação, estará abrangida pelo sigilo. Assim, a proteção da lei é ampla, incluindo empréstimos, depósitos, descontos, locação de cofre, custódia de títulos, valores recebidos por quem não é correntista, ou não mantém contrato com o banco, e mesmo informações pré-contratuais, tais como dados constantes de cadastro por quem solicita crédito bancário.

É certo, também, que os dados reveladores dos quantitativos, do tipo e das datas das operações, sejam elas ativas ou passivas, bem como dos serviços prestados, estão cobertos pelo segredo. Bem por isso, não há dúvida, que os extratos bancários, sendo documentos reveladores dos créditos e débitos na conta são abrangidos pelo sigilo (STJ, REsp. nº 175.381/RJ, Rel. Min. José Arnaldo da Fonseca, 5ª T., un., DJ 1º.3.99, p. 362). O mesmo se diga em relação às declarações de bens feitas à instituição financeira (STJ, REsp. nº 192.400/RJ, Rel. Min. Waldemar Zveiter, 3ª T., un., DJ 5.2.01, p. 99).

Outra questão é se o sigilo abrange também os dados identificadores do cliente, tais como seu nome, endereço ou mesmo o mero fato de possuir conta no banco.

Inexiste determinação absoluta ou consensual acerca dos dados que estão ou não abrangidos pelo sigilo financeiro. Ferraz Júnior distingue três modalidades de dados nas relações bancárias, a saber: a) os dados identificadores, necessário ao próprio convívio social (nome, endereço, profissão, idade, estado civil, filiação, número de registro público oficial, etc.); b) os dados sobre relações privadas (tempo da relação, interrupção e motivos da cessação, etc.); e, c) fatos negativos, que podem afetar a honra e a imagem, como débitos em atraso. Para o referido autor, o sigilo não abrange os primeiros, mas veda a divulgação dos valores depositados, os tipos de aplicações, os empréstimos, o contrato de locação de cofre.[162] Também Saraiva Filho afirma não estarem protegidos pelo sigilo dados como o nome do correntista, o número de inscrição no CPF ou CGC (atualmente CNPJ) e os valores globais depositados.[163]

---

[162] FERRAZ JÚNIOR. Tércio Sampaio. *Sigilo de Dados: O Direito à Privacidade e os Limites à Função Fiscalizadora do Estado*, p. 80.

[163] SARAIVA FILHO, Oswaldo Othon de Pontes. O Direito do Contribuinte ao Sigilo Bancário. *Repertório IOB de Jurisprudência*, São Paulo, n. 9/2000, p. 223, maio 2000. No mesmo sentido: GÓES,

Na jurisprudência, porém, não há tranqüilidade, havendo oscilações entre uma postura que inclui na proteção todos os dados, tais como nome, endereço e a mera circunstância de possuir conta e outra que relativiza a proteção, entendendo que somente haverá violação de sigilo quando fornecidas informações sobre a movimentação financeira em si, sobre os números.

Como exemplos da primeira tendência podem ser referidos os seguintes casos: a) negativa de *exequatur* por parte de Ministro do STF, em decisão monocrática, à carta rogatória oriunda da França, por inexistir decisão judicial a respeito no país de origem, ainda que a solicitação fosse limitada à informação sobre a existência de conta bancária (STF, CR nº 9886, Rel. Min. Marco Aurélio, DJ 15.3.02, p. 55); b) decisão do STJ afirmando que: "...qualquer informação em poder de estabelecimentos bancários, mesmo que não descreva movimentação bancária, deve ser obtida através do Poder Judiciário." (RHC nº 5.065/MG, Rel. Min. Edson Vidigal, 5ª T., un., DJ 29.9.97, p. 48.228); c) assertiva do mesmo tribunal no sentido de que o sigilo abrange, além da "movimentação ativa e passiva do correntista", os "serviços bancários a ele prestados" (REsp. nº 37.566/RS, Rel. Min. Demócrito Reinaldo, 1ª T., un., DJ 28.3.95, p. 6.294); d) negativa à solicitação de fornecimento de endereço do correntista em ação de execução.[164]

Contraditoriamente, porém, o próprio STJ já entendeu que: "Simples pedido ao BACEN, através do Judiciário, de identificação da agência bancária onde o executado possui conta corrente, não implica em quebra de sigilo bancário." (REsp. nº 25029/SP, Rel. Min. Peçanha Martins, 2ª T, un., DJ 5.6.95, p. 16.648.) A seu turno, também os TRFs da 1ª e da 5ª Regiões entenderam não haver quebra de sigilo quando não informados dados relativos a operações, como se vê das seguintes ementas:

> *HABEAS CORPUS.* INFORMAÇÃO SOBRE TITULARIDADE DE CONTA BANCÁRIA. QUEBRA DE SIGILO BANCÁRIO. INOCORRÊNCIA. INSTAURAÇÃO DE INQUÉRITO POLICIAL. PROVA. INEXISTÊNCIA. 1. O pedido de informações sobre a titularidade de conta bancária não implica em quebra de sigilo bancário e a inexistência de prova de instauração de inquérito policial afasta a alegação do paciente de

---

Silvana Batini César e NASCIMENTO, Rogério Soares do. A Investigação do Crime Organizado no Cenário da Comunicação em Redes Informatizadas. *Revista da Procuradoria-Geral da República*, São Paulo, nº 8, p. 163, jan.-jun. 1996.

164 "EXECUÇÃO – REQUISIÇÃO DE INFORMAÇÃO DE ENDEREÇO DO RÉU AO BANCO CENTRAL – IMPOSSIBILIDADE. 1. Embora na hipótese dos autos não se pretenda, através de requisição ao Banco Central, obter informações acerca de bens do devedor passíveis de execução, mas tão-somente o endereço, o raciocínio jurídico a ser adotado é o mesmo. 2. O contribuinte ou o titular de conta bancária tem direito à privacidade em relação aos seus dados pessoais, além do que não cabe ao Judiciário substituir a parte autora nas diligências que lhe são cabíveis para demandar em juízo." (STJ, REsp. nº 306.570/SP, Rel. Min. Eliana Calmon, 2ª T., un., DJ 18.2.02, p. 340.) No mesmo sentido: TRF 4ª R., AI 2003.04.01.0389090/RS, Rel. Des. Fed. Fábio Rosa, 2ª T., un., 11.11.03).

ameaça de constrangimento ilegal (...). (TRF 1ª R., HC nº 2000.01.00.010061-7/MT, Rel. Des. Fed. Mário César Ribeiro, 4ª T., m., DJ 22.9.00, p. 446.)

CONSTITUCIONAL. SIGILO BANCÁRIO. INFORMAÇÕES REQUERIDAS PELO INSS. LEI nº 8.870/94. DECRETO nº 1197/94. – O ato praticado pela autoridade está em consonância com o art.15 do decreto nº 1197/94, que regulamentou os arts. 10 e 12 da lei nº 8.870, de 13.04.94, pela qual as entidades financeiras ficaram obrigadas a fornecer, mensalmente, a relação nominal das empresas com as quais tenham efetuado operações de crédito. – O fornecimento de tais informações não importa a quebra do sigilo bancário, já que não implica revelar os dados das operações ativas e passivas, ou da natureza dos serviços que, eventualmente, tenham sido prestados. (...). (TRF 5ª R., AMS nº 53.779/CE, Rel. Des. Fed. Castro Meira, 1ª T., DJ 18.7.97, p. 55.201.)

Em Portugal, o revogado Decreto-Lei nº 2/78, em seu art. 1º, item 2, estabelecia que: "Estão, designadamente, sujeitos a segredo, *os nomes dos clientes*, contas de depósito e seus movimentos, licenciamentos de operações e elementos relativos a processos em curso na Inspecção de Crédito do Banco de Portugal." Atualmente, o art. 78, nº 2, do Regime Geral dos Bancos, menciona *os nomes dos clientes, as contas de depósito e os seus movimentos e outras operações bancárias.*

No Chile, o sigilo financeiro abrange duas espécies: *segredo (secreto)* e *reserva*, sendo o primeiro mais forte que a segunda. Estão abrangidos pelo segredo os depósitos e captações de qualquer natureza, sendo que somente pode ser quebrado com o consentimento do interessado ou quando houver outra autorização legal. Já as demais informações, como nome e existência de conta são objeto de reserva e podem ser fornecidas pelo banco a quem demonstre interesse legítimo e desde que o fornecimento da informação não vá, presumivelmente, causar prejuízo ao cliente.[165] Essa solução parece adequada e poderia ser também aqui adotada.

De nossa parte, temos que o mero fato de possuir conta, o endereço e o nome do correntista também estão abrangidos pelo sigilo, uma vez que se cuida de informações privadas, fornecidas com finalidade determinada. Veja-se, a propósito, que o próprio D. 3.724, de 10 de janeiro de 2001, que regulamenta o art. 6º da LC nº 105/01, em seu art. 3º, prevê que as informações requisitadas na forma ali estabelecida compreendem, além dos valores individualizados dos débitos e créditos efetuados no período, também *os dados constantes da ficha cadastral do sujeito passivo*, corroborando a conclusão de que também tais dados estão protegidos pelo sigilo.

A obrigação de sigilo remanesce mesmo após o cumprimento do contrato, ainda que inexistam outras obrigações entre as partes, abrangendo o presente e o passado. Mais uma vez, aqui, a legislação portugue-

---

[165] ECHEVERRÍA HERRERA. Alfredo. *El Sigilo Bancario. Accesso a la Informacion Bancaria para Fines Tributarios*. Disponível em «http://www.sll.cl». Acesso em: 12 jun. 2001.

sa serve de exemplo, dispondo expressamente que: "O dever de segredo não cessa com o termo das funções ou serviços." (Regime Geral dos Bancos, art. 78, nº 3.)

A proteção abrange tanto o ato de prestar verbalmente informações como o de fornecer cópias de documentos que contenham tais informações.

Pouco importa se os fatos são positivos ou negativos, apenas alterando-se o fundamento do limite. Se os dados são positivos, o fundamento é a proteção da vida privada. Se negativos, além do fundamento já referido, também a proteção da honra e da imagem fundamentam a limitação.[166] Assim, tanto é vedado divulgar a titularidade de ativos depositados na instituição ou da existência de débitos.

De ver que a proteção é inerente ao cidadão, de modo que o fornecimento de informações genéricas, agregadas ou estatísticas sobre as operações da instituição financeira, que não identifiquem pessoas determinadas, não violam o sigilo.[167] Em outros termos, não há impedimento à divulgação do volume total de depósitos ou de contratos por parte da instituição financeira, ou mesmo os valores de suas operações, desde que não divulgados dados dos correntistas. O mesmo foi decidido em hipótese em que determinado o fornecimento de início e término de fitas de caixa bancário pela fiscalização do trabalho, a fim de apurar o respeito às normas trabalhistas de carga horária (TRF 5ª R., AC 200105000228182/PB, Rel. Des. Fed. Edílson Nobre, 3ª T., un., 7.8.03). Na mesma linha, não constitui violação do dever de sigilo a publicação, pela instituição financeira, do seu balanço financeiro ou mesmo de estatísticas de devedores inadimplentes, quanto a uma determinada cidade ou linha de crédito, sem identificação nominal.[168] Nesse sentido, o precedente que segue:

> A defesa dos direitos do consumidor insere-se nas funções institucionais do Ministério Público. Os serviços e produtos oferecidos pelas instituições financeiras são considerados do gênero consumo, *ex vi* do art. 3º, § 2º, do CDC. Logo, quando na defesa do direitos dos usuários de tais produtos e serviços, lícito é ao Ministério Público requisitar documentos, tais como cópias de contratos de adesão utilizados pela instituição e informações sobre os encargos financeiros cobrados, dados esses que não se enquadram entre os protegidos pelo sigilo bancário, porque acessíveis a todos os clientes. (STJ, REsp. nº 209259/DF, Rel. Min. José Arnaldo da Fonseca, 5ª T., un., DJ 7.12.00, p. 205.)

---

166 Nesse sentido: COSTA JÚNIOR, Paulo José da. *O direito de estar só – Tutela Penal da Intimidade*, p. 43.

167 As leis européias de proteção de dados, de modo geral, consideram como dados pessoais quaisquer informações concernentes a pessoas físicas identificadas ou identificáveis. (GAY FUENTES, Celeste. *Intimidad y Tratamiento de Datos en Las Administraciones Públicas*. Madrid: Editorial Complutense, 1995, p. 59.)

168 C. MÉJAN, Luis Manuel. *El Secreto Bancario*, p. 49.

2.4.4. Abrangência Subjetiva

Como decorrência do caráter universal do direito de proteção à vida privada, pode-se afirmar que a proteção abrange pessoas físicas ou jurídicas, brasileiros ou estrangeiros, residentes no país ou transeuntes.[169] Quanto aos estrangeiros, não há dispositivo legal ou fundamento razoável para a restrição nesse campo, de modo que sua vida privada, nessa manifestação, também está protegida.[170]

Não há dúvida sobre a extensão da proteção às contas tituladas por menores de idade, os quais gozam, aliás, de especial proteção quanto à dignidade, mesmo no plano constitucional (CRFB, art. 227).[171]

Para as pessoas jurídicas, embora não tenham intimidade ou vida privada em sentido estrito,[172] também merecem a proteção de manter fora do conhecimento alheio assuntos relativos aos seus negócios, em especial sua movimentação financeira, pois o acesso a tais informações por parte de fornecedores, clientes ou concorrentes pode até mesmo ser uma forma de burlar o princípio da livre concorrência, que informa a ordem econômica (CRFB, art. 170, IV).[173] Quer dizer, para as pessoas jurídicas aplica-se o sigilo financeiro, modificando-se, porém, o fundamento constitucional, que não poderá ser a proteção da vida privada, mas sim a preservação da livre concorrência.

Já para as pessoas jurídicas de direito público, não haveria, em princípio, reserva, pois regidas pelo princípio constitucional da publicidade (CRFB, art. 37), com a ressalva do interesse público na preservação das informações, como ressalvado na parte final do inciso XXXIII do art. 5º da Constituição. Nesse sentido, o precedente que segue:

PRESTAÇÃO DE INFORMAÇÕES SOBRE RECURSOS PÚBLICOS AOS TRIBU-NAIS DE CONTAS. ALEGAÇÃO DE SIGILO BANCÁRIO. INEXISTÊNCIA. 1. A recusa da instituição financeira em fornecer aos Tribunais de Contas as informações necessárias ao exercício da fiscalização contábil, financeira, orçamentária, operacional e patrimonial da União, dos Estados, do Distrito Federal, dos Municípios e das respectivas entidades da administração direta e indireta, relativas aos recursos repassados a essas entidades, caracteriza ilegalidade e abuso de poder, porquanto a

---

[169] FERRAZ JÚNIOR. Tércio Sampaio. Sigilo de Dados: O Direito à Privacidade e os Limites à Função Fiscalizadora do Estado, p. 77.

[170] Nesse sentido, o Tribunal Constitucional espanhol, STC 107/1984, de 23 de novembro, 3º Fundamento Jurídico.

[171] Art. 227. É dever da família, da sociedade e do Estado assegurar à criança e ao adolescente, com absoluta prioridade, o direito à vida, à saúde, à alimentação, à educação, ao lazer, à profissionalização, à cultura, à dignidade, ao respeito, à liberdade e à convivência familiar e comunitária, além de colocá-los a salvo de toda forma de negligência, discriminação, exploração, violência, crueldade e opressão.

[172] DOTTI, René Ariel. *Proteção da Vida Privada e Liberdade de Informação*, p. 95.

[173] Art. 170. A ordem econômica, fundada na valorização do trabalho humano e na livre iniciativa, tem por fim assegurar a todos existência digna, conforme os ditames da justiça social, observados os seguintes princípios: (...) IV – livre concorrência;

SIGILO BANCÁRIO E PRIVACIDADE

prestação delas não constitui quebra do sigilo bancário, uma vez que a atividade financeira do Estado não se acha coberta por qualquer espécie de sigilo, mas se submete à impositiva prestação de contas dos recursos públicos recebidos (Carta Magna, arts. 70/75) e ao princípio da publicidade de seus atos (CartaMagna, arts. 31, § 3º; e 37, *caput*). (TRF 1ª R., REO 1997.01.00064042/PI, Rel. Juiz Leão Aparecido Alves (Conv.), 3ª T. Suplementar, un., 18.12.03).

Estranhável, nessa linha, o § 3º do art. 5º da LC nº 105/01, que exclui do fornecimento de informações à fiscalização tributária a movimentação financeira da administração direta e indireta, nas três esferas de governo.

A lei brasileira poderia ser aprimorada para expressar claramente que as contas tituladas por pessoas jurídicas também são abrangidas pelo sigilo, como faz a lei uruguaia (Decreto-Lei nº 15.322, de 17 de setembro de 1982, art. 25).

Embora a preservação da vida privada seja considerada, doutrinariamente, intransmissível com a morte,[174] no caso do sigilo financeiro é possível afirmar que, com o falecimento do titular da conta, há transmissão imediata do direito de propriedade sobre os valores aos sucessores, de modo que remanesce o dever de sigilo, modificando-se apenas a sua titularidade.

Como destinatários do dever de preservação do sigilo, figuram, em primeiro lugar, as instituições financeiras, mas o sigilo é transferido a outras pessoas que, eventualmente, tenham acesso aos dados sigilosos, tais como magistrados, membros do Ministério Público, servidores de tais instituições ou dos órgãos de fiscalização do sistema financeiro e, finalmente, servidores fazendários, estes em virtude do sigilo fiscal. Nos termos do parágrafo único do art. 5º da Lei nº 8.730, de 10 de novembro de 1993: "O dever do sigilo sobre informações de natureza fiscal e de riqueza de terceiros, imposto aos funcionários da Fazenda Pública, que cheguem ao seu conhecimento em razão do ofício, estende-se aos funcionários do Tribunal de Contas da União que, em cumprimento das disposições desta lei, encontrem-se em idêntica situação." A instituição financeira e seus prepostos não são, porém, titulares do direito ao sigilo, mas sim destinatários do dever de proteção.

Como decorrência do caráter de direito fundamental da vida privada, fonte do sigilo financeiro, é possível afirmar que o dever de preservação do sigilo, especialmente no sentido da divulgação indevida, estende-se a qualquer pessoa.

2.4.5. Abrangência Territorial

A aplicabilidade da LC nº 105/01 está circunscrita ao território nacional, mas eventualmente é necessária a obtenção de informações acerca de

---

[174] DOTTI, René Ariel. *Proteção da Vida Privada e Liberdade de Informação*, p. 25.

contas bancárias de estabelecimentos situados em outros países, especialmente diante do caráter transnacional de que se reveste a moderna criminalidade, em especial a lavagem de dinheiro de bens ou valores produto de crime, usualmente ultrapassando as fronteiras nacionais.

Tanto é assim que a própria Lei de Lavagem de Dinheiro (Lei nº 9.613, de 3 de março de 1998) trata da matéria em seu art. 8º, assim redigido:

Art. 8º. O juiz determinará, na hipótese de existência de tratado ou convenção internacional e por solicitação de autoridade estrangeira competente, a apreensão ou o seqüestro de bens, direitos ou valores oriundos de crimes descritos no art. 1º, praticados no estrangeiro. § 1º Aplica-se o disposto neste artigo, independentemente de tratado ou convenção internacional, quando o governo do país da autoridade solicitante prometer reciprocidade ao Brasil. § 2º Na falta de tratado ou convenção, os bens, direitos ou valores apreendidos ou seqüestrados por solicitação de autoridade estrangeira competente ou os recursos provenientes da sua alienação serão repartidos entre o Estado requerente e o Brasil, na proporção de metade, ressalvado o direito do lesado ou de terceiro de boa-fé.

Em nossa posição, se a instituição financeira estiver sediada ou tiver agência ou sucursal no Brasil, é dado ao juiz brasileiro intimá-la a prestar as informações necessárias, ainda que os documentos, a conta, ou as informações se refiram a dados de conta mantida no exterior. Em outras palavras, poderá ser intimado banco brasileiro a prestar informações sobre contas mantidas ou remessas feitas para o exterior.

O STF tem concedido *exequatur* a cartas rogatórias expedidas para o fim de quebra de sigilo financeiro, desde que versem sobre matéria penal (CR 11.147/AT, Rel. Min. Maurício Corrêa, 6.5.04; CR 11.192/HL, Rel. Min. Maurício Corrêa, 5.5.04) e existam indícios comprovados da prática do delito (CR 11.242/AT, Rel. Min. Maurício Corrêa, 30.3.04; CR 11.268/AS, Rel. Min. Maurício Corrêa, 30.3.04), embora negue tal efeito quando o conteúdo da carta é o seqüestro de valores depositados nas contas, ao argumento da necessidade de homologação da sentença estrangeira para que se adote medida executória, como se vê da seguinte ementa:

CARTA ROGATÓRIA – DILIGÊNCIAS – INFORMAÇÕES SOBRE EMPRESA E SÓCIOS. O deferimento de execução de carta rogatória, com exclusão de seqüestro – medida executória – e de quebra de sigilo bancário, para obter-se simples informações, não implica ofensa à ordem pública e à soberania nacional. (STF, AGRCR nº 8622/IT, Rel. Min. Marco Aurélio, Pl., un., DJ 1.2.02, p. 87.)[175]

O cuidado mínimo às normas procedimentais, de todo modo, é importante, até para que não se perca o trabalho efetuado, como exemplifica a ementa a seguir:

---

[175] No mesmo sentido: CR 7.154/SI, Rel. Min. Sepúlveda Pertence. Mais restritiva, exigindo a sentença também para o fornecimento das informações: CR nº 9886/FR, Rel. Min. Marco Aurélio, DJ 15.3.02, p. 55.

SIGILO BANCÁRIO E PRIVACIDADE

HABEAS CORPUS – PACIENTES SÓCIOS DE EMPRESA DE CÂMBIO E TURISMO – OPERAÇÕES CAMBIAIS NO MERCADO INTERNACIONAL ATRAVÉS DE OUTRA EMPRESA DE CORRETAGEM DE CÂMBIO E TRANSFERÊNCIA DE VALORES SEDIADA NOS E.U.A. – INQUÉRITO POLICIAL FEDERAL INSTAURADO POR PROVOCAÇÃO DE ADIDO ADUANEIRO NORTE-AMERICANO, ATRAVÉS DE OFÍCIO, SOLICITANDO INFORMAÇÕES PARA INSTRUÇÃO DE INVESTIGAÇÃO ACERCA DE LAVAGEM DE DINHEIRO E EVASÃO DE DIVISAS DOS ESTADOS UNIDOS PARA OUTROS PAÍSES,INCLUSIVE PARA O BRASIL – DILIGÊNCIAS EFETUADAS POR MEIO DE MANDADO DE BUSCA E APREENSÃO NA SEDE DA EMPRESA NACIONAL E NA RESIDÊNCIA DOS SÓCIOS, ORA PACIENTES BEM COMO COERCITIVAS DEVASSAS FISCAL E BANCÁRIA – EXTRAPOLAÇÃO DAS ATRIBUIÇÕES DA POLÍCIA FEDERAL, DO MINISTÉRIO PÚBLICO FEDERAL E DA COMPETÊNCIA DO JUIZ FEDERAL A QUEM COUBE A DISTRIBUIÇÃO DO INQUÉRITO – VIA INADEQUADA – Ofício de funcionário estrangeiro não é o meio idôneo para a apuração de crime, por desrespeito às normas regentes da cooperação internacional, com trânsito necessário nos escalões diplomáticos brasileiros, e autorização, mediante "exequatur" do egrégio Supremo Tribunal Federal, como determina os arts. 225 *usque* 229 do seu Regimento Interno, que regula as cartas rogatórias, para que tenha eficácia no território nacional – impossibilidade de reconhecimentodo expediente estrangeiro como "notitia criminis", eis que o crime,em tese apurado, teria ocorrido na jurisdição americana, sem qualquer contato mínimo com a jurisdição penal brasileira. – Atos constritivos das garantias constitucionais dos pacientes e da empresa. – Ausência de suporte mínimo probatório para a instauração e ultimação do procedimento pré-processual – *habeas corpus* que se concede para o trancamento do inquérito policial e desfazimento das diligências que invadiram o "status dignitatis" dos pacientes. (TRF 2ª R., HC 96.02.319917/RJ, Rel. Des. Fed. Ney Fonseca, 1ª T., m., 19.2.97).

Nesse ponto, importante destacar a necessidade de maior conhecimento e mesmo de avanço nos mecanismos de cooperação judiciária internacional,[176] superando os obstáculos da soberania, das diferenças entre os ordenamentos jurídicos nacionais e da ordem pública em nome de uma maior eficácia na prevenção e repressão do crime organizado. A maioria dos operadores do direito desconhece a existência de instrumentos outros além da vetusta, burocrática, cara e demorada carta rogatória, quando já existem instrumentos mais ágeis de cooperação, por força de tratados, no âmbito do Mercosul e com os Estados Unidos da América, por exemplo.[177]

Merece notícia, aqui, o anteprojeto de lei elaborado pela Associação dos Juízes Federais do Brasil e apresentado ao Congresso Nacional, prevendo como mecanismos de cooperação judiciária internacional: o forne-

---

[176] A cooperação judicial internacional é definida como o recurso ao auxílio de outro Estado, em virtude das limitações territoriais do poder de império. CERVINI, Raúl; TAVARES, Juarez. *Princípios de Cooperação Judicial Penal Internacional no Protocolo do Mercosul*. São Paulo: RT, 2000, p. 49.

[177] Sobre a matéria, ver:; MADRUGA, Antenor. Localização e Repatriamento de Bens no Exterior. In: SEMINÁRIO: COOPERAÇÃO JUDICIÁRIA INTERNACIONAL. Brasília: Associação dos Juízes Federais do Brasil, s.d., p. 92-93.

cimento de dados, documentos e informações fiscais, bancárias, patrimoniais e financeiras; a colocação sob vigilância de contas bancárias; a localização, bloqueio, confisco e restituição de bens.[178]

2.4.6. Instituição Financeira

Nos termos do artigo 17 da Lei nº 4.595, de 31 de dezembro de 1964:

Consideram-se instituições financeiras, para os efeitos da legislação em vigor, as pessoas jurídicas públicas ou privadas, que tenham como atividade principal ou acessória a coleta, intermediação ou aplicação de recursos financeiros próprios ou de terceiros, em moeda nacional ou estrangeira, e a custódia de valor de propriedade de terceiros. Parágrafo único. Para os efeitos desta Lei e da legislação em vigor, equiparam-se às instituições financeiras as pessoas físicas que exerçam qualquer das atividades referidas neste artigo de forma permanente ou eventual.

A seu turno, o art. 1º da Lei nº 7.492, de 16 de junho de 1986, conceitua a instituição financeira para fins penais como:

(...) a pessoa jurídica de direito público ou privado, que tenha como atividade principal ou acessória, cumulativamente ou não, a captação, intermediação ou aplicação de recursos financeiros (Vetado) de terceiros, em moeda nacional ou estrangeira, ou a custódia, emissão, distribuição, negociação, intermediação ou administração de valores mobiliários.

O parágrafo único equipara à instituição financeira:

I – a pessoa jurídica que capte ou administre seguros, câmbio, consórcio, capitalização ou qualquer tipo de poupança, ou recursos de terceiros; II – a pessoa natural que exerça quaisquer das atividades referidas neste artigo, ainda que de forma eventual.

Da leitura dos dois dispositivos ressai que o conceito de instituição financeira em sentido penal é, ao menos neste aspecto, mais restrito que aquele da lei disciplinadora do mercado financeiro, uma vez que naquela somente será assim considerada a instituição que operar com recursos de terceiros, enquanto nesta a circunstância de utilizar recursos próprios não afastará a qualidade de instituição financeira.[179] Tanto é assim que a redação originária do art. 1º aludia a recursos *próprios ou de terceiros*, tendo sido a palavra *próprios* vetada pelo Presidente da República, com a seguinte justificativa:

No art. 1º, a expressão "próprios ou", porque é demasiado abrangente, atingindo o mero investidor individual, o que obviamente não é o propósito do legislador. Na

---

[178] GONÇALVES, Fernando Moreira. DOMINGUES, Paulo Sérgio. *Cooperação Judiciária Internacional em Matéria Penal. Anteprojeto de lei elaborado pela Associação dos Juízes Federais do Brasil (AJUFE)*, Brasília: 2003, p. 12.

[179] BALTAZAR JUNIOR, José Paulo. Breves considerações sobre o "caixa dois" na Lei dos crimes contra o Sistema Financeiro Nacional (Lei n. 7.492/86, art. 11). *Revista do Centro de Estudos Judiciários do Conselho da Justiça Federal*, n. 10, jan.-abr. 2000, p. 90.

aplicação de recursos próprios, se prejuízo houver, não será para a coletividade, nem para o sistema financeiro; no caso de usura, a legislação vigente já apenas de forma adequada quem a praticar. Por outro lado, o art. 16 do Projeto alcança as demais hipóteses possíveis, ao punir quem opera instituição financeira sem a devida autorização.[180]

Destacamos que a menção a *recursos de terceiros* está presente não apenas no *caput* do dispositivo, mas igualmente, de forma expressa, no inc. I do parágrafo único. Mesmo na parte final do *caput*, que refere a custódia, emissão, distribuição, negociação, intermediação ou administração de valores mobiliários, está presente a idéia de que se trabalha com recursos de terceiros, tendo em vista que: "Valor mobiliário é o título de crédito negociável, representativo de direito de sócio ou de mútuo a termo longo, chamado também de título de bolsa".[181] Exemplo dos primeiros seriam as ações e dos segundos as obrigações do tesouro, ambas as figuras caracterizando-se, ainda, pela circunstância de que são títulos negociáveis em massa. Presente, sempre, no entanto, a idéia de que se trabalha com recursos de terceiros, na qualidade de investidores ou mutuantes.

Embora haja, como visto, conceitos legais de instituição financeira no art. 17 da Lei nº 4.595/64, que regulamenta o Sistema Financeiro Nacional, e no art. 1º da Lei nº 7.492/86, que traz os crimes contra o Sistema Financeiro Nacional, a LC nº 105/01 enumera as instituições financeiras para os efeitos do sigilo, no § 1º do art. 1º, afastando possíveis dúvidas sobre a sua abrangência, especialmente pela inclusão das empresas de fomento comercial e *factoring* operada pelo § 2º.

São as seguintes as instituições financeiras enumeradas pelo § 1º do art. 1º da LC nº 105/01:

I – os bancos de qualquer espécie; II – distribuidoras de valores mobiliários; III – corretoras de câmbio e de valores mobiliários; IV – sociedades de crédito, financiamento e investimentos; V – sociedades de crédito imobiliário; VI – administradoras de cartões de crédito; VII – sociedades de arrendamento mercantil; VIII – administradoras de mercado de balcão organizado; IX – cooperativas de crédito; X – associações de poupança e empréstimo; XI – bolsas de valores e de mercadorias e futuros; XII – entidades de liquidação e compensação; XIII – outras sociedades que, em razão da natureza de suas operações, assim venham a ser consideradas pelo Conselho Monetário Nacional. § 2º As empresas de fomento comercial ou *factoring*, para os efeitos desta Lei Complementar, obedecerão às normas aplicáveis às instituições financeiras previstas no § 1º.

Os bancos são definidos como: "...empresas comerciais que tem por finalidade realizar a mobilização do crédito, principalmente mediante o recebimento, em depósito, de capitais de terceiros, e o empréstimo de im-

---

180 PIMENTEL, Manoel Pedro. *Crimes contra o Sistema Financeiro Nacional*. São Paulo: RT, 1987, p. 29.
181 BULGARELLI, Waldirio. *Títulos de Crédito*. 7ª ed. São Paulo: Atlas, 1989, p. 97.

portâncias, em seu próprio nome, aos que necessitam de capital".[182] A lei menciona os bancos de qualquer espécie, devendo ser interpretado o dispositivo como aplicável aos bancos comerciais, bancos múltiplos, bancos de desenvolvimento, bancos de investimentos e bancos cooperativos.

As sociedades corretoras têm por função principal: "...promover, de forma eficiente, a aproximação entre compradores e vendedores de títulos e valores mobiliários, dando a estes negociabilidade adequada através de leilões realizados em pregão das Bolsas de Valores".[183]

Já as sociedades distribuidoras: "...têm uma faixa mais restrita que a das corretoras, já que elas não tem acesso às bolsas de valores e de mercadorias." Suas atividades consistem em: "...subscrição isolada ou em consórcio de emissão de títulos e valores mobiliários para revenda; intermediação da colocação de emissões de capital no mercado; operações no mercado aberto".[184]

As sociedades de crédito, financiamento e investimentos, também conhecidas como *financeiras*, têm por função: "...financiar bens de consumo duráveis por meio do popularmente conhecido 'crediário' ou crédito direto ao consumidor".[185]

As sociedades de crédito imobiliário foram criadas para financiar o mercado imobiliário, através de financiamentos diretos ao adquirente final ou para empreendimentos no setor imobiliário, com recursos captados através de caderneta de poupança, letras imobiliárias ou repasses de bancos oficiais.[186]

As administradoras de cartões de crédito são as empresas que exploram esse instrumento facilitador das vendas a crédito.

As sociedades de arrendamento mercantil ou *leasing* têm por objeto a celebração de tais contratos, assemelhados à locação, mas com opção de compra do bem ao final do prazo, em atividade regulamentada pela Lei nº 6.099, de 12 de setembro de 1974.

As administradoras de mercado de balcão, entendido esse como: "...local onde são negociadas, de forma maciça e indiscriminada, títulos de novas empresas, sem registro na Bolsa de Valores".[187]

As associações de poupança e empréstimo foram criadas como formas associativas para a construção ou aquisição da casa própria, sem fins lucrativos, com atuação regional e constituindo propriedade dos associados, as

---

[182] MARTINS, Fran. *Contratos e Obrigações Comerciais*, p. 484.

[183] OLIVEIRA, Miguel Delmar. *Introdução ao Mercado de Ações. O que é, para que serve, sua importância*. São Paulo: Comissão Nacional de Bolsas de Valores, 1983, p. 69.

[184] FORTUNA, Eduardo. *Mercado Financeiro Produtos e Serviços*, p. 25.

[185] Ibidem.

[186] OLIVEIRA, Miguel Delmar. *Introdução ao Mercado de Ações*, p. 68.

[187] DE PLÁCIDO E SILVA. *Vocabulário Jurídico*. 15ª ed., Rio de Janeiro: Forense, 1998, p. 530.

quais captam recursos através de contas de poupança e efetuam financiamentos imobiliários.[188]

A bolsa de valores: "...é o local especialmente criado e mantido para negociação de valores mobiliários em mercado livre e aberto, organizado pelas corretoras e autoridades (...) para fornecer a infra-estrutura do mercado de ações".[189] Já a bolsa de mercadorias e futuros é o local onde se negociam mercadorias e ativos financeiros, sem transferência física, em data futura, por preço previamente estabelecido.[190]

A entidade de liquidação e compensação:

(...) é o sistema elaborado pelas bolsas para garantir o fiel cumprimento de todos os negócios nela realizados. A *clearing* pode ser tanto um departamento interno da instituição quanto uma organização independente, controlada ou não pela bolsa à qual está ligada. Seus serviços vão do registro das operações e controle das posições, compensação dos ajustes diários e liquidação física e financeira dos negócios, até a administração das garantias vinculadas às operações.[191]

As empresas de *factoring* ou fomento comercial não são consideradas instituições financeiras para os efeitos das Leis nº 4.595, de 31 de dezembro de 1964, e 7.492, de 16 de junho de 1986, ou seja, funcionam independentemente de autorização do BACEN. Apesar disso, estão subordinadas ao dever de sigilo por disposição expressa da LC nº 105/01. Segundo Fran Martins: "O contrato de *faturização* ou *factoring* é aquele em que um comerciante cede a outro os créditos, na totalidade ou em parte, de suas vendas a terceiros, recebendo o primeiro do segundo o montante desses créditos, mediante o pagamento de uma remuneração".[192]

Por fim, o registro de que o inciso XIII do § 1º do art. 1º da LC nº 105/01 permite que o rol referido seja acrescido de "outras sociedades que, em razão da natureza de suas operações, assim venham a ser consideradas pelo Conselho Monetário Nacional". A regra, salutar, abre espaço para extensão do dever de sigilo a outras modalidades societárias que venham a ser criadas, mediante ato administrativo, o que confere uma maior agilidade e perenidade ao diploma legal, mediante pronta resposta às inovações do mercado financeiro, cuja dinâmica nem sempre é acompanhada pelo processo legislativo.

A jurisprudência não tem considerado como instituição financeira, sequer por equiparação, a figura do agiota que opera com recursos próprios,[193]

---

[188] FORTUNA, Eduardo. *Mercado Financeiro Produtos e Serviços*, p. 26.

[189] Ibidem, p. 331.

[190] Ibidem, p. 367.

[191] Ibidem, p. 333.

[192] MARTINS, Fran. *Contratos e Obrigações Comerciais*, p. 559.

[193] Nesse sentido: "CONFLITO DE COMPETÊNCIA. EMPRÉSTIMO EM DINHEIRO. CRIME CONTRA A ECONOMIA POPULAR. COMPETÊNCIA DA JUSTIÇA ESTADUAL. 1. O empréstimo de dinheiro realizado por particular com recursos próprios, mediante a cobrança de juros extorsivos,

de modo que é possível afirmar que tais pessoas não estão submetidas ao dever de observância do sigilo financeiro, podendo eventual revelação indevida de informação configurar crime de divulgação de segredo (CP, art. 153), em concurso com delito contra a economia popular (Lei n° 1.521, de 26 de dezembro de 1951, art. 4°).

A redação autoriza também a conclusão de que não são abrangidas pela LC n° 105/01 as instituições financeiras por equiparação, da legislação penal, quais sejam, as pessoas jurídicas que captem ou administrem seguros, consórcios, capitalização e câmbio (Lei n° 7.492, de 16 de junho de 1986, art. 1°, parágrafo único, I), exceto se tal atividade seja desempenhada por uma das entidades especificadas na LC n° 105/01. Sendo assim, tais empresas não estão, em regra, sujeitas ao dever de sigilo. O mesmo vale para as pessoas sujeitas às obrigações da Lei n° 9.613, de 3 de março de 1998, que trata da *lavagem de dinheiro*, mas não figurem no rol da LC n° 105/01, como aquelas referidas nos incisos X, XI e XII do art. 9° da Lei n° 9.613/98, a saber, empresas de comercialização de imóveis, jóias, pedras, metais preciosos, antiguidades, bens de luxo, de alto valor e que envolvam grande volume de recursos em espécie.

Seria conveniente, no sentido do aprimoramento da legislação, a unificação do conceito de instituição financeira para fins administrativos, penais e do dever de sigilo, o que contribuiria para uma maior segurança de todos os operadores do sistema e aplicadores do direito.

2.4.7. Quebra de Sigilo Financeiro

Sendo certo que o sigilo financeiro não é um direito absoluto, hipóteses haverá nas quais informações ou documentos relativos a operações ativas e passivas ou serviços prestados por instituições financeiras poderão ser fornecidas sem que isto represente violação indevida.

O próprio STF já decidiu que: "A quebra do sigilo bancário não afronta o art. 5°, X e XII da CF." (STF, AGINQ. 897-5-DF, Pl., Rel. Min. Francisco Rezek, DJ 24.3.95, RT n° 715, p. 547.) Na mesma linha, o Tribunal Constitucional espanhol, ao assentar o princípio de que as atividade econômicas em geral não se encontram amparadas pelo direito à intimidade, admitindo a limitação, sempre que atingidos fins legítimos e respeitado o preceito da proporcionalidade.[194] Tais limitações legais decorrem da circunstância de ser o sigilo financeiro objeto de um direito relativo, estabelecido, essencial-

---

não se amolda à Lei n° 7.492/86, que prevê os crimes contra o Sistema Financeiro Nacional. Quem assim atua comete o crime de usura, descrito no art. 4° da Lei de Economia Popular, a ser julgado pela Justiça Estadual (Súmula 498 do STF). 2. Conflito conhecido e declarado competente o Juízo de Direito de Piancó-PB." (STJ, CC n° 21358/PB, Rel. Min. Fernando Gonçalves, un., 3ª S., DJ 17.2.99, p. 116.)

[194] STC 143/1994, de 9 de maio, 6° fundamento jurídico.

mente, em função de interesses privados, de modo que são possíveis limitações, especialmente quando fundadas no interesse público.[195]

Como visto no item 2.2, o sigilo financeiro tem fundamento constitucional na proteção da vida privada, consagrada no inciso X do art. 5° da Constituição de 1988. Firmou-se, ainda, no item 2.3.4., a posição de que o direito fundamental à vida privada tem a natureza de princípio, havendo possibilidade de sua restrição, desde que respeitado o princípio da proporcionalidade, objeto do item 2.3.5. De tudo isso é possível afirmar a possibilidade da restrição ao sigilo financeiro, ainda que ancorado no direito fundamental à vida privada, uma vez observadas a necessidade, a adequação e a proporcionalidade em sentido estrito da medida restritiva.

Os requisitos de necessidade e adequação somente poderão ser examinados no exame dos casos concretos, mas quanto à proporcionalidade em sentido estrito, podem ser aduzidos aqui os argumentos que seguem.

Em se cuidando da preservação da vida privada, a ponderação se dará, usualmente, com interesses coletivos, como o direito à informação e o interesse coletivo na arrecadação tributária e na apuração de fatos ilícitos. De lembrar, nesse ponto, que vivemos em um Estado social de direito, e o interesse do Estado, ao tributar, não se esgota na arrecadação, mas transcende para a aplicação dos recursos auferidos, até mesmo para a concretização de direitos fundamentais sociais, como a saúde, a educação, a assistência e a previdência sociais, os quais são direitos a prestações concretas, que demandam ação, e não mera omissão do estado e, portanto, dependem da existência de recursos para sua efetivação. A Constituição do Império, aliás, já dispunha, em seu art. 179, XV, que: "Ninguém será isento de contribuir para as despesas do Estado em proporção de seus haveres."

Em outras palavras, somente com adequada e eqüitativa distribuição da carga tributária, concretizando o princípio da capacidade contributiva,[196] poderão ser concretizados os objetivos de construção de uma sociedade livre, justa e solidária (CRFB, art. 3°, I) e de erradicar a pobreza e a marginalização , além de reduzir as desigualdades sociais e regionais (CRFB, art. 3°, III) e promover o bem de todos (CRFB, art. 3°, IV). A própria ordem econômica, nos estritos termos do art. 170 da Constituição: *tem por fim assegurar a todos existência digna, conforme os ditames da justiça social*.[197] Finalmente, a implantação das políticas públicas dependerá de planejamento, que é também uma atribuição do Estado (CRFB, art. 165, § 1°).

---

[195] GUILLÉN FERRER, Maria José. *El secreto bancario y sus limites legales*, p. 265.

[196] Sobre o princípio da capacidade contributiva, ver nota 92.

[197] Sobre o papel do estado na efetivação de tais objetivos: GRAU, Eros Roberto. *A Ordem Econômica na Constituição de 1988*. São Paulo: Malheiros, 1988, p. 19 e ss.

Como refere Garcia: "Na situação atual, o Estado deve ser um Estado fiscal para poder ser um Estado social e de Direito; os conceitos de Estado fiscal e Estado de Direito não são antitéticos, mas mutuamente complementares".[198]

Aliás, segundo Hesse, os direitos fundamentais sociais, vistos como *determinações de objetivos estatais*, podem tornar-se decisivos na atividade de interpretação judicial, exatamente na *ponderação de interesses opostos*.[199] De citar, ainda, Dotti: "Satisfazer basicamente as necessidades do corpo para tratar, em seguida, das crises do espírito, parece ser doravante a função prioritária dos direitos sociais. As condições da vida atual revelam, com efeito, que uma existência sem meios nada mais é que uma perpétua decadência e humilhação".[200]

Não colhe, tampouco, o argumento de que os recursos são desviados ou mal-utilizados. Em casos tais, a solução é o aprimoramento dos controles sobre os servidores ou agentes políticos responsáveis pela malversação dos recursos públicos, e não a sonegação.

Secundariamente, também é protegida a livre concorrência, consagrada pela Constituição como um dos princípios da ordem econômica (art. 170, IV), uma vez que o empresário sonegador poderá ter preços melhores do que aquele que recolhe seus tributos, caracterizando uma verdadeira concorrência desleal.

A LC nº 105/01 traz as hipóteses de quebra de sigilo financeiro nos §§ 3º e 4º do art. 1º, bem assim nos arts. 2º a 7º e 9º. Como a regra geral é o sigilo, e a possibilidade de violação, a exceção, as hipóteses de quebra deverão ser interpretadas restritivamente. O § 3º do art. 1º da LC nº 105/01 estabelece que não constitui violação do sigilo:

I – a troca de informações entre instituições financeiras, para fins cadastrais, inclusive por intermédio de centrais de risco, observadas as normas baixadas pelo Conselho Monetário Nacional e pelo Banco Central do Brasil; II – o fornecimento de informações constantes de cadastro de emitentes de cheques sem provisão de fundos e de devedores inadimplentes, a entidades de proteção ao crédito, observadas as normas baixadas pelo Conselho Monetário Nacional e pelo Banco Central do Brasil; III – o fornecimento das informações de que trata o § 2º do art. 11 da Lei nº 9.311, de 24 de outubro de 1996; IV – a comunicação, às autoridades competentes, da prática de ilícitos penais ou administrativos, abrangendo o fornecimento de informações sobre operações que envolvam recursos provenientes de qualquer prática criminosa; V – a revelação de informações sigilosas com o consentimento expresso dos interessados; VI – a prestação de informações nos termos e condições estabelecidos nos artigos 2º, 3º, 4º, 5º, 6º, 7º e 9º desta Lei Complementar.

---

[198] RUIZ GARCIA, José Ramon. *Secreto Bancario y Hacienda Pública*, p. 41.

[199] HESSE, Konrad. *Elementos de Direito Constitucional da República Federal da Alemanha*, p. 170-172, nº marginal 208.

[200] DOTTI, René Ariel. *Proteção da Vida Privada e Liberdade de Informação*, p. 5.

Para fins didáticos, poderíamos agrupar as hipóteses de quebra do sigilo financeiro nos seguintes grupos:

a) troca ou fornecimento de informações para fins privados (arts. 1º, § 3º, I e II);

b) acesso a informações para a fiscalização do sistema financeiro nacional (arts. 2º e 7º);

c) comunicações para fins de investigação criminal ou administrativa (arts. 1º, § 3º, IV; 2º, § 6º e 9º);

d) informações determinadas pelo Poder Judiciário (arts. 1º, § 4º; 3º e 7º);

e) informações e documentos necessários ao exercício do Poder Legislativo ou para investigação por Comissão Parlamentar de Inquérito (art. 4º);

f) informações de interesse da fiscalização tributária (art. 1º, § 3º, III; art. 5º; art. 6º); e,

g) informações prestadas com o consentimento do interessado (art. 1º, § 3º, V).

As hipóteses são, evidentemente, alternativas, de modo que o fornecimento de informações nas seis primeiras dispensa a autorização ou mesmo o conhecimento por parte do interessado.

A LC nº 105/01 menciona, em algumas hipóteses, *troca, fornecimento, revelação ou prestação de informações* (art. 1º e incs.; art. 3º, *caput*) e em outros casos faz menção ao *fornecimento de documentos* (art. 3º, § 1º, art. 4º *caput* e § 1º). Tenho, porém, que não há maior relevância prática na distinção, uma vez que a informação, não sendo prestada verbalmente, necessariamente estará consubstanciada em um documento, ainda que seu suporte não seja papel, mas meio eletrônico.

Nos itens seguintes serão examinadas, detalhadamente, as hipóteses de quebra previstas na LC nº 105/01.

2.4.7.1. Troca de Informações para Fins Privados

Os incisos I e II do § 3º do art. 1º da LC nº 105/01 dispõem que não constituem violação de sigilo financeiro:

I – a troca de informações entre instituições financeiras, para fins cadastrais, inclusive por intermédio de centrais de risco, observadas as normas baixadas pelo Conselho Monetário Nacional e pelo Banco Central do Brasil; II – o fornecimento de informações constantes de cadastro de emitentes de cheques sem provisão de fundos e de devedores inadimplentes, a entidades de proteção ao crédito, observadas as normas baixadas pelo Conselho Monetário Nacional e pelo Banco Central do Brasil;

Na primeira hipótese, há troca de informações para proteção ao crédito, permanecendo as informações, porém, dentro do sistema, na chamada troca de informações interbancária ou *crossmarketing*, o que é estabelecido em nome da proteção do sistema financeiro, da defesa do crédito e da solvência das instituições financeiras.[201] Há aqui mera transferência de sigilo,

---

[201] Sobre o sistema de central de risco, consultar: www.bacen.gov.br

na medida em que o receptor das informações também está alcançado pelo dever de sigilo imposto no art. 1º da LC nº 105/01.

Na segunda, ao contrário, as informações são fornecidas a centrais de proteção ao crédito, as quais não são instituições financeiras, de modo que não têm dever legal de sigilo, o que é criticável. Demais disso, tais empresas têm como atividade justamente o fornecimento de informações para comerciantes, os quais também não estão abrangidos pelo dever de sigilo.

Diga-se que não são raros os abusos na utilização de tais informações, a tal ponto que a matéria foi objeto do art. 43 do CDC[202] (Lei nº 8.078, de 11 de setembro de 1990). De todo modo, caso haja uso indevido de tais informações, será possível a responsabilização civil do violador, em virtude de eventual prejuízo à honra do lesado, sem prejuízo da persecução criminal.

Sem negar o interesse público no bom funcionamento do sistema financeiro, é certo que, em ambos os casos, as informações são fornecidas com fins essencialmente privados, o que é importante observar na medida em que há grande resistência ao fornecimento de informações para a fiscalização tributária, bem como para a investigação, criminal, malgrado a evidente finalidade pública das informações assim fornecidas.[203] Poderia contra-argumentar-se afirmando que o tipo de informação aqui fornecido é mais limitado, não abrangendo propriamente a movimentação dos valores por parte do cliente da instituição financeira, mas apenas eventuais inadimplementos de suas obrigações, limitando-se a informação à existência de restrições ao crédito, mas sem descer a maiores detalhes como valor, tempo da mora, tipo de contrato, etc. Não se pode negar, porém, que, na medida em que é informada alguma restrição, é informado um dado que o cidadão gostaria de manter em segredo e pode até mesmo ser lesivo a sua honra. Na hipótese contrária, limitando-se o serviço de proteção a informar que *nada consta* contra o pretendente do crédito ou emitente do cheque, não haveria, em tese, violação. A alternativa buscada, na prática, é buscar a concordância do consumidor-tomador do crédito com a consulta ao serviço e inclusão das informações sobre o seu *perfil* no banco de dados, veiculada através do contrato, o que consistiriam em consentimento do interessado para a divulgação, nestes limites, abrindo espaço à incidência de outra hipótese legal de divulgação das informações financeiras, conforme será visto no item 2.4.8.[204]

---

[202] Art. 43. O consumidor, sem prejuízo do disposto no artigo 86, terá acesso às informações existentes em cadastros, fichas, registros e dados pessoais e de consumo arquivados sobre ele, bem como sobre as suas respectivas fontes. (...)

[203] ROQUE, Maria José Oliveira Lima. *Sigilo Bancário & Direito à Intimidade*. Curitiba: Juruá, 2001, p. 117.

[204] Para Martins, a prática não viola direito do Consumidor (MARTINS, Ives Gandra da Silva. Direitos Individuais Disponíveis em Face do Serviço Central de Proteção ao Crédito – Legalidade das Informações pela Rede, sempre que autorizadas por seu Titular. *Revista Jurídica*. Porto Alegre, n. 286, p. 39-45, ago. 2001).

SIGILO BANCÁRIO E PRIVACIDADE

Nesse aspecto, a nova lei limitou-se a deixar clara uma prática que já era amplamente tolerada, embora não estivesse regulamentada pelo art. 38 da Lei nº 4.595, de 31 de dezembro de 1964. No julgamento do MS nº 1959-DF, em 1953, o Min. Mário Guimarães, em seu voto, já noticiava que: "No próprio campo do Direito Comercial, admite-se como lícita a prática de permuta, dos bancos entre si, de informações sobre a idoneidade das pessoas." Em verdade, é forçoso admitir que as necessidades do tráfico comercial exigem que se dê alguma forma de proteção ao concedente do crédito ou tomador do cheque, sendo a prática amplamente tolerada social- mente. De fato, há aqui um interesse comum, pois tanto as instituições financeiras quanto os tomadores pretendem que o crédito continue existin- do, sendo os primeiros para lucrar e os segundos para poderem iniciar ou prosseguir empreendimentos ou adquirir bens. Ferraz Júnior chega a men- cionar o enfraquecimento do poder público no controle da *criminalidade digital* diante da formação de verdadeiras *seitas* ou *máfias eletrônicas* de- tentoras de informações.[205] A questão, então, é determinar, aqui como em outros pontos, o equilíbrio.[206]

O próprio STF, ao apreciar medida cautelar em ação direta de consti- tucionalidade proposta contra dispositivos da Lei nº 9.492, de 10 de setem- bro de 1997, que trata de certidões de protesto de títulos, afirmou que:

> (...) A convivência entre a proteção da privacidade e os chamados arquivos de con- sumo, mantidos pelo próprio fornecedor de crédito ou integrados em bancos de dados, tornou-se um imperativo da economia da sociedade de massas: de viabilizá-la cuidou o CDC, segundo o molde das legislações mais avançadas: ao sistema insti- tuído pelo Código de Defesa do Consumidor para prevenir ou reprimir abusos dos arquivos de consumo, hão de submeter-se as informações sobre os protestos lavra- dos, uma vez obtidas na forma prevista no edito impugnado e integradas aos bancos de dados das entidades credenciadas à certidão diária de que se cuida: é o bastante a tornar duvidosa a densidade jurídica do apelo da argüição à garantia da privacidade, que há de harmonizar-se à existência de bancos de dados pessoais, cuja realidade a própria Constituição reconhece (art. 5º, LXXII, *in fine*) e entre os quais os arquivos de consumo são um dado inextirpável da economia fundada nas relações massificadas de crédito. (ADIMC nº 1790/DF, Rel. Min. Sepúlveda Pertence, Pl., m., DJ 8.9.00, p. 4.)

2.4.7.2. Fiscalização do Sistema Financeiro Nacional

Nos termos do inciso VIII do art. 10 da Lei nº 4.595, de 31 de dezembro de 1964, compete ao BACEN: "exercer a fiscalização das instituições fi-

---

205 FERRAZ JÚNIOR, Tércio Sampaio. A Liberdade como Autonomia Recíproca de Acesso à Infor- mação. In: Direito e Internet. Relações Jurídicas na Sociedade Informatizada. In: GRECO, Marco Aurélio; MARTINS, Ives Gandra da Silva (Orgs.). *Direito e Internet. Relações jurídicas na sociedade Informatizada*. São Paulo: RT, 2001, p. 242.
206 UICICH, Rodolfo Daniel. *Los Bancos de Datos y El Derecho a la Intimidad*. Buenos Aires: Ad Hoc, 1999, p. 14.

nanceiras e aplicar as penalidades previstas." Já o § 8° do art. 44 da mesma lei estabelece que:

§ 8º No exercício da fiscalização prevista no art. 10, inciso VIII, desta lei, o Banco Central da República do Brasil poderá exigir das instituições financeiras ou das pessoas físicas ou jurídicas, inclusive as referidas no parágrafo anterior, a exibição a funcionários seus, expressamente credenciados, de documentos, papéis e livros de escrituração, considerando-se a negativa de atendimento como embaraço á fiscalização sujeito á pena de multa, prevista no § 2º deste artigo, sem prejuízo de outras medidas e sanções cabíveis.

A par disso, o art. 4° da Lei n° 4.728, de 14 de julho de 1965, que *Disciplina o mercado de capitais e estabelece medidas para o seu desenvolvimento*, estabelece que: "No exercício de suas atribuições, o Banco Central poderá examinar os livros e documentos das instituições financeiras, sociedades, empresas e pessoas referidas no artigo anterior, as quais serão obrigadas a prestar as informações e os esclarecimentos solicitados pelo Banco Central." Sendo assim, é lícita, mesmo para o processo penal, a prova consistente em documentos requisitados pelo BACEN às instituições financeiras (TRF 4ª R., ACR 2001.04.01.039176-2/SC, Fábio Rosa, 7ª T., un., DJ 29.5.02). Na mesma linha vai o art. 10 da Lei n° 8.033/90, que permite o acesso do BACEN a informações financeiras com fundamento na fiscalização do Imposto sobre Operações Financeiras.

Aliás, caso o sigilo financeiro fosse oponível ao BACEN, sua atividade fiscalizadora restaria inviabilizada, não podendo o órgão cumprir suas atribuições (STF, ADIMC n° 1790/DF, Rel. Min. Sepúlveda Pertence, Pl., m., DJ 8.9.00, p. 4). Bem por isso, o § 1° do art. 2° da LC n° 105/01 afasta a possibilidade de que o sigilo venha a ser oposto ao BACEN por parte das instituições financeiras nas seguintes hipóteses:

I – no desempenho de suas funções de fiscalização, compreendendo a apuração, a qualquer tempo, de ilícitos praticados por controladores, administradores, membros de conselhos estatutários, gerentes, mandatários e prepostos de instituições financeiras; II – ao proceder a inquérito em instituição financeira submetida a regime especial.

O *caput* do art. 2° da LC n° 105/01, por sua vez, estende o dever de sigilo: "ao Banco Central do Brasil em relação às operações que realizar e às informações que obtiver no exercício de suas atribuições". Mesmo não sendo instituição financeira em sentido estrito, o BACEN está por expressa disposição legal, obrigado a manter em sigilo as informações obtidas. Já na disciplina legal anterior, aliás, embora inexistente disposição expressa, já se entendia estar o BACEN obrigado ao dever de sigilo, sob pena de esvaziamento da proteção.[207]

---

[207] HAGSTROM, Carlos Alberto. O Sigilo Bancário e o Poder Público. *Revista de Direito Mercantil*, São Paulo, n. 79, p. 42, jul.-set. 1990.

Em outras palavras, o BACEN tem o dever de manter sigilo em relação às suas operações e o direito de acesso às informações possuídas por outras instituições financeiras para apuração de ilícitos de ordem administrativa no âmbito de tais instituições, devendo, porém, manter o sigilo sobre os dados assim obtidos. Caso seja verificada a ocorrência ou indícios de prática de crimes de ação penal pública, o BACEN deverá comunicar o fato ao Ministério Público, como determinado no art. 9º. Tal comunicação não representa violação indevida de sigilo, como deixa claro o inc. IV do § 3º do art. 1º da LC nº 105/01.

No exercício desse poder de fiscalização por parte do BACEN está incluído o acesso a dados bancários dos administradores das instituições financeiras, como deixa claro o § 2º do dispositivo, o que também já foi afirmado pelo TRF da 1ª Região, nos seguintes termos:

SIGILO BANCÁRIO – PEDIDO DE INFORMAÇÕES ÀS INSTITUIÇÕES FINANCEIRAS – EX-DIRETOR DO BANCO DO ESTADO DO MATO GROSSO S/A – PROCESSO DE FISCALIZAÇÃO EM ANDAMENTO – QUEBRA DO SIGILO BANCÁRIO PERMITIDO (§ 8º DO ART. 44 C/C ART. 10, VIII, DA LEI 4595/64) – APELAÇÃO DESPROVIDA. 1 – As instituições financeiras e respectivos diretores e gerentes respondem solidariamente pelas obrigações assumidas durante sua gestão e até que elas se cumpram (Art. 2º da Lei 1808/53, redação do Art. 42 da Lei 4595/64). 2 – O BACEN, no exercício de seu poder fiscalizatório das instituições financeiras, poderá exigir destas ou de pessoas físicas ou jurídicas, a exibição de documentos e livros de escrituração, considerando-se a recusa sujeita a multas e outras sanções cabíveis, justificando-se a quebra do sigilo bancário dos diretores e gerentes das instituições financeiras sob fiscalização. 3 – O sigilo bancário, direito do cidadão e obrigação das instituições financeiras, não é direito absoluto, devendo ser mantido, a não ser que haja interesse público, manifestado pelo Ministério Público, Fisco e BACEN, no exercício do poder de polícia. (...) (AMS nº 95.01.19163-0/DF, Rel. Des. Fed. Luiz Airton de Carvalho, 3ª T., un., DJ 26.2.99, p. 281.)

Idênticos dever de sigilo e acesso a informações são conferidos à CVM (LC nº 105/01, art. 2º, § 3º), quando se tratar de fiscalização de operações e serviços no mercado de valores mobiliários, com idênticos limites, ou seja, quando a CVM estiver desempenhando suas funções de fiscalização, compreendendo a apuração de ilícitos administrativos, como autorizam os arts. 8º e 9º da Lei nº 6.385, de 7 de dezembro de 1976, a seguir transcritos:

Art. 8º. Compete à Comissão de Valores Mobiliários: (...) III – fiscalizar permanentemente as atividades e os serviços do mercado de valores mobiliários, de que trata o Art. 1º, bem como a veiculação de informações relativas ao mercado, às pessoas que dele participem, e aos valores nele negociados; (...) V – fiscalizar e inspecionar as companhias abertas dada prioridade às que não apresentem lucro em balanço ou às que deixem de pagar o dividendo mínimo obrigatório.

Art. 9º. A Comissão de Valores Mobiliários, observado o disposto no § 2º do art. 15, poderá: I – examinar e extrair cópias de registros contábeis, livros ou documentos, inclusive programas eletrônicos e arquivos magnéticos, ópticos ou de qualquer outra natureza, bem como papéis de trabalho de auditores independentes, devendo tais documentos ser mantidos em perfeita ordem e estado de conservação pelo prazo mínimo de cinco anos: a) as pessoas naturais e jurídicas que integram o sistema de distribuição de valores mobiliários (Art. 15); b) das companhias abertas e demais emissoras de valores mobiliários e, quando houver suspeita fundada de atos ilegais, das respectivas sociedades controladoras, controladas, coligadas e sociedades sob controle comum; c) dos fundos e sociedades de investimento; d) das carteiras e depósitos de valores mobiliários (Arts. 23 e 24); e) dos auditores independentes; f) dos consultores e analistas de valores mobiliários; g) de outras pessoas quaisquer, naturais ou jurídicas, quando da ocorrência de qualquer irregularidade a ser apurada nos termos do inciso V deste artigo, para efeito de verificação de ocorrência de atos ilegais ou práticas não eqüitativas; II – intimar as pessoas referidas no inciso I a prestar informações, ou esclarecimentos, sob cominação de multa, sem prejuízo da aplicação das penalidades previstas no art. 11; III – requisitar informações de qualquer órgão público, autarquia ou empresa pública; IV – determinar às companhias abertas que republiquem, com correções ou aditamentos, demonstrações financeiras, relatórios ou informações divulgadas; V – apurar, mediante processo administrativo, atos ilegais e práticas não eqüitativas de administradores, membros do conselho fiscal e acionistas de companhias abertas, dos intermediários e dos demais participantes do mercado; VI – aplicar aos autores das infrações indicadas no inciso anterior as penalidades previstas no Art. 11, sem prejuízo da responsabilidade civil ou penal.

Caso a CVM necessite de informações e documentos relativos a bens, direitos e obrigações de pessoa física ou jurídica submetida a seu poder disciplinar, mas que estejam na posse de outras instituições financeiras, estas não submetidas à sua fiscalização, poderá solicitar o acesso através do Poder Judiciário, como previsto no art. 7º da LC nº 105/01.

Em ambas as hipóteses, as informações permanecerão no âmbito do sistema financeiro nacional, do qual fazem parte o BACEN e a CVM. Deste modo, também aqui se pode falar em transferência de sigilo.

Interessante e altamente conveniente, diante da necessidade de colaboração, inclusive internacional, entre as agências estatais, hoje erigida ao status de mandamento constitucional (CRFB, art. 37, XXII, com a redação dada pela EC nº 42/03), é o disposto no § 4º do art. 2º da LC nº 105/01, assim redigido:

§ 4º O Banco Central do Brasil e a Comissão de Valores Mobiliários, em suas áreas de competência, poderão firmar convênios: I – com outros órgãos públicos fiscalizadores de instituições financeiras, objetivando a realização de fiscalizações conjuntas, observadas as respectivas competências; II – com bancos centrais ou entidades fiscalizadoras de outros países, objetivando: a) a fiscalização de filiais e subsidiárias de instituições financeiras estrangeiras, em funcionamento no Brasil e de filiais e subsidiárias, no exterior, de instituições financeiras brasileiras; b) a cooperação mútua e o intercâmbio de informações para a investigação de atividades ou operações que impliquem aplicação, negociação, ocultação ou transferência de ativos financeiros e de valores mobiliários relacionados com a prática de condutas ilícitas.

SIGILO BANCÁRIO E PRIVACIDADE

A menção a outros órgãos públicos fiscalizadores de instituições financeiras deve ser entendida de modo a abranger o Ministério Público e a fiscalização tributária. A medida, bastante adequada, lembra, aliás, o disposto no art. 199 do CTN:

Art. 199. A Fazenda Pública da União e as dos Estados, do Distrito Federal e dos Municípios prestar-se-ão mutuamente assistência para a fiscalização dos tributos respectivos e permuta de informações, na forma estabelecida, em caráter geral ou específico, por lei ou convênio. Parágrafo único. A Fazenda Pública da União, na forma estabelecida em tratados, acordos ou convênios, poderá permutar informações com Estados estrangeiros no interesse da arrecadação e da fiscalização de tributos.

Ao disciplinar as declarações de bens que são obrigados a realizar os servidores públicos da União, o art. 5º da Lei nº 8.730, de 10 de novembro de 1993, dispõe que: "A Fazenda Pública Federal e o Tribunal de Contas da União poderão realizar, em relação às declarações de que trata esta lei, troca de dados e informações que lhes possam favorecer o desempenho das respectivas atribuições legais."

Na mesma linha, o § 2º do art. 14 da Lei nº 9.613, de 3 de março de 1998, dispõe que: "O COAF deverá, ainda, coordenar e propor mecanismos de cooperação e de troca de informações que viabilizem ações rápidas e eficientes no combate à ocultação ou dissimulação de bens, direitos e valores." Além disso: "O COAF poderá requerer aos órgãos da Administração Pública as informações cadastrais, bancárias e financeiras de pessoas envolvidas em atividades suspeitas." (Lei nº 9.613/98, art. 14, § 3º, incluído pela Lei nº 10.701, de 9 de julho de 2003). Criou-se, aí, mais uma hipótese de transferência de sigilo, relevante para que possa o COAF bem desempenhar suas relevantes funções, embora possa ser questionada a possibilidade da regulação por lei ordinária. As atividades suspeitas a que se refere o dispositivo são, por óbvio, suspeitas de lavagem de dinheiro.

Por fim, o art. 28 da Lei nº 6.385, de 7 de dezembro de 1976, com a redação dada pela Lei nº 10.303, de 31 de outubro de 2001, já ressalvando que o sigilo não poderá servir de óbice ao intercâmbio, nos seguintes termos:

Art. 28. O Banco Central do Brasil, a Comissão de Valores Mobiliários, a Secretaria de Previdência Complementar, a Secretaria da Receita Federal e Superintendência de Seguros Privados manterão um sistema de intercâmbio de informações, relativas à fiscalização que exerçam, nas áreas de suas respectivas competências, no mercado de valores mobiliários. Parágrafo único. O dever de guardar sigilo de informações obtidas através do exercício do poder de fiscalização pelas entidades referidas no *caput* não poderá ser invocado como impedimento para o intercâmbio de que trata este artigo.

Elogiáveis os dispositivos, pois somente com a troca efetiva de informações e trabalho conjunto das agências estatais se poderá dar resposta razoável no âmbito da macrocriminalidade, não se podendo mais admitir que, em disputas de competência ou de poder entre órgãos públicos, que ficam a bater cabeça, desviando-se de seus objetivos, se desperdicem os parcos recursos humanos e materiais disponíveis. Não mais se concebe aja o estado desorganizadamente contra o crime organizado.

No segundo inciso abrem-se duas possibilidades no âmbito da cooperação internacional, que é essencial, diante da internacionalidade inerente ao mercado financeiro, que não tem fronteiras. A segunda está ligada ao delito de lavagem de dinheiro, objeto da Lei nº 9.613, de 3 de março de 1998.

2.4.7.3. Comunicação para Fins de Investigação Criminal ou Administrativa

Sob o título acima, reunimos as comunicações feitas por pessoas com acesso a informações protegidas pelo sigilo, que não se constituem em ilícito ou violação indevida porque expressamente autorizadas pela lei, diante do interesse público na apuração de ilícitos penais ou administrativos. São três as hipóteses de notícia-crime ou participação de fatos ilícitos disciplinadas pela LC nº 105/01, previstas, respectivamente, nos seguintes dispositivos: a) art. 1º, § 3º, IV; b) art. 9º; e c) art. 2º, § 6º.

Nos termos do inciso IV do § 3º do art. 1º, não há violação de sigilo financeiro na hipótese de: "comunicação, às autoridades competentes, da prática de ilícitos penais ou administrativos, abrangendo o fornecimento de informações sobre operações que envolvam recursos provenientes de qualquer prática criminosa." Esta hipótese não guarda relação com a necessária autorização judicial para o acesso a dados bancários por parte da autoridade policial ou do Ministério Público, por exemplo. O efeito do dispositivo é afastar o dever de sigilo para o empregado ou administrador de instituição financeira que, no exercício de sua atividade, tem acesso a fatos que constituem ilícito penal ou administrativo, em informações abrangidas pelo sigilo financeiro. Em tal situação, poderá ser feita a devida comunicação, sem que isto represente violação indevida do sigilo. Diga-se, aliás, que é essencial a colaboração das instituições financeiras nesse processo, a chamada *compliance*, diante da evidente impossibilidade de o Estado fiscalizar a tudo. A regra em exame guarda relação com o disposto nos arts. 10 e 11 da Lei nº 9.613/98, que impõe às instituições arroladas em seu art. 9º o dever de identificar os clientes e comunicar operações suspeitas de lavagem de dinheiro.

O dispositivo poderá ser invocado, igualmente, pelo servidor fazendário que tiver acesso a informações protegidas pelo sigilo financeiro, e que constituam prova de crime contra a ordem tributária. Não há que falar, aqui, em autorização judicial para a formulação da notícia-crime. Quanto a servidores fazendários, aliás, o inciso I do § 3º do art. 198 do CTN, com a

SIGILO BANCÁRIO E PRIVACIDADE

redação dada pela LC nº 104, de 10 de janeiro de 2001, exclui do sigilo fiscal as representações fiscais para fins penais.[208] Em nossa posição, é de ser admitido amplo intercâmbio das informações sigilosas entre órgãos destinatários do dever de sigilo, tanto podendo ser utilizadas aquelas obtidas inicialmente para fins penais, por determinação judicial, para fins de lançamento tributário, quanto podendo ser utilizadas aquelas obtidas inicialmente para fins fiscais como prova em ação penal.[209]

A segunda hipótese é aquela prevista no art. 9º da LC nº 105/01, que regula a representação penal ou administrativa a cargo do BACEN e da CVM, com a natureza de mera notícia-crime, de modo que não se constitui em condição para o oferecimento de eventual ação penal. Na leitura do STJ: "É obrigação do Banco Central do Brasil comunicar, às autoridades competentes, a prática de ilícitos penais ou administrativos, abrangendo o fornecimento de informações sobre operações que envolvam recursos provenientes de qualquer prática criminosa, sem que tal mister importe em quebra de sigilo (artigo 9º, da Lei Complementar nº 105/2001)" (HC 24.577/PE, Rel. Min. Paulo Medina, 6ª T., un., 19.12.03).

Eis o texto do dispositivo:

Quando, no exercício de suas atribuições, o Banco Central do Brasil e a Comissão de Valores Mobiliários verificarem a ocorrência de crime definido em lei como de ação pública, ou indícios da prática de tais crimes, informarão ao Ministério Público, juntando à comunicação os documentos necessários à apuração ou comprovação dos fatos.

§ 1º A comunicação de que trata este artigo será efetuada pelos Presidentes do Banco Central do Brasil e da Comissão de Valores Mobiliários, admitida delegação de competência, no prazo máximo de quinze dias, a contar do recebimento do processo, com manifestação dos respectivos serviços jurídicos.

§ 2º Independentemente do disposto no *caput* deste artigo, o Banco Central do Brasil e a Comissão de Valores Mobiliários comunicarão aos órgãos públicos competentes as irregularidades e os ilícitos administrativos de que tenham conhecimento, ou indícios de sua prática, anexando os documentos pertinentes.

O dispositivo acima transcrito reprisa regras anteriores, objeto do art 4º da Lei nº 4.728, de 14 de julho de 1965, que disciplina o mercado de capitais; do art. 12 da Lei nº 6.385, de 7 de dezembro de 1976, que dispõe sobre a CVM, e do art. 28 da Lei nº 7.492, de 16 de junho de 1986, que trata

---

[208] Sobre a matéria, ver também, o art. 83 da Lei nº 9.430, de 27 de dezembro de 1996 e o D. nº 2.730, de 10 de agosto de 1998, bem como as considerações tecidas sobre a quebra de sigilo financeiro para fins tributários e suas implicações penais, no item 2.4.7.7.2, *infra*.

[209] Admitindo essa possibilidade, com a utilização de informações colhidas sobre o recolhimento de CPMF, nos termos da Lei nº 10.174/01, para fins penais, mesmo para fatos anteriores à alteração legislativa: TRF 2ª R., HC nº 2001.02.01.046658-7/ES, Rel. Des. Fed. André Fontes, 6ª T., un., DJ 5.3.02; TRF 4ª R., RSE nº 2001.71.05.000889-1/RS, Rel. Des. Fed. Élcio Pinheiro de Castro, 8ª T., un., DJ 7.5.03, p. 814.

dos crimes contra o sistema financeiro nacional, as quais vão adiante transcritas:

Art. 4º. (...) § 2º Quando, no exercício das suas atribuições, o Banco Central tomar conhecimento de crime definido em lei como de ação pública, oficiará ao Ministério Público para a instalação (sic) de inquérito policial.

Art . 12. Quando o inquérito, instaurado de acordo com o § 2º do art. 9º, concluir pela ocorrência de crime de ação pública, a Comissão de Valores Mobiliários oficiará ao Ministério Público, para a propositura da ação penal.

Art. 28. Quando, no exercício de suas atribuições legais, o Banco Central do Brasil ou a Comissão de Valores Mobiliários – CVM, verificar a ocorrência de crime previsto nesta lei, disso deverá informar ao Ministério Público Federal, enviando-lhe os documentos necessários à comprovação do fato. Parágrafo único. A conduta de que trata este artigo será observada pelo interventor, liquidante ou síndico que, no curso de intervenção, liqüidação extrajudicial ou falência, verificar a ocorrência de crime de que trata esta lei.

Outra hipótese de representação criminal, já posterior à lei comentada, mas que também poderá ser feita sem representar violação de sigilo, é aquela que se dá no âmbito da fiscalização das entidades de previdência complementar, prevista no art. 64 da LC nº 109, de 29 de maio de 2001, como segue:

Art. 64. O órgão fiscalizador competente, o Banco Central do Brasil, a Comissão de Valores Mobiliários ou a Secretaria da Receita Federal, constatando a existência de práticas irregulares ou indícios de crimes em entidades de previdência complementar, noticiará ao Ministério Público, enviando-lhe os documentos comprobatórios. Parágrafo único. O sigilo de operações não poderá ser invocado como óbice à troca de informações entre os órgãos mencionados no *caput*, nem ao fornecimento de informações requisitadas pelo Ministério Público.

A representação criminal a cargo dos órgãos de fiscalização reveste-se de suma importância, tendo em vista que os delitos e infrações administrativas praticados no âmbito do sistema financeiro caracterizam-se pela complexidade da matéria fática e jurídica envolvida. Bem por isso, ressalvados os casos em que há prejuízo direto e evidente a particulares, tais fatos chegam ao conhecimento do Poder Judiciário quase que exclusivamente por comunicações dos órgãos fiscalizadores, os quais constituem-se, assim, em importantes agentes da persecução administrativo-sancionadora e penal.[210] Raramente um delito cometido no âmbito do sistema financeiro será objeto de inquérito policial, mas sim de uma representação criminal para fins penais oriunda de órgãos administrativos fiscalizadores, sendo altamente conveniente a aproximação do Ministério Público – não do juiz, que poderia comprometer sua imparcialidade – com tais agentes fiscalizadores, de modo a deixar claro o que é necessário para a representação penal, dado que poderão os servidores da autarquia de fiscalização não ter maior intimidade

---

[210] CASTILHO, Ela Wiecko Volkmer de. *O Controle Penal nos Crimes contra o Sistema Financeiro Nacional*. Belo Horizonte: Del Rey, 2ª Tir., 2001, p. 287.

com a prática processual penal. Mais que isso, o Ministério Público poderá mesmo firmar convênios com o BACEN e a CVM com fundamento no inciso I do § 4º do art. 2º da LC nº 105/01. No sentido inverso, da colaboração do BACEN e da CVM em relação a aspectos técnicos de crimes financeiros, a Lei nº 7.492/86, no parágrafo único de seu art. 26, admite a assistência de tais órgãos na ação penal.[211] Criticável apenas a determinação legal de que a comunicação seja efetuada pelo Presidente do BACEN ou da CVM, pela excessiva burocratização, sendo de todo recomendável a delegação de tais atos a autoridades administrativas de menor hierarquia.

É certo que a comunicação feita nos termos deste artigo não acarretará responsabilização criminal, civil ou administrativa do servidor (STJ, REsp. 2002.01.101.201/MG, Rel. Min. Sálvio de Figueiredo Teixeira, 4ª T., un., 6.5.03), ressalvada apenas a hipótese de comprovada má-fé. Não se há de falar em crime de calúnia (CP, art. 138) ou denunciação caluniosa (CP, art. 339), uma vez que ambos exigem o elemento subjetivo consistente na vontade inequívoca de atentar contra a honra da vítima, sabendo o agente da falsidade da imputação ou da inocência do imputado. Tal estado de ânimo é incompatível com o *animus narrandi* que move o servidor a comunicar a suspeita de crime. Ainda assim, para evitar que, por temor, o servidor deixe de fazer a comunicação, poderia ser acrescido aqui dispositivo análogo ao § 2º do art. 11 da Lei nº 9.613/98, deixando expresso que as comunicações feitas de boa-fé não acarretarão responsabilidade civil ou administrativa.

Finalmente, a terceira hipótese de comunicação está contemplada pelo § 6º do art. 2º da LC nº 105/01, nos seguintes termos:

> O Banco Central do Brasil, a Comissão de Valores Mobiliários e os demais órgãos de fiscalização, nas áreas de suas atribuições, fornecerão ao Conselho de Controle de Atividades Financeiras – COAF, de que trata o art. 14 da Lei nº 9.613, de 3 de março de 1998, as informações cadastrais e de movimento de valores relativos às operações previstas no inciso I do art. 11 da referida Lei.

A Lei nº 9.613, de 3 de março de 1998, diz respeito à lavagem de dinheiro e o COAF é o órgão encarregado do acompanhamento de operações suspeitas de tal crime, o qual, aliás, é mencionado no inciso VIII do § 4º do art. 1º da LC nº 105/01 como um dos especiais objetos da decretação de quebra de sigilo financeiro.[212] Também essas informações podem ser pres-

---

[211] Art. 26. (...) Parágrafo único. Sem prejuízo do disposto no art. 268 do Código de Processo Penal, aprovado pelo Decreto-lei nº 3.689, de 3 de outubro de 1941, será admitida a assistência da Comissão de Valores Mobiliários – CVM, quando o crime tiver sido praticado no âmbito de atividade sujeita à disciplina e à fiscalização dessa Autarquia, e do Banco Central do Brasil quando, fora daquela hipótese, houver sido cometido na órbita de atividade sujeita à sua disciplina e fiscalização.

[212] Sobre a matéria: BARBOSA, Darli; PERRICONE, Sheila. A Lei de Lavagem de Dinheiro e suas Implicações às Instituições Financeiras. *Revista dos Tribunais*, São Paulo, v. 763, p. 455 e BETTI, Francisco de Assis. O sigilo bancário e a nova Lei que define o crime de "lavagem de dinheiro". Aspectos tributários e penais. *Revista da Associação dos Juízes Federais*, n. 60, p. 138, jan.-mar. 1999.

tadas independentemente de determinação judicial, sem representar violação indevida de sigilo. Sobre tal previsão, assim manifestou-se o TRF da 5ª Região:

A Lei nº 9.613, de 1998 introduziu profunda modificação na política bancária do País, criando a co-responsabilidade das instituições financeiras quanto à procedência lícita dos recursos financeiros e obrigando-as a prestar informações a órgãos do Estado referentes aos clientes de bancos, previsão normativa que não não malfere a clásula constitucional do sigilo bancário, visto que a comunicação bancária se contém aos ambientes nos quais se processam as relações entre as entidades, não indo ao conhecimento do público em geral. (REO 200005000228037/AL, Rel. Des. Fed. Walter Nunes da Silva Júnior, 2ª T., un., 23.9.03).

2.4.7.4. Informações Requisitadas pelo Poder Judiciário

2.4.7.4.1. Generalidades

A quebra de sigilo por determinação do Poder Judiciário está prevista no art. 3º da LC nº 105/01, assim vazado:

Art. 3º. Serão prestadas pelo Banco Central do Brasil, pela Comissão de Valores Mobiliários e pelas instituições financeiras as informações ordenadas pelo Poder Judiciário, preservado o seu caráter sigiloso mediante acesso restrito às partes, que delas não poderão servir-se para fins estranhos à lide. § 1º Dependem de prévia autorização do Poder Judiciário a prestação de informações e o fornecimento de documentos sigilosos solicitados por comissão de inquérito administrativo destinada a apurar responsabilidade de servidor público por infração praticada no exercício de suas atribuições, ou que tenha relação com as atribuições do cargo em que se encontre investido. § 2º Nas hipóteses do § 1º, o requerimento de quebra de sigilo independe da existência de processo judicial em curso. § 3º Além dos casos previstos neste artigo o Banco Central do Brasil e a Comissão de Valores Mobiliários fornecerão à Advocacia-Geral da União as informações e os documentos necessários à defesa da União nas ações em que seja parte.

Há um dever geral de colaboração com o Poder Judiciário para o descobrimento da verdade, estabelecido pelo art. 339 do CPC, nos seguintes termos: "Ninguém se exime do dever de colaborar com o Poder Judiciário para o descobrimento da verdade". O sigilo financeiro constitui-se, então, em limite a esse dever, já tendo o STJ afirmado que: "É ininvocável o art. 339 do CPC para o efeito de quebra de sigilo bancário de devedor, em causa de interesse exclusivamente patrimonial de empresa pública." (STJ, REsp. nº 117.189/PR, Rel. Min. Costa Leite, 3ª T., un., DJ 18.8.97, p. 37.862.) Sobre tal dever diante do sigilo financeiro, merece transcrito o seguinte excerto: "Logo, não pode, em princípio, a realização de um interesse público superior da comunidade ser inviabilizada, a nível infraconstitucional, através da multiplicação indiscriminada de situações em que seja lícito negar a colaboração com a Justiça".[213] Na mesma linha, Méjan, para quem: "a intenção do sigilo bancário não é, nem pode ser, de maneira alguma, a obstrução da justiça".[214]

No *caput* do art. 3º, a LC nº 105/01 menciona apenas *informações*, enquanto, ao tratar de investigação administrativa, fornecimento de informações para a AGU e para o Poder Legislativo, respectivamente nos arts. 3º, §§ 1º e 3º e 4º, faz menção a *documentos e informações*. Temos, porém, que tal omissão não terá maior efeito prático, até porque as informações estarão, necessariamente, consubstanciadas em um suporte documental, como já referido.

Caso seja autorizada, a obtenção de informações poderá se dar diretamente das instituições ou com a intermediação do BACEN ou da CVM, como deixa claro o dispositivo. Ocorre que o BACEN não mantém registros sobre os dados cadastrais ou as operações praticadas pelos clientes das instituições financeiras propriamente ditas, como regra. Assim, poderá o BACEN funcionar como intermediário na difusão do pedido de informações, mas não ser obrigado a fornecer dados de que não dispõe.

Sobre o ponto, assim decidiu o STJ:

INQUÉRITO. AGRAVO REGIMENTAL. SIGILO BANCÁRIO. QUEBRA. OPERACIONALIZAÇÃO PELO BANCO CENTRAL DO BRASIL. OBRIGATORIEDADE DA RESERVA QUANTO AOS DADOS OBTIDOS. 1. Não representa violação à privacidade ou à intimidade da pessoa, indiciada em inquérito, o pedido judicial de intervenção do Banco Central do Brasil na operacionalização de quebra de sigilo bancário, medida anteriormente concedida e referendada pela Corte Especial, em sede de agravo regimental. Não se promove nenhuma devassa e nem vai se permitir que a pratique o Banco Central do Brasil, cuja função no caso será apenas de mero auxiliar, obrigado quanto ao sigilo das informações recebidas, que não poderão ser utilizadas nem para seu próprio uso, pois, "aquilo que se fala "em reserva" a uma pessoa, esta não pode repetir nem mesmo a quem lhe pediu reserva". No manejo e utilização dos dados haverá sempre a interveniência e o controle judiciais. (...) (STJ, AAINQ nº 302/SP, Rel. Min. Fernando Gonçalves, C.E., un., DJ 12.8.02, p. 159.)

Exemplifica-se com a situação de desconhecimento acerca das instituições nas quais tem conta o investigado.[215] Seria impraticável oficiar a cada uma das instituições financeiras em funcionamento no país. O BACEN conta, porém, com um sistema informatizado ao qual estão conectadas as instituições, o chamado SISBACEN. Isso possibilita que o BACEN, valendo-se deste sistema, emita um comunicado para as instituições, solicitando informações sobre a existência de contas de um determinado correntista, na chamada operação de *circularização*, se distingue do *rastreamento*, que

---

213 ROCHA, Manuel António Lopes da. "Violação do segredo bancário e exclusão da ilicitude" In: *Direito Penal Económico e Europeu: Textos Doutrinários*. Coimbra: Coimbra Editora, 1999, p. 235.
214 C. MÉJAN, Luis Manuel. *El Secreto Bancario*, p. 50.
215 Vide, *infra*, item 2.4.7.4.2.

consiste na busca de valores em contas determinadas. Nesses casos, o melhor é determinar a remessa da resposta diretamente para a secretaria ou cartório da vara. Para tanto, existem convênios do BACEN com diversos tribunais, no sistema conhecido como *Bacen Jud*, assim descrito no sítio do BACEN na *internet*:

> Na verdade, os juízes poderiam enviar suas determinações diretamente às instituições financeiras, todavia, pela facilidade de comunicação com o Sistema Financeiro que dispõe o Banco Central, e no contexto de uma política de aproximação e cooperação com o Judiciário, este Órgão, desde os anos 80 vem auxiliando na intermediação desse processo. Nesse período, o volume de solicitações judiciais cresceu substancialmente: hoje recebe-se uma média de 400 solicitações diárias, encaminhadas em papel, suscitando enorme trabalho de triagem, classificação, digitação e reenvio das solicitações à toda rede bancária. No novo sistema Bacen Jud, não haverá a necessidade do envio do documento em papel nem do envolvimento do Bacen no processo. O próprio juiz preenche um documento eletrônico na Internet, que contém todas as informações hoje inscritas no ofício comum. Como vem ocorrendo nos últimos 20 anos, esses dados são transmitidos, com segurança, diretamente aos bancos que cumprem as ordens e retornam as informações aos juízes. Ou seja, o sistema apenas permite que um ofício que era encaminhado em papel seja agora encaminhado via Internet, racionalizando os serviços no âmbito do Banco Central e possibilitando ao Poder Judiciário mais agilidade no cumprimento de suas ordens no âmbito do Sistema Financeiro Nacional.[216]

Sobre tal sistema, decidiu o TRF da 4ª Região que:

> Inexiste ilegalidade ou inconstitucionalidade no Convênio firmado entre o Tribunal Regional do Trabalho da 4ª Região e o Banco Central do Brasil, que somente diz respeito à forma eletrônica com que podem ser encaminhadas ao sistema bancário as requisições de informações e de bloqueio de valores, quando necessárias ao andamento processual e dentro do prudente arbítrio do Juiz. (AI 2002.04.01.0182806/RS, Rel. Des. Fed. Maria de Fátima Freitas Labarrère, 3ª T., un.,17.6.03).

De acordo com o TRF da 4ª Região, porém: "(...) A requisição de informações bancárias deve ser feita pelo Juízo, não sendo recomendável a delegação à Receita Federal." (MS nº 2001.04.01.011330-4/SC, Rel. Des. Fed. Vladimir Freitas, 7ª T., un., DJ 2.10.02, p. 919).

O *caput* do art. 3º da LC nº 105/01 deixa claro que o caráter sigiloso das informações deverá ser mantido, *mediante acesso restrito às partes, que delas não poderão servir-se para fins estranhos à lide.* Isso equivale a dizer que o feito deverá tramitar em segredo de justiça (CRFB, arts. 5º, XXXIII e LV e 93, IX, *in fine*; CPP, art. 792 e CPC, art. 155); ou, no mínimo, que aos documentos que digam respeito a informações cobertas pelo sigilo financeiro somente deverão ter acesso as partes e seus procuradores. Como já decidiu o TRF da 1ª Região: "A quebra de sigilo bancário não implica dar publicidade aos dados dos titulares da conta, servindo,

---

[216] Disponível em: http://www.bacen.gov.br. Acesso em: 18 ago. 2002.

apenas, para as autoridades interessadas verificarem a ocorrência ou não de crime." (TRF 2ª R., MS 1997.01.00.004132-5/DF, Rel. Des. Fed. Cândido Ribeiro, 2ª S., un., DJ 11.3.98, p.106.)

Quanto às partes e seus procuradores, embora o texto não o diga expressamente, a interpretação mais correta é de que não poderá ser negado o acesso, até para preservação do princípio da ampla defesa, que inclui a atuação técnica. Quer dizer, é caso de segredo externo, para terceiros, mas não de segredo interno, para partes e seus procuradores. Até para que não seja violado o direito à preservação dos dados sigilosos, outros advogados não terão vista dos autos (STJ, ROMS 13.496/PR, Rel. Min. José Delgado, 1ª T., un., 20.6.02). Uma alternativa ao reconhecimento do segredo de justiça será a autuação em separado dos documentos sigilosos, restringindo-se apenas o acesso a estes, sem os exageros do art. 3º da Lei nº 9.034, de 3 de maio de 1995.[217] De lembrar o inciso LX do art. 5º da Constituição, a determinar que: "a lei só poderá restringir a publicidade dos atos processuais quando a defesa da intimidade ou o interesse social o exigirem".[218]

Não há que falar, então, em aplicação do princípio do contraditório, nesse momento, nem está o magistrado obrigado a intimar o cidadão investigado antes da concretização da medida (STF, AGINQ. nº 897-5-DF, Rel. Min. Francisco Rezek, Pl., DJ 24.3.95; STJ, ROMS nº 15.146/CE, Rel. Min. Luiz Fux, 1ª T., un., DJ 7.4.03, p. 223).[219] Seria hipótese de contraditório diferido, postergado, ou adiado, especialmente se a prova for produzida na fase do inquérito policial, por força do art. 120 do CPP[220] (TRF 4ª R., MS nº 1998.04.01.032938-1/SC, Rel. Des. Vilson Darós, 2ª T., un., DJ 5.5.99, p. 269). Na ação penal, porém, é claro que os documentos obtidos mediante

---

[217] O STF negou pedido de liminar em ADI proposta pela Associação dos Delegados de Polícia do Brasil em relação ao mencionado art. 3º (ADI 1.517-DF, Pl., m., DJ 22.11.02, p. 55). O TRF da 4ª Região, nessa linha, afirmou a aplicabilidade da Lei nº 9.034, de 3 de maio de 1995, em acórdão com a seguinte ementa: "SIGILO BANCÁRIO – QUEBRA – INVESTIGAÇÃO POLICIAL – ORDEM JUDICIAL – ADMISSIBILIDADE – CAUTELAS – APLICAÇÃO DA LEI nº 9034/95. Havendo indícios de crime contra o sistema financeiro não há ilegalidade nenhuma na autorização judicial para a quebra do sigilo bancário dos envolvidos. É recomendável, entretanto, em tais casos, aplicar as cautelas previstas na Lei nº 9034/95, restringindo-se exclusivamente ao juiz, ao Ministério Público e à defesa o acesso aos dados de informação recolhidos na diligência. Solução cautelosa destinada a preservar, com razoável eficácia, tanto o interesse público na plenitude da investigação criminal quanto o interesse particular na privacidade de certos registros e no sigilo de determinadas operações financeiras." (TRF 4ª R., MS nº 1998.04.01.092604-8/RS, Rel. Des. Fed. José Luiz B. Germano da Silva, 1ª T., DJ 10.1.01, p. 82.)

[218] Sobre o segredo na investigação criminal: LOPES JÚNIOR, Aury. *Sistemas de Investigação Preliminar no Processo Penal*. Rio de Janeiro: Lumen Juris, 2001, p. 108-117.

[219] Merece registro, porém, o voto vencido do Min. Marco Aurélio, defendendo a ciência prévia, nos seguintes termos: "Veja-se que não há qualquer incoerência na ciência propugnada. Esta não prejudicará em nada a investigação, ao contrário do que ocorreria, por exemplo, caso em jogo a escuta telefônica. Os dados que se pretende conhecer já estão arquivados e em poder não do indiciado, mas de terceiro."

[220] Art. 120. A restituição, quando cabível, poderá ser ordenada pela autoridade policial ou juiz, mediante termo nos autos, desde que não existam dúvida quanto ao direito do reclamante.

quebra de sigilo deverão ser colocados à disposição das partes e seus procuradores, vedado o acesso a terceiros.

De modo geral, a quebra de sigilo financeiro recairá sobre fatos passados, sobre documentos já produzidos, de modo que poderia até ser conhecida do investigado. Não pode ser afastada, porém, a possibilidade de destruição ou alteração de documentos ou dados, em conluio com prepostos da instituição financeira. Assim, a medida cautelar poderá ser tomada sem prévia cientificação do investigado, especialmente quando houver risco de frustração, dando-se posterior conhecimento à defesa da prova produzida. Nesse sentido os acórdãos que seguem:

RECURSO EM MANDADO DE SEGURANÇA. PROCESSO PENAL. INQUÉRITO POLICIAL. DECRETAÇÃO DE SIGILO. ADVOGADO. VISTAS DOS AUTOS E CÓPIAS DE PEÇAS.VINCULAÇÃO AO EXAME DO CONTEXTO FÁTICO. 1 – Decretado o sigilo do inquérito policial, há que ser mantido se demonstrado que a quebra conduziria à frustração de todo procedimento investigatório. 2 – Não figurando o cliente dos recorrentes como indiciado nos autos de inquérito policial que tramita sob sigilo, a segurança não pode ser concedida, eis que tal medida, poderá conduzir ao fracasso da investigação criminal, bem como violar a intimidade da real indiciada, que teve quebrado o sigilo bancário. 3 – Nenhum direito, por mais importante que seja, pode ser visto como absoluto, ficando sempre condicionado ao exame do contexto fático. 4 – Inexistência de direito líquido e certo a amparar a pretensão dos recorrentes. (...) (STJ, ROMS nº 13.496/PR, Rel. Min. José Delgado, 1ª T., m., DJ 16.12.02, p. 245.)[221]

MANDADO DE SEGURANÇA. QUEBRA DE SIGILO BANCÁRIO. ARTS. 4º, 5º E 17 DA LEI Nº 7.492/86. INDICIOS DE AUTORIA E MATERIALIDADE. VIOLAÇÃO AO DIREITO À PRIVACIDADE. DIREITO NÃO ABSOLUTO. LEI COMPLEMENTAR 105/2001. SEGURANÇA DENEGADA. (...) 4. No caso presente, a quebra de sigilo bancário apresenta-se de toda oportuna para fixação de responsabilidade por ato ilícito, sendo que por configurar uma decisão de natureza cautelar, pode ser concedida *inaudita altera parte*, sem que com isso ocorra qualquer violação ao princípio do contraditório, uma vez que a parte interessada poderá exercer o seu direito de oposição logo em seguida. (...) (TRF 3ª R., MS nº 2001.04.00.036839-0/SP, Rel. Des. Fed. Suzana Camargo, 1ª S., un., DJ 12.11.02, p. 221).

DIREITO PROCESSUAL PENAL. QUEBRA DO SIGILO BANCÁRIO E FISCAL. AUTORIZAÇÃO JUDICIAL. LEGALIDADE. MOMENTO EM QUE PODE SER SOLICITADO. CONTRADITÓRIO. LIMITAÇÃO À PERÍODO DETERMINADO. RELAÇÃO EXISTENTE ENTRE OS TIPOS PENAIS INVESTIGADOS E A QUEBRA DO SIGILO BANCÁRIO E FISCAL. (...) Sendo a quebra de sigilo bancário e fiscal um procedimento investigatório, solicitado pela Autoridade Policial em inquérito policial, não se pode falar, ainda, em ampla defesa e contraditório, já que é pacífico o entendimento, tanto na doutrina quanto na jurisprudência, que o princípio do contraditório não vige na fase inquisitória, sendo restrito à fase judicializada. (...) (TRF 4ª R., MS nº 1998.04.01.032938-1/SC, Rel. Des. Fed. Vilson Darós, un., 2ª T., DJ 5.5.99, p. 269.)

---

[221] No mesmo sentido, em caso de acesso por parte da autoridade administrativa, mas havendo suspeita de sonegação: STJ, ROMOS 13.908/SC, Rel. Min. Francisco Falcão, 1ª T., un., 4.3.04.

A negativa de aplicação do contraditório não impede, porém, o direito de vista dos autos, após a concretização da medida. Nesse sentido, as seguintes ementas:

ADMINISTRATIVO. MANDADO DE SEGURANÇA. DECISÃO JUDICIAL. QUEBRA DE SIGILO BANCÁRIO CONTRADITÓRIO E AMPLA DEFESA. 1 – A conduta do Ministério Público, ao requerer a quebra do sigilo bancário das empresas impetrantes pautou-se no art. 7º da Lei Complementar n. 75/93, que autoriza a instauração tanto do inquérito civil quanto do procedimento investigatório. (...) 3 – Os procedimentos administrativos visam à colheita de elementos para eventual e futuro processo judicial, não se revestindo das mesmas peculiaridades destes. Não há partes em confronto, ainda, mas apenas fatos que podem incriminar ou não pessoas físicas ou jurídicas. Não se há de falar, portanto, em obediência aos princípios do contraditório e da ampla defesa. Precedentes do Supremo Tribunal Federal e do Superior Tribunal de Justiça. 4 – No procedimento investigatório, todavia, há que se assegurar ao eventual investigado, *in casu* as impetrantes, acesso às suas respectivas movimentações bancárias, cabendo à autoridade judicial velar pela manutenção do sigilo relativo às demais pessoas investigadas. (...) (TRF 1ª R., MS 1998.01.00.027824-6/PA, Rel. Des. Fed. Cândido Ribeiro, 2ª S., m., DJ 15.3.99, p. 17.)

CONSTITUCIONAL. QUEBRA DE SIGILO BANCÁRIO, POSSIBILIDADE. DIREITO DE VISTA DO PROCESSO A ADVOGADO DO PACIENTE DA MEDIDA. 1. Os incisos X e XII do artigo 5º da Constituição não estabelecem a inviolabilidade do sigilo bancário como direito absoluto, pois pode ser quebrado para as finalidades que o último explicita, sem prejuízo de que o paciente da medida venha a ter vista do processo, através de advogado legalmente constituído. (...) (TRF 1ª R., MS 95.01.15193-0/DF, Rel. Des. Fed. Hilton Queiroz, 2ª S., m., DJ 2.8.99, p. 6.)

PROCESSUAL PENAL. QUEBRA DE SIGILO BANCÁRIO. VISTA DE AUTOS PELO ADVOGADO DO INVESTIGADO. Interpretação sistemática do art. 20 do CPP, e artigo 7º, incisos XIII e XIV da Lei 8.906, impõe que se conceda ao advogado, legitimamente constituído, a faculdade de examinar, consultar os autos de processos findos ou em andamento, ainda que sob sigilo. (...) (TRF 2ª R., AMS nº 7588/ES, Rel. Des. Fed. Rogério Carvalho, 4ª T., DJ 1.11.01.)

Outra vertente é negar a vista dos autos apartados que contiverem os documentos objeto do sigilo, mas permitir a vista da decisão, como decidiu o TRF da 2ª Região no acórdão abaixo transcrito:

MANDADO DE SEGURANÇA CONTRA ATO JUDICIAL NEGANDO ACESSO A AUTOS EM APENSO A INQUÉRITO POLICIAL, EM QUE FOI DECRETADA A QUEBRA DE SIGILO BANCÁRIO E TELEFÔNICO DE VÁRIAS PESSOAS FÍSICAS E JURÍDICAS, EM SEGREDO DE JUSTIÇA. POSTERIOR DESENTRANHAMENTO DA PARTE SIGILOSA E PERMISSÃO DE MANUSEIO DAS PEÇAS DO INQUÉRITO POLICIAL. I – Ausência de direito líquido e certo invocado, em face da ressalva no Estatuto da OAB, Lei nº 8.906/94, art. 7º, inciso XIV, quanto aos processos que tramitam em regime de segredo de justiça. II – O art. 20, do CPP não se acha derrogado pelo princípio constitucional da ampla defesa, uma vez que a Constituição Federal também estabelece, no art. 5º, inciso XXXIII, que será garantido o sigilo quando imprescindível à segurança da sociedade e do Estado. III – Em se tratando de fase inquisitorial destinada à colheita de provas, basta que a providência seja determinada pelo Juízo competente, a quem compete avaliar a necessidade da medida excepcional (*fumus boni iuris e periculum in mora*). IV – A ampla defesa proporcionada pelo acesso às provas licitamente obtidas pode ser deferida em fase posterior, quando houver acusação formalizada, não vigindo, na fase que a antecede, o *in dubio pro reo* e sim o *in dubio pro societate*. Todavia, reconhece-se ao advogado constituído o direito de ter acesso à decisão do Juiz que determinou a quebra de sigilo, possibilitando-lhe aferir se houve, ou não, motivação válida e eficaz para a excepcional medida. (...) (TRF 2ª R., MS nº 7474/ES, 3ª T., Rel. Des. Fed. Virgínia Procópio de Oliveira Silva, m., DJ 28.6.01.)

Caso a medida envolva, porém, o seqüestro de valores, a ciência da decisão será suficiente para a frustração da medida. Em casos tais, até a efetivação da medida, é legítima a negativa de vista dos autos do procedimento, tanto às partes quanto ao advogado, com fundamento nos incisos XXXIII, parte final, e LX do art. 5º da Constituição, bem como no § 1º, 2, do art. 7º da Lei nº 8.906, de 4 de julho de 1994.[222]

Registro que há precedentes no sentido da possibilidade de restrição do direito de vista do advogado, como segue:

PROCESSUAL PENAL. RECURSO EM MANDADO DE SEGURANÇA. INQUÉRITO POLICIAL. ADVOGADO. ACESSO. NECESSIDADE DE SIGILO. JUSTIFICATIVA. AUSÊNCIA DE DIREITO LÍQUIDO E CERTO. I – O inquérito policial, ao contrário do que ocorre com a ação penal, é procedimento meramente informativo de natureza administrativa e, como tal, não é informado pelos princípios do contraditório e da ampla defesa, tendo por objetivo exatamente verificar a existência ou não de elementos suficientes para dar início à persecução penal. Precedentes. II – O direito do advogado a ter acesso aos autos de inquérito não é absoluto, devendo ceder diante da necessidade do sigilo da investigação, devidamente justificada na espécie (Art. 7º, § 1º, 1, da Lei nº 8.906/94). Nesse sentido: RMS nº 12.516/PR, Rel. Min. ELIANA CALMON, j. em 20/08/2002." (STJ, ROMS nº 15.167, Rel. Min. Felix Fischer, 5ª T., un., DJ 10.3.03, p. 253.)[223]

Mais conveniente, porém, para evitar qualquer embaraço à defesa, é a prática da autuação em separado do pedido de seqüestro, de modo que não

---

[222] Art. 7º. São direitos do advogado: (...) XV – ter vista dos processos judiciais ou administrativos de qualquer natureza, em cartório ou na repartição competente, ou retirá-los pelos prazos legais; (...)§ 1º Não se aplica o disposto nos incisos XV e XVI: 1) aos processos sob regime de segredo de justiça; 2) quando existirem nos autos documentos originais de difícil restauração ou ocorrer circunstância relevante que justifique a permanência dos autos no cartório, secretaria ou repartição, reconhecida pela autoridade em despacho motivado, proferido de ofício, mediante representação ou a requerimento da parte interessada;

[223] No mesmo sentido: STJ, ROMS nº 13.010-PR, Rel. Min. Gilson Dipp, 5ª T., un., DJ 17.3.03, p. 240; STJ, ROMS nº 15.155-PR, Rel. Min. José Arnaldo da Fonseca, 5ª T., un., DJ 31.3.03, p. 238; TRF 4ª R., MS nº 1999.04.01.138371-5/PR, Rel. Des. Fed. Élcio Pinheiro de Castro, 2ª T., m., DJ 14.6.00, p. 290; TRF 4ª R., MS nº 2002.04.041.0374976-3/PR TRF 4ª R., MS nº 2002.04.01.046629-8/RS, Rel. Des. Fed. Élcio Pinheiro de Castro, 8ª T., m., DJ 26.3.03, p. 808; TRF 4ª R., MS nº 2002.04.041.0374976-3/PR, Rel. Des. Fed. José Luiz Borges Germano da Silva, 8ª T., un., DJ 12.3.03, p. 777).

SIGILO BANCÁRIO E PRIVACIDADE

seja negado ao advogado o acesso aos autos do inquérito ou da ação penal, nem frustrada a eficácia da medida cautelar.

Inexiste, na LC nº 105/01, vedação a eventual comunicação por parte da instituição financeira ao seu cliente de que foi quebrado o seu sigilo financeiro, como previsto no inciso II do art. 11 da Lei da Lavagem de Dinheiro (Lei nº 9.613/98).[224] De modo geral, a quebra de sigilo recairá sobre dados referentes a fatos passados, mas não pode ser excluída a hipótese de eventual adulteração, de modo que, em certos casos, poderá ser necessário o sigilo a fim de preservar a prova, como já consignado. Nesse caso, o prazo para eventual interposição de recurso a respeito somente poderá ter início após a ciência formal da sua efetivação (STJ, REsp. nº 182.829/PR, Rel. Min. Edson Vidigal, 5ª T., un., DJ 10.5.99, p. 214). A LC poderia ser aprimorada, aliás, no sentido de obrigar, em certos casos, a instituição financeira a se abster de comunicar o seu cliente da determinação de fornecimento dos documentos, especialmente quando determinado o seqüestro de valores, ou caso venha a ser admitido o acompanhamento da movimentação financeira, em uma modalidade específica de *ação controlada*,[225] admitida especificamente, nos casos de lavagem de dinheiro, nos termos do § 4º do art. 4º da Lei nº 9.613/98, ao estabelecer que: "A ordem de prisão de pessoas ou da apreensão ou seqüestro de bens, direitos ou valores, poderá ser suspensa pelo juiz, ouvido o Ministério Público, quando a sua execução imediata possa comprometer as investigações."

A LC não disciplina, tampouco, o destino a ser dado aos documentos sigilosos quando se revelarem inúteis ou quando reconhecida a ilegalidade da prova. Certamente, continuam cobertos por sigilo, de modo que o acesso não deve ser permitido senão às partes e seus procuradores.

A melhor solução, em tais casos, será a destruição, aplicando-se analogicamente o art. 9º da lei da interceptação telefônica (Lei nº 9.296/96),[226]

---

[224] Art. 11. As pessoas referidas no art. 9º: (...) II – deverão comunicar, abstendo-se de dar aos clientes ciência de tal ato, no prazo de vinte e quatro horas, às autoridades competentes: a) todas as transações constantes do inciso II do art. 10 que ultrapassarem limite fixado, para esse fim, pela mesma autoridade e na forma e condições por ela estabelecidas; b) a proposta ou a realização de transação prevista no inciso I deste artigo.

[225] A ação controlada, nos termos do art. 2º, II, da Lei nº 9.034/95, com a redação dada pela Lei nº 10.217, de 11 de abril de 2001, e, portanto, admitida quando se tratar de organização criminosa, "...consiste em retardar a interdição policial do que se supõe ação praticada por organizações criminosas ou a ela vinculado, desde que mantida sob observação e acompanhamento para que a medida legal se concretize no momento mais eficaz do ponto de vista da formação de provas e fornecimento de informações."

[226] Art. 9º. A gravação que não interessar à prova será inutilizada por decisão judicial, durante o inquérito, a instrução processual ou após esta, em virtude de requerimento do Ministério Público ou da parte interessada. Parágrafo único. O incidente de inutilização será assistido pelo Ministério Público, sendo facultada a presença do acusado ou de seu representante legal.

sem descartar devolução ao interessado ou ao órgão de origem,[227] na rara hipótese de que os documentos sejam originais. Em caso de destruição, o melhor é fazê-lo no âmbito do próprio Poder Judiciário, evitando maior trânsito dos documentos sigilosos, com o conseqüente aumento do risco de violação. É esse, aliás, o tratamento previsto no § 2º do art. 5º do D. 3.724, de 10 de janeiro de 2001, que regulamenta a quebra de sigilo financeiro pela autoridade fazendária, determinando que os documentos deverão *ser entregues ao sujeito passivo, destruídas ou inutilizadas.*

A legislação portuguesa, que poderia servir de modelo para eventual aprimoramento da nacional, assim disciplina a questão:

> Os documentos que o juiz considerar que não interessam ao processo serão devolvidos à entidade que os forneceu ou destruídos, quando se não trate de originais, lavrando-se o respectivo auto. (Lei nº 36/94, de 29 de Setembro, com a redação dada pela Lei nº 90/99, de 10 de Julho, art. 5º, 8.)

2.4.7.4.2. Requisitos

Entre os requisitos para a quebra de sigilo financeiro estará, em primeiro lugar, a existência de decisão escrita e fundamentada, em decorrência do inciso IX do art. 93 da Constituição, sob pena de invalidade da medida e conseqüente ilicitude da prova a partir daí produzida, como adiante se verá, no item 4.3.[228] Não há impedimento à renovação da decisão, suprindo-se a deficiência de motivação, como se vê dos precedentes que seguem:

> HABEAS CORPUS – QUEBRA DE SIGILO BANCÁRIO E FISCAL – PROVA ILEGÍTIMA – DECISÃO NÃO FUNDAMENTADA – OFENSA AO ART. 93, IX DA CF – Nulidade declarada pelo STJ, que indeferiu, no entanto, o desentranhamento dos documentos fiscais e bancários – Decisão judicial posterior, devidamente fundamentada, decretando nova quebra do sigilo – Ausência do vício que contaminava a decisão anterior, legitimando a prova produzida – Desentranhamento que, diante desse novo quadro, se mostra desarrazoado e contrário à economia processual – Habeas corpus indeferido. (STF, HC nº 80.724/SP, Rel. Min. Ellen Gracie, 1ª T., un., DJ 18.5.01, p. 65.)

> CRIMINAL. HC. SONEGAÇÃO FISCAL. CRIME CONTRA A ORDEM TRIBUTÁRIA E CONTRA O SISTEMA FINANCEIRO NACIONAL. CORRUPÇÃO ATIVA. FRAUDES. TRANCAMENTO DE INQUÉRITOS POLICIAIS. AUSÊNCIA DE JUSTA CAUSA NÃO-EVIDENCIADA. IMPROPRIEDADE DO WRIT. QUEBRA DO SIGILO BANCÁRIO. DECISÃO DESFUNDAMENTADA. ORDEM PARCIALMENTE CONCEDIDA.

---

[227] O TRF da 2ª Região, ao reconhecer a ilicitude da prova produzida com violação de sigilo fiscal, determinou: "Que o documento enviado pela Receita Federal seja retirado dos autos, devidamente lacrado e devolvido ao órgão de origem, para sua destruição." (MS nº 96.02.23250-1/RJ, Rel. Des. Fed. Maria Helena Cisne Cid, 3ª T., un., DJ 20.1.98, p. 36.)

[228] Quebra de sigilos bancário, fiscal e telefônico decretada sem nenhuma fundamentação. Mandado de segurança deferido, de acordo com os precedentes firmados pelo Supremo Tribunal. (STF, MS nº 23.619, Rel. Min. Octavio Gallotti, Pl., un., DJ 7.12.00.)

(...) III. A decisão que determina a quebra do sigilo bancário deve ser fundamentada, em obediência ao princípio da motivação das decisões judiciais. Precedente da Turma. IV. Deve ser anulada a decisão que determinou a quebra do sigilo bancário, se evidenciada a insuficiência de fundamentação. V. Ordem parcialmente concedida tão-somente para anular a decisão que determinou a quebra de sigilo bancário do paciente, bem como da empresa H.S.A – Indústrias Químicas e Farmacêuticas, sem prejuízo de que outra seja proferida, com a devida fundamentação. (STJ, HC nº 18.956/PE, Rel. Min. Gilson Dipp, 5ª T., un., DJ 4.3.02, p. 283.)

Não se admite, porém, o suprimento da deficiência de fundamentação nas informações do mandado de segurança ou *habeas corpus* que ataca o ato (STF, RHC n° 60.081/RJ, Rel. Min. Soarez Muñoz, 1ª T., DJ 3.9.82, p. 8.500).

Até para que a fundamentação seja efetiva, na decisão, o juiz deverá apontar, concretamente, os indícios de existência do crime e da sua autoria por parte da pessoa que terá seu sigilo quebrado,[229] bem como da pertinência da quebra para a apuração do ilícito. Em outras palavras, o dever de fundamentação não se compraz com a mera repetição das palavras da lei, sem menção concreta aos fatos pelos quais se concretizam tais pressupostos para a incidência da norma, com a utilização meramente retórica de expressões vazias como *existentes provas da materialidade e indícios de autoria de delito, defiro a medida requerida*. Também na argumentação jurídica, expressões como: a) *atendidos os requisitos legais*; b) *ampla jurisprudência apóia*; ou c) *é a tendência do moderno direito penal*, sem referir os precedentes ou as fontes doutrinárias, produzindo textos que parecendo servir a todos os casos, acabam não servindo a caso algum.[230] Deste modo, a decisão não poderá ser padronizada, devendo ater-se necessariamente às circunstâncias do caso concreto. O mesmo vale para a quebra de sigilo em matéria cível, devendo o magistrado demonstrar, concretamente, a necessidade da medida.

Entenderam-se existentes indícios suficientes, segundo o TRF da 2ª Região, nas hipóteses adiante arroladas:

PENAL – PROCESSUAL PENAL – HABEAS CORPUS – CRIME TIPIFICADO NA LEI 8.666/93 – QUEBRA DE SIGILO BANCÁRIO – PRESENÇA DE JUSTA CAUSA –

---

[229] (...) A QUEBRA DE SIGILO – QUE SE APÓIA EM FUNDAMENTOS GENÉRICOS E QUE NÃO INDICA FATOS CONCRETOS E PRECISOS REFERENTES À PESSOA SOB INVESTIGAÇÃO – CONSTITUI ATO EIVADO DE NULIDADE. – Revela-se desvestido de fundamentação o ato de Comissão Parlamentar de Inquérito, que, ao ordenar a ruptura do sigilo inerente aos registros fiscais, bancários e telefônicos, apóia-se em motivação genérica, destituída de base empírica idônea e, por isso mesmo, desvinculada de fatos concretos e específicos referentes à pessoa investigada. Sem a existência de causa provável, a ser necessariamente indicada pela Comissão Parlamentar de Inquérito, no ato que ordena a quebra de sigilo, não se legitima a excepcional interferência do Estado na esfera sensível da intimidade, que representa prerrogativa jurídica a todos assegurada pela própria Constituição da República. (STF, MS n° 23868/DF, Rel. Min. Celso de Mello, Pl., un., DJ 21.6.02, p. 98.)

[230] DIP, Ricardo Henry Marques. *Direito Penal: Linguagem e Crise*. Campinas: Millenium, 2001, p. 102.

DENEGAÇÃO DA ORDEM. Contradições de depoimentos, bem como falta da verdade em relação a grau de parentesco e situação profissional, referentes a pessoas diversas vezes citadas em sindicância administrativa, são requisitos indicativos de eventual prática de ilícito penal, a autorizar a decretação judicial da medida extrema – quebra do sigilo bancário – justificada primeiro, pela eficiência unívoca da prova, e segundo, pela prática usual de divisão e desvio de verbas ilegítimas para contas bancárias de pessoas próximas. (HC 2002.02.010085237/RJ, Rel. Des. Fed. Sérgio Schwaitzer, 6ª T., un., 26.6.02);

PROCESSUAL PENAL – TRANCAMENTO DE INQUÉRITO POLICIAL POR *HABEAS CORPUS* CONCEDIDO DE OFÍCIO – ALEGAÇÃO DE INCOERÊNCIA ENTRE A DECISÃO QUE DETERMINARA A QUEBRA DE SIGILO DE PESSOAS COM MOVIMENTAÇÃO FINANCEIRA ACIMA DE DOIS MILHÕES DE REAIS EM DETERMINADO PERÍODO E O VALOR APURADO, APÓS EFETIVADA A QUEBRA DE SIGILO DA PACIENTE, DE MOVIMENTAÇÃO NA ORDEM DE UM MILHÃO, OITOCENTOS E OITENTA E DOIS MIL REAIS – NECESSIDADE DE CONTINUAÇÃO DO INQUÉRITO PARA APURAR CRIME CONTRA A ORDEM TRIBUTÁRIA. 1. A movimentação anual de um milhão, oitocentos e oitenta e dois mil reais de uma pessoa física que se declara isenta em um ano, não declara no ano seguinte, e recebe duzentos e cinqüenta reais por mês, constitui-se em veemente indício, necessário e suficiente, para a continuação das investigações de natureza penal e fiscais. Inexistência de violação aos princípios da razoabilidade e proporcionalidade. 2. Constitui excesso de formalismo a concessão de habeas corpus de ofício para determinar o trancamento de inquérito por ser o valor da movimentação financeira da paciente inferior àquele estipulado na decisão que determinara a quebra de sigilo genérica, porquanto o referido valor tem caráter aleatório e pragmático, tendo sido indicado, apenas, como paradigma. (HC 2002.02.010059226/ES, Rel. Des. Fed. Frederico Gueiros, 3ª T., un., 21.5.02).

PENAL – PROCESSUAL PENAL – *HABEAS CORPUS* – CRIME CONTRA A ORDEM TRIBUTÁRIA – TRANCAMENTO DE INQUÉRITO POLICIAL – PRESENÇA DE JUSTA CAUSA – DENEGAÇÃO DA ORDEM. I – Aparente incompatibilidade entre movimentação bancária de vultosos recursos e declaração de rendimentos de Paciente na modalidade "isenta" ecoa indícios suficientes de cometimento de ilícito penal à ordem tributária. (HC 2001.02.010337404/ES, Rel. Para o Acórdão Des. Fed. Sérgio Schwaitzer, 6ª T., m., 6.2.02).

Nesse âmbito, quer nos parecer que, assim como se dá com a interceptação telefônica, não é possível a quebra de sigilo preventiva, "pré-delitual, fundada em mera conjectura ou periculosidade (de uma situação ou uma pessoa)".[231] Exige-se a chamada *causa provável*, de modo que está vedada a quebra para verificar se alguém está cometendo um crime, inexistente qualquer indício. De transcrever, nesse ponto, a lição do Min. Celso de Mello, em seu voto no julgamento do já citado MS nº 21.729-4/DF:

> Contudo, para que essa providência extraordinária, e sempre excepcional, que é a decretação do sigilo bancário, seja autorizada, revela-se imprescindível a existência

---

[231] GOMES, Luiz Flávio. *Interceptação Telefônica*. São Paulo: RT, 1997, p. 117.

SIGILO BANCÁRIO E PRIVACIDADE

de causa provável, vale dizer, de fundada suspeita quanto à ocorrência de fato cuja apuração resulte exigida pelo interesse público. Na realidade, sem causa provável, não se justifica, sob pena de inadmissível consagração do arbítrio estatal e de inaceitável opressão do indivíduo pelo Poder Público, o *disclosure* das contas bancárias, eis que a decretação da quebra do sigilo não pode converter-se num instrumento de indiscriminada e ordinária devassa da vida financeira das pessoas. A existência de causa provável atua, pois, como um insuperável obstáculo à decretação da quebra do sigilo bancário. Constitui, em suma, quando devidamente configurada, fator de legitimação dessa medida, que sempre se apresenta – não custa reiterar – qualificada pela nota de excepcionalidade. A exigência de caracterização de causa provável coloca-se, desse modo, como projeção concretizadora do postulado fundamental do devido processo legal no que especificamente concerne à atividade estatal direcionada à revelação da matéria e das operações abrangidas pela cláusula de *riservatezza* oriunda da proteção constitucional dispensada ao sigilo bancário.

É nessa linha a jurisprudência, como se vê das ementas adiante transcritas:

CONSTITUCIONAL. PENAL. PROCESSUAL PENAL. SIGILO BANCÁRIO: QUEBRA. LEI N. 4.595, DE 1964, ART. 38. I. – Inexistentes os elementos de prova mínimos de autoria de delito, em inquérito regularmente instaurado, indefere-se o pedido de requisição de informações que implica quebra do sigilo bancário. Lei 4.595, de 1967, art. 38. II – Pedido indeferido, sem prejuízo de sua reiteração. (STF, PETQO. nº 577/DF, Rel. Min. Carlos Velloso, Pl., m., DJ 23.4.93, p. 6.918.)

MANDADO DE SEGURANÇA. COMISSÃO PARLAMENTAR MISTA DE INQUÉRITO. QUEBRA DE SIGILO BANCÁRIO, FISCAL E TELEFÔNICO. FALTA DE FUNDAMENTAÇÃO. NULIDADE DO ATO IMPGNADO. PRECEDENTES. (...) 2. Meras ilações e conjecturas, destituídas de qualquer evidência material, não têm o condão de justificar a ruptura das garantias constitucionais preconizadas no artigo 5º, X e XII, da Constituição Federal. (...) (STF, MS nº 24.029/DF, Rel. Min. Maurício Corrêa, Pl., un., DJ 22.3.02, p. 32.)

AGRAVO REGIMENTAL. INQUÉRITO. SIGILO BANCÁRIO. QUEBRA. 1. A quebra do sigilo bancário em autos de inquérito judicial pressupõe e exige um mínimo de prova indiciária a fundamentá-la. (STJ, AGINQ. nº 602/SP, Rel. Min. Fernando Gonçalves, C.E., un., DJ 17.9.01, p. 99.)

PROCESSUAL PENAL E CONSTITUCIONAL – MANDADO DE SEGURANÇA – MEDIDA CAUTELAR – BUSCA E APREENSÃO – LIMINAR – SIGILO BANCÁRIO – INFRAÇÃO PENAL – INDÍCIOS – DEVIDO PROCESSO LEGAL – "FUNDADAS RAZÕES" – ART. 240, § 1º DO CPP I – A busca e apreensão pode ter a natureza de verdadeira ação cautelar assecuratória de prova, proposta pelo Ministério Público em face de simples indiciado, tendo por objetivo averiguar se há indícios de infração penal, e, pois, elementos capazes de autorizar o oferecimento da denúncia. Mas não pode fugir do devido processo legal, com todas as garantias asseguradas pela Constituição e pela lei (juiz natural, ampla defesa, inviolabilidade de domicílio, fundamentação das decisões). II – Para determinar a busca e apreensão com fins de verificação da existência de indícios de autoria e conseqüente propositura de ação penal, mister a presença de fundadas razões para tal medida. III – Simples suspeitas da prática de crime autorizam a instauração de inquérito policial, mas não justificam nem autorizam a invasão da privacidade de pessoas físicas ou jurídicas, até que, com bases em fatos concretos, disponha o Ministério Público de condições para delimitar, e o Juiz de determinar o concreto objetivo da diligência. IV – Quando o § 1º do art. 240 do CPP fala em "fundadas razões", não se refere, por certo, à mera fumaça do bom direito, senão à razão (ou motivo) provável, ou seja, dotada de certo grau de credibilidade que justifique afastar as garantias constitucionais para se colher elementos capazes de alicerçar eventual ação penal. Meras suspeitas não podem ser identificadas como "fundadas razões", a justificar a expedição, *in limine*, da busca e apreensão. V – A concessão do *mandamus* não impede, contudo, a determinação de novas diligências, desde que justificável por decisão devidamente fundamentada, nem compromete a validade das diligências realizadas, em que se tenha apurado algum fato de interesse das investigações. (...). (TRF 2ª R., MS nº 96.02.02938-2/RJ, Rel. Des. Fed. Carreira Alvim, 4ª T., un., DJ 7.8.97, p. 60.963.)

PROCESSUAL PENAL – *HABEAS CORPUS* – QUEBRA DE SIGILO BANCÁRIO E FISCAL – DILAÇÃO PROBATÓRIA – IMPOSSIBILIDADE – COAÇÃO ILEGAL –INEXISTÊNCIA – APLICAÇÃO DO PRINCÍPIO DA RAZOABILIDADE. (...) 3. Inexiste ilegalidade ou abuso de poder que possa coartar a liberdade física do Paciente que teve decretada a quebra de sigilo bancário e fiscal por não representar esta maior restrição à intimidade e à vida privada do que a interceptação telefônica, a busca domiciliar e a busca pessoal, e por se constituir no único caminho à obtenção de elementos para apurar ilícitos tributários e penais *em relação aos quais existam elementos mínimos de convicção*. (...) (HC nº 2002.02.01.0099893-ES, Rel. Des. Fed. Frederico Gueiros, 3ª T., un., DJ 5.11.02, p. 140).

Além disso, como já afirmado pelo STJ: "é imprescindível demonstrar a necessidade das informações solicitadas". (REsp. nº 152.455/SP, Rel. Min. Hélio Mosimann, 2ª T., un., DJ 15.12.97, p. 66.371.) Em outras palavras, como se cuida de uma restrição a direito fundamental, deve ela obedecer ao princípio da proporcionalidade, analisado no item 1.3.5. deste trabalho. O STF entendeu inútil a medida em quebra de sigilo financeiro do movimento do último qüinqüênio, decretada por CPI que se ocupava de fatos ocorridos cerca de vinte anos antes do pedido, no final da década de 70 (MSMC nº 23932/DF, Rel. Min. Sepúlveda Pertence, DJ 20.4.01, p. 146.)

Em outra hipótese, julgada pelo TRF da 5ª Região, porque alcançado resultado prático idêntico sem revelação dos dados bancários, não houve quebra, como segue:

ADMINISTRATIVO. AÇÃO CAUTELAR. FISCALIZAÇÃO DO TRABALHO. JORNADA DE TRABALHO DE BANCÁRIO. EXIGÊNCIA DE EXIBIÇÃO DAS FITAS DE CAIXA. NEGAÇÃO SOB ALEGAÇÃO DE PROTEÇÃO AO SIGILO BANCÁRIO. SUSPENSÃO DA COBRANÇA DA MULTA DECORRENTE DA AUTUAÇÃO FISCAL. 1. Medida cautelar proposta por banco que se negou a mostrar as fitas de caixa exigidas por fiscal do trabalho para averiguação da jornada de trabalho do caixa bancário sob a alegação de proteção ao sigilo bancário. A exigência fiscal, entretanto, poderia ter sido satisfeita se mostradas apenas as partes inicial e final das fitas, onde constam o termo *a quo* e *ad quem* da jornada. (...) (REO nº 99.05.47409-9/PB, Rel. Des. Fed. Paulo Roberto de Oliveira Lima, 2ª T., un., DJ 23.10.02, p. 940.)

Haverá, porém, casos nos quais não será possível determinar, de pronto, a utilidade da prova, concluindo-se, *ex post*, que em nada contribuíram os documentos obtidos mediante quebra do sigilo ou mesmo que inexiste qualquer infração penal ou administrativa. Na dúvida, o melhor será produzir a prova, a fim de que se alcance a verdade, especialmente em se tratando de processo penal. Nessa linha, o precedente que segue:

> DIREITO CONSTITUCIONAL E PROCESSUAL PENAL. PEDIDO DE QUEBRA DE SIGILO BANCÁRIO. DIREITO NÃO-ABSOLUTO À INTIMIDADE. INDÍCIOS DE AUTORIA. VERDADE REAL. DEFERIMENTO. JUÍZO DE VALOR SOBRE A PROVA PRETENDIDA. RECURSO DESPROVIDO. I – É certo que a proteção ao sigilo bancário constitui espécie do direito à intimidade consagrado no art. 5º, X, da Constituição, direito esse que revela uma das garantias do indivíduo contra o arbítrio do Estado. Todavia, não consubstancia ele direito absoluto, cedendo passo quando presentes circunstâncias que denotem a existência de um interesse público superior. Sua relatividade, no entanto, deve guardar contornos na própria lei, sob pena de se abrir caminho para o descumprimento da garantia à intimidade constitucionalmente assegurada. II – Tendo o inquérito policial por escopo apurar a existência do fato delituoso, completa dever ser a investigação criminal, em prestígio ao princípio da verdade real ínsito ao direito processual penal. III – É impossível exercitar, *ab initio*, um juízo de valor a respeito da utilidade do meio de prova pretendido, tendo em vista que ele pode ser válido ou não diante do contexto de todas as provas que efetivamente vierem a ser colhidas. (STJ, AGINQ nº 187/DF, Rel. Min. Sálvio de Figueiredo Teixeira, C.E., un. DJ 16.9.96, p. 33.651.)

Quanto ao requisito da necessidade, vale referir também a seguinte ementa:

> Sendo omissa a legislação sobre em que condições se deva autorizar a quebra do sigilo bancário, tendo em vista a gravidade da matéria, a autorização de quebra de sigilo para formação de prova criminal resta vinculada à condição de restar impossibilitada a obtenção das informações por outra via; isso quer dizer, se de outra maneira não for possível obter as informações necessárias para fins de investigação criminal ou da instrução processual penal. (TRF 4ª R., ARMS nº 1999.04.01.104098-1/PR, Rel. Des. Fed. Tania Terezinha Cardoso Escobar, 2ª T., un., DJ 29.3.00, p. 71.)

O mesmo tribunal chegou a afirmar que o requisito da necessidade somente estará atendido em caso de negativa do investigado em fornecer os documentos, devendo a busca coativa ser precedida da intimação para apresentá-los (TRF 4ª R., MS nº 1999.04.01.043640-2/SC, Rel. Des. Fed. Tania Terezinha Cardoso Escobar, 2ª T., un., DJ 23.2.00, p. 77). Com a devida vênia, temos que tal assertiva não é aplicável a todos os casos, devendo ser sopesado eventual risco de perecimento ou adulteração das informações e documentos, não se podendo afirmar que a intimação será sempre necessária.

Finalmente, deverá ser exigida a proporcionalidade em sentido estrito, já tendo o STJ afirmado que: "O sigilo bancário não é um direito absoluto, deparando-se ele com uma série de exceções previstas em lei ou impostas pela necessidade de defesa ou salvaguarda de interesses sociais mais relevantes". (ROMS nº 15.146/SC, Rel. Min. Luiz Fux, 1ª T., un., DJ 7.4.03, p. 223). Sobre o ponto, assim manifestou-se o TRF da 2ª Região:

MANDADO DE SEGURANÇA – EXPEDIÇÃO DE OFÍCIO À RECEITA FEDERAL – CONCESSÃO DE JUSTIÇA GRATUITA. I – O julgador pode determinar providências que julgar necessária ao deslinde da controvérsia que lhe é posta à apreciação para formar sua convicção poderá, inclusive, determinar a quebra de sigilo bancário, garantido pelo inciso XII do art. 5º, da CF/88. Mas, para que o julgador lance mão desse poder de adentrar na vida privada do cidadão, expondo dados que em princípio somente a ele dizem respeito, deverá haver uma razão mais forte do que a salvaguarda desse sigilo, ou seja, um bem jurídico de maior valor a ser defendido. Em outras palavras, deverá haver uma proporcionalidade entre o bem que se quer preservar (que, na hipótese *sub judice* é o pagamento do custo do processo). (...) (MS nº 96.02.23250-1/RJ, Rel. Des. Fed. Maria Helena Cisne Cid, un., DJ 20.1.98, p. 36.) PROCESSUAL PENAL – *HABEAS CORPUS* – QUEBRA DE SIGILO BANCÁRIO E FISCAL – DILAÇÃO PROBATÓRIA – IMPOSSIBILIDADE – COAÇÃO ILEGAL –INEXISTÊNCIA – APLICAÇÃO DO PRINCÍPIO DA RAZOABILIDADE. (...) 2. A quebra do sigilo bancário e fiscal deve ser verificada e examinada no plano maior das restrições dos direitos e garantias fundamentais em face do interesse público da persecução criminal,incumbindo ao intérprete, nestes casos, o exame da proporcionalidade, de sorte a que se possa verificar, em eventual conflito de normas mesmo no plano constitucional, o bem da vida que deva ser tutelado no caso concreto. (...) (HC nº 2002.02.01.0099893-ES, Rel. Des. Fed. Frederico Gueiros, 3ª T., un., DJ 5.11.02, p. 140).

Ademais da existência de causa provável, consubstanciada na existência de indícios da ocorrência de crime, outro requisito que deve ser atendido pela decisão é a existência de um certo grau de determinação quanto aos fatos investigados, não sendo admissível um pedido amplo, de investigação de fatos criminosos quaisquer que estejam sendo cometidos.

Claro que não se poderá exigir total certeza sobre os fatos, o que seria uma contradição com a existência de uma investigação em andamento. Se houvesse certeza e clareza absoluta, a quebra de sigilo financeiro seria desnecessária. Bastante, então, a menção aos tipos penais infringidos e os indícios de autoria. Possível aqui a analogia com o art. 243 do CPP, que disciplina a busca e apreensão e determina que o mandado de busca em domicílio deverá indicar, *o mais precisamente possível*, a casa em que será realizada a diligência e o nome do respectivo morador e, em se cuidando de busca pessoal, o nome da pessoa que terá que sofrê-la *ou sinais que a identifiquem*.

Sobre o tema, afirmou o TRF da 2ª Região que a violação do sigilo financeiro "só é possível: a) para aferir fatos específicos e previamente enunciados, e não de forma genérica, correspondendo a uma verdadeira devassa na vida econômica do contribuinte." (MS nº 96.02.05752-1/RJ, Rel. Des. Fed. Silvério Cabral, DJ 22.1.98, p. 16). Pela mesma ordem de razões, entendeu-se ilícita a prova produzida na Justiça Estadual e remetida por cópias para a Justiça Federal, argumentando-se, textualmente, que "a utilização dos dados obtidos pelo Banco Central do Brasil ou pelas instituições financeiras somente se daria para a investigação que lhe deu causa." (TRF 2ª R, AC 2216, 4ª T., Rel. Juiz Benedito Gonçalves, DJ 3.7.02).

No mesmo sentido:

SIGILO BANCÁRIO – LEI Nº 4595/64 – MANDADO DE SEGURANÇA CONTRA ATO DO DELEGADO DA RECEITA FEDERAL – APELAÇÃO. I – A prestação de informações genéricas sobre todos os seus clientes, por instituição bancária devassaria tanto os negócios lícitos como os ilícitos. Assim, somente após a individualização de um provável ilícito mediante o devido processo legal, e que se pode elidir o sigilo bancário. II – *In casu*, o pedido de informações do impetrado careceu de objetividade e amparo legal, posto que feito *in genere*, não esclarecendo o fim a que se destinava e tão pouco cumprindo as formalidades exigidas em lei, quais sejam, a existência de processo instaurado contra aqueles a quem as informações se referem e prova de que estes são indispensáveis ao andamento do processo (Constituição Federal, art. 5º, XII e Lei nº 4595/64, Art. 38). (...) (TRF 2ª R., AMS nº 91.02.05436-1/RJ, Rel. p/acórdão Des. Fed. Chalu Barbosa 1ª T., DJ 9.1.92.)

Sendo certo que os fatos devem estar relativamente determinados, no mínimo pela menção aos tipos penais infringidos, a lei também não esclarece se é permitida a quebra *universal* ou *genérica*, com a determinação de que sejam fornecidos todos os documentos e informações relativos a determinada pessoa ou se apenas será possível a quebra em relação a documentos ou contas específicos. Temos que a realidade impede sejam determinados de antemão quais os documentos que serão necessários para a investigação, devendo ser admitida a quebra do sigilo financeiro sem tal limitação, com a posterior devolução ou inutilização dos documentos que se revelarem desnecessários para o deslinde do feito, como visto no item 2.7.4.1. Seria, mesmo, um contra-senso admitir possa a autoridade fazendária ter acesso permanente a informações bancárias, na chamada fiscalização-vigilância (LC nº 105/01, art. 5º), enquanto o Poder Judiciário fica obrigado a uma determinação demasiado exigente do objeto da prova, impossível de ser alcançada na prática. Em outras palavras, há necessidade de determinação quanto aos fatos objeto da investigação, mas não se pode exigir sejam determinados previamente os documentos que deverão ser apreendidos.[232]

---

[232] Indicativo da tomada de tal posição é o precedente do TRF da 4ª Região assim ementado: "SIGILO BANCÁRIO. QUEBRA. MOVIMENTAÇÃO BANCÁRIA. RENDIMENTOS. CONTRADIÇÃO. PROCEDIMENTO FISCAL. INSTRUÇÃO. ADMISSIBILIDADE. SENTENÇA. LIMITES DA LIDE. EXTRAPOLAÇÃO. INOCORRÊNCIA. 1. O Poder Judiciário pode decretar a quebra do sigilo bancário, a fim de instruir procedimento fiscal, caso o fisco tenha constatado contradições entre a movimentação bancária do réu e os seus rendimentos. 2. A lide não foi julgada fora dos limites, pois a quebra

Mais que isso, poderá ocorrer de não haver certeza sobre os números das contas, ou que seja exatamente essa a informação que se pretende obter com a quebra de sigilo, caso em que será fundamental a intermediação do BACEN, como referido no item 2.4.7.4.1. Temos que um certo grau de indeterminação é inerente à natureza dos dados que se pretende obter, de modo que não é possível ser excessivamente rígido no exigir a delimitação do objeto da quebra, sob pena de frustrar completamente a investigação. É razoável exigir que sejam determinados os nomes dos titulares das contas e seu envolvimento com os fatos, bem como o período abrangido pela quebra, mas não os números das contas em si.[233]

Claro é que, quando possível, a ordem deverá ser limitada, tanto para que o acesso aos dados sigilosos se dê apenas quanto ao estritamente necessário, quanto por razões práticas. Quanto mais preciso for o pedido, mais rápida e menos custosa será sua obtenção, não se podendo olvidar que o manejo de um grande volume de dados também demanda recursos humanos, que são sempre limitados. Assim, a quebra poderá ser limitada a uma determinada operação, ou ao movimento bancário de um determinado dia, em certa conta, ou de certa agência, ou de certa praça, ou de operações superiores a um valor dado, etc. Em casos tais, a ordem para quebra deverá ser remetida diretamente à instituição financeira, sendo desnecessária a intermediação do BACEN.

A legislação portuguesa, nesse ponto, dispõe, com acerto, que o despacho que determina a quebra de sigilo *pode assumir a forma genérica em relação a cada um dos sujeitos abrangidos* (Lei n° 36/94, de 29 de setembro, art. 5°, n° 3, com a redação dada pela Lei n° 90/99, de 10 de julho). Comentando o dispositivo, afirma Lopes: "Efectivamente, nem sempre são conhecidos na sua amplitude e extensão os documentos ou informações que, sobre determinada situação são determinantes à descoberta da verdade e à prova e se encontram na posse dos sujeitos abrangidos pela quebra do segredo".[234]

Em sentido contrário manifestou-se a Suprema Corte de Justiça Uruguaia, na sentença n° 430, de 2 de agosto de 1995, entendendo que o se-

---

do sigilo refere-se à pessoa e não as contas, podendo o julgador decretar a quebra do sigilo de outras contas bancárias, além das indicadas na inicial. (...)" (TRF 4ª R., AC n° 1999.04.01.093108-5/PR, Rel. Juiz Sérgio Renato Tejada Garcia (Conv.), 3ª T., un., DJ 23.8.00, p. 190.)

[233] Nesse sentido o precedente assim ementado: "DIREITO PROCESSUAL PENAL. QUEBRA DO SIGILO BANCÁRIO E FISCAL. AUTORIZAÇÃO JUDICIAL. LEGALIDADE. MOMENTO EM QUE PODE SER SOLICITADO. CONTRADITÓRIO. LIMITAÇÃO À PERÍODO DETERMINADO. RELAÇÃO EXISTENTE ENTRE OS TIPOS PENAIS INVESTIGADOS E A QUEBRA DO SIGILO BANCÁRIO E FISCAL. (...) A espécie, a quebra do sigilo bancário e fiscal, por ser uma medida de exceção, deve ficar restrita ao período investigado, sem que isso signifique limites à investigação. (...)" (TRF 4ª R., MS n° 1998.04.01.032938-1/SC, Rel. Des. Fed. Vilson Darós, 2ª T., un., DJ 5.5.99, p. 269.)

[234] LOPES, José Mouraz. *Garantia Judiciária no Processo Penal*. Coimbra: Coimbra Editora, 2000, p. 62.

SIGILO BANCÁRIO E PRIVACIDADE

qüestro de valores somente seria possível se conhecido anteriormente o número da conta, o que, deve ser compreendido, porém, no contexto de um país no qual o sigilo financeiro é visto como um interesse do Estado na proteção da atividade financeira de todo o país e como algo necessário para a estabilidade e credibilidade do sistema financeiro.[235]

Em regra, a ordem de quebra deverá ser determinada quanto aos sujeitos investigados, que deverão estar identificados e qualificados, salvo impossibilidade. Exemplifica-se com a situação contrária à referida nos parágrafos anteriores, em que se conhece o número da conta, mas não o nome de seu titular, dado que poderá ser obtido junto à instituição financeira. A limitação subjetiva da medida não impede, tampouco, que venha a ser quebrado o sigilo de quem não foi indiciado ou não é réu da ação penal, como decidiu o TRF da 4ª Região, em hipótese na qual se suspeitava de que terceiros, não denunciados, tivessem "...sido usados para desviar o produto da atividade criminosa..." (MS nº 2001.04.01.086804-9/SC, Rel. Des. Fed. José Luiz Borges Germano da Silva, 7ª T., un., DJ 12.6.02, p. 491).[236]

Deve ser considerada, também, a hipótese de que, deferido o pedido de quebra de sigilo financeiro para a investigação de crime funcional, por exemplo, conclui-se, no curso das investigações, a ocorrência de crime contra a ordem tributária ou o sistema financeiro, como evasão de divisas consubstanciada na remessa para o exterior da vantagem oferecida ao servidor em crime de corrupção. Em casos tais, temos que não há como exigir uma precisão absoluta na determinação do objeto da investigação, devendo ser tolerada uma certa indeterminação, no sentido de permitir o aproveitamento da prova quando o fato descoberto tenha vinculação com o originário. Quer dizer, investiga-se um fato, com suas possíveis ramificações, não sua qualificação jurídica. Assim não se dará, porém, se a descoberta de novo fato for completamente fortuita, sem relação com o fato ensejador da quebra de sigilo.[237] É conveniente, ainda, do ponto de vista prático, a fixação, desde logo, de prazo razoável para a entrega dos documentos, nem tão exíguo que se torne inexeqüível, nem tão dilatado que comprometa o andamento célere do processo. Não se pode, por exemplo, determinar o fornecimento, em 24 horas, de cópias de extratos referentes a um período de cinco anos, de uma grande companhia, com dezenas de contas bancárias, em vários estabelecimentos. A fixação de prazo poderá ser relevante até mesmo para a caracte-

---

[235] CAIROLI MARTÍNEZ, Milton. La Protección del Secreto Bancario en el Uruguay. Cuadernos de Doctrina y Jurisprudencia Penal, Buenos Aires, n. 6, p. 800.

[236] No mesmo sentido: TRF 5ª R., MS 200205000175110/PE, Rel. Des. Federal Francisco Wildo, Pl., un., 29.10.03.

[237] Nesse sentido, em relação à interceptação telefônica: GOMES, Luiz Flávio; CERVINI, Raúl. *Interceptação Telefônica. Lei n. 9.296, de 24.07.96*. São Paulo, Saraiva, 1997, p. 194. GRECO FILHO, Vicente. *Interceptação Telefônica (Considerações sobre a Lei n. 9.296, de 24 de julho de 1996)*, São Paulo: Saraiva, 2000, p. 22-23.

rização do crime de retardamento, previsto no parágrafo único do art. 10 da LC nº 105/01, objeto do item 3.1.5.2.

A recusa da instituição financeira poderá também ser superada, se necessário, pela busca e apreensão dos documentos e informações, aplicada a disciplina geral dos arts. 240 e ss. do CPP. Nesse ponto, merece registro o art. 44 da Lei nº 5.010, de 30 de maio de 1966, a Lei Orgânica da Justiça Federal, o qual prevê que: "Mediante ordem judicial específica, os Oficiais de Justiça terão livre acesso aos registros imobiliários, *bem como aos livros e documentos bancários*, para o cumprimento de mandado de penhora, seqüestro, arresto, busca ou apreensão de bens ou dinheiro em favor da União ou de suas autarquias".

Em resumo, a decisão que apreciar pedido de quebra de sigilo financeiro deverá conter os seguintes requisitos: a) relativa determinação dos fatos objeto da investigação, no mínimo pela menção aos tipos penais supostamente infringidos; b) determinação das pessoas que terão seu sigilo quebrado; c) determinação do período de abrangência dos dados pretendidos; d) indicação, com base empírica, dos indícios de materialidade e autoria do fato, para que se reconheça a causa provável; e) demonstração da necessidade da medida, sua adequação e proporcionalidade em sentido estrito.

2.4.7.4.3. Momento

A utilização, no § 4º do art. 1º da LC nº 105/01, da expressão *em qualquer fase do inquérito ou do processo judicial*, afastaria, em linha de princípio, a possibilidade de pedido de quebra do sigilo financeiro como expediente preparatório, anterior à instauração do inquérito policial, parecendo que é requisito para o pedido a existência de inquérito instaurado, o que se dá com a publicação da portaria pela autoridade policial, que poderá solicitar judicialmente a medida. A vantagem da existência de inquérito ou ação penal será a facilidade em evidenciar a necessidade da medida. A desvantagem reside no fato de que ocorrerão situações nas quais os documentos obtidos mediante quebra do sigilo sequer autorizariam a instauração de inquérito, de modo que a medida poderá reverter em gravame maior para o cidadão. Bem por isso, entendemos possa ser adotada interpretação no sentido de admitir a interceptação como medida preparatória, ainda que inexista inquérito policial, desde que existam documentos hábeis a comprovar os indícios que consubstanciem a causa provável para o deferimento da quebra.

Mais conveniente, então, a redação do art. 1º da Lei nº 9.296, de 24 de julho de 1996, que autoriza a interceptação telefônica para prova "em investigação criminal ou em instrução processual penal", de modo que pode ser pedida antecipadamente, como medida cautelar, independentemente da existência de inquérito ou ação penal.[238] Nesse caso, o juiz para quem seja distribuída a medida cautelar restará prevento para eventual ação penal (CPP, art. 75, parágrafo único).

Veja-se, à propósito, que a quebra de sigilo requerida por comissão de inquérito administrativo destinada a apurar responsabilidade de servidor público por infração praticada no exercício de suas atribuições, ou que tenha relação com o cargo independe da existência de processo judicial em curso (LC nº 105/01, art. 3º, §§ 2º e 3º).

Seria conveniente, também a possibilidade de decretação de quebra de sigilo, ainda que com autorização judicial, em investigação criminal levada a efeito diretamente pelo Ministério Público, que recaia, por exemplo, sobre autoridade policial. Em abono de tal orientação, assim já afirmou textualmente o TRF da 4ª Região: "(...)A quebra do sigilo bancário pode ser decretada em autos de inquérito policial ou em procedimento judicial cautelar instaurado a pedido do Ministério Público Federal." (TRF 4ª R., MS nº 2001.04.01.011330-4/SC, Rel. Des. Fed. Vladimir Freitas, 7ª T., un., DJ 2.10.02, p. 919).

Resta claro, de outro lado, que medida é investigativa, tendo por finalidade justamente a obtenção de informações para o eventual oferecimento da denúncia, de modo que a medida pode anteceder à ação penal, como indicam os precedentes a seguir:

DIREITO PROCESSUAL PENAL. QUEBRA DO SIGILO BANCÁRIO E FISCAL. AUTORIZAÇÃO JUDICIAL. LEGALIDADE. MOMENTO EM QUE PODE SER SOLICITADO. CONTRADITÓRIO. LIMITAÇÃO À PERÍODO DETERMINADO. RELAÇÃO EXISTENTE ENTRE OS TIPOS PENAIS INVESTIGADOS E A QUEBRA DO SIGILO BANCÁRIO E FISCAL.(...) Durante toda a persecução criminal pode ser pedida e decretada a quebra do sigilo bancário e fiscal, nela incluindo-se a fase do inquérito policial. (...) (TRF 4ª R., MS nº 1998.04.01.032938-1/SC, Rel. Des. Fed. Vilson Darós, 2ª T., un., DJ 5.5.99, p. 269.)

MANDADO DE SEGURANÇA. SUSTAÇÃO DA ORDEM JUDICIAL DE QUEBRA DE SIGILO BANCÁRIO COM O DESBLOQUEIO DA CONTA CORRENTE BANCÁRIA DO IMPETRANTE. DENEGAÇÃO DA SEGURANÇA. (...) 2. A quebra do sigilo bancário normalmente presta-se para obtenção de elementos, indícios, a formarem um juízo acusatório, possibilitando um contexto probatório neste sentido. 3. Exigir-se o recebimento da denúncia, que deve conter estes elementos previamente, seria tornar ineficaz a medida. (...) (TRF 4ª R., MS nº 1998.04.01.083033-1/PR, Rel. Des. Fed. Fábio Bittencourt da Rosa, 1ª T., un., DJ 19.5.99, p. 507.)

---

[238] No sentido da possibilidade de quebra de sigilo financeiro independentemente de prévia abertura de inquérito policial ou ação penal, com fundamento no art. 240 do CPP e no natureza cautelar preparatória da medida: TRF 3ª R., AC nº 2000..61.81.0075960/SP, Rel. Des. Fed. Suzana Camargo, 5ª T., un., DJ 4.9.01, p. 454.

Na disciplina anterior, apesar de inexistir na lei tal requisito, o STJ assim se posicionou:

RMS. ADMINISTRATIVO. PENAL. SIGILO BANCÁRIO E FISCAL. QUEBRA. 1. O entendimento pretoriano se direciona no sentido de não ser o sigilo bancário absoluto, cedendo em face do interesse público. Sua quebra, no entanto, a par de prévia autorização judicial, exige sempre a presença de elementos mínimos de prova quanto à autoria de eventual delito e pressupõe a existência de processo ou inquérito regularmente instaurado. Simples representação criminal, carente de verificação da autenticidade de suas afirmações não se presta a amparar a quebra dos sigilos bancário e fiscal. (ROMS 10.475/MT, Rel. Min. Fernando Gonçalves, 6ª T., un., RSTJ n. 134, p. 547.)

Inexistindo tal requisito na lei, porém, entendemos mais acertado, à luz da legislação anterior, que não disciplinava a matéria, o entendimento da permissão do pedido em autos preparatórios, mesmo antes da instauração do inquérito (TRF 4ª R., Correição Parcial nº 1999.04.01.047169-4/RS, Rel. Juíza Vânia Hack de Almeida (Conv.), 2ª T., un., DJ 10.11.99, p. 65.)

2.4.7.4.4. Iniciativa

Em se cuidando de processo penal, a decretação de quebra de sigilo poderá ser requerida pela autoridade policial ou pelo Ministério Público ou, ainda, determinada pelo juiz, de ofício, especialmente ao longo da ação penal, com fundamento no art. 156 do CPP.[239] Nesse sentido, o precedente que segue:

MANDADO DE SEGURANÇA CONTRA ATO JUDICIAL QUE DETERMINA, *EX OFFICIO*, A QUEBRA DE SIGILO BANCÁRIO. INEXISTÊNCIA DE ILEGALIDADE OU ABUSO DE PODER. PRINCÍPIO DA BUSCA DA VERDADE REAL. Pode o magistrado, de ofício, determinar, no curso de instrução ou antes de proferir sentença, diligências para dirimir dúvidas sobre ponto relevante (art.156 do CPP). Havendo prova mínima da autoria e materialidade, não configura maltrato ao direito à intimidade, erigido à categoria de direito fundamental na Carta Política de 1988, a decretação de quebra de sigilo bancário, cujo escopo é a busca da verdade real. (TRF 2ª R., MS nº 7.010, Rel. Des. Fed. Fernando Marques, 4ª T., m., DJ 12.9.00.)

De outro lado, viciaria eventual procedimento a iniciativa do juiz, sem qualquer provocação, no sentido de quebra de sigilo financeiro, dando início à investigação, por contrariar o princípio acusatório, de separação entre os órgãos de investigação, acusação e julgamento, orientador do processo penal brasileiro (CRFB, art. 129, I). Nada obsta, porém, que, sentido o magistrado a necessidade da prova, ao longo da instrução, a determine, com fundamento no art. 156 do CPP, sem violar, com isso, sua imparcialidade.

---

[239] CPP, Art. 156. A prova da alegação incumbirá a quem a fizer, mas o juiz poderá, no curso da instrução ou antes de proferir sentença, determinar, de ofício, diligências para dirimir dúvida sobre ponto relevante.

SIGILO BANCÁRIO E PRIVACIDADE

A imparcialidade[240] encontra sede legal no inc. I do art. 35 da LOMAN (LC nº 35, de 14 de março de 1979), que impõe ao magistrado o dever de "Cumprir e fazer cumprir, com independência, serenidade e exatidão, as disposições legais e os atos de ofício." Tal dever se traduz na idéia de que o juiz aja com tranqüilidade, sem paixão, eqüidistante dos interesses das partes e comprometido com a justiça. É preciso cuidado para evitar, tanto quanto possível, que simpatias ou antipatias por partes ou procuradores influenciem na tomada de decisões.[241]

A imparcialidade não deve, no entanto, ser confundida com frieza,[242] apatia ou inércia. O juiz, como um dos principais agentes do processo, se não tem o impulso de dar início ao feito, tampouco deve comportar-se como um *convidado de pedra*, assistindo inerte eventual desídia das partes na produção de uma prova possível que possa conduzir à solução mais justa, assumindo uma postura ativa. Sem tomar partido, o juiz tem que estar comprometido com a melhor e mais rápida solução para o litígio.

Assim é também porque a imparcialidade não significa deva o juiz transformar-se em um ser cinza, sem idéias próprias, sensibilidades ou dores, como um "eunuco político, econômico e social", atendendo ao mito da *neutralidade*.[243] O juiz, como todo ser humano, age alimentado por uma visão de mundo e por preconceitos, no sentido de conhecimentos prévios dos quais não é possível depurar-se, ou seja, de uma pré-compreensão da realidade.[244] Vivemos em uma sociedade democrática e pluralista de modo que a formação do magistrado, sua visão política, histórica e social, seus valores, informarão, inevitavelmente, sua decisão. Opções políticas – não partidárias – terão que ser tomadas e sua carga estará presente nas sentenças, mas informadas em razões justificáveis, diante do dever de fundamentar (CRFB, art. 93, IX) que poderão ser contrastadas pela partes e pelos tribunais, em um processo dialógico de tomada de decisão.

Na lição de Ada Grinover, a iniciativa instrutória do juiz no processo moderno, civil ou penal, deve ser admitida, já que: a) não é incompatível com o modelo acusatório, no qual as funções de acusar, defender e julgar são atribuídas a órgãos distintos e ao qual se contrapõe o modelo inquisi-

---

240 "O termo vem de parte, significando não se pender para um dos lados." (SILVA, Octacílio Paula, *Ética do Magistrado à luz do direito comparado*. São Paulo: RT, 1994, p. 84).

241 "Aquele eu não se situa como terceiro, 'supra' ou 'inter' partes, não é juiz." (ZAFFARONI, Eugênio Raul. *Poder Judiciário, Crise, Acertos e Desacertos*. São Paulo: RT, 1995, Trad. Juarez Tavares, p. 91).

242 "O magistrado não deve ser frio, calculista, mas humano, acolhedor em tudo aquilo que for de direito e justiça. Não pode, todavia, ser excessivamente emotivo, apaixonado. Isso pode levar a partidarismo, a ideologias radicais, o que pode comprometer os requisitos de isenção e imparcialidade nos julgamentos." (SILVA, Octacílio Paula, Ob. cit., p. 335).

243 ZAFFARONI, Eugênio Raul. *Poder Judiciário, Crise, Acertos e Desacertos*, p. 93.

244 GADAMER, Hans-Georg. *Verdade e Método. Traços fundamentais de uma hermenêutica filosófica*. Trad. Flávio Paulo Meurer, Petrópolis: Vozes, 1999, p. 403-4.

tório no qual o inquisidor procede espontaneamente; b) a iniciativa exclusiva das partes na produção da prova é característica do *adversarial system* anglo-saxônico, enquanto o direito continental europeu caracteriza-se pelo *inquisitorial system*, o qual, no entanto, não guarda relação com o modelo acusatório de processo; c) o juiz deve assumir postura ativa, para concretizar a função social do processo, que é a aproximação da verdade, suprindo as deficiências dos litigantes de modo a superar as desigualdades; d) tal postura não violenta a imparcialidade judicial, pois o juiz não sabe o resultado da prova ao determinar sua produção.[245]

Já na ação cível, o pedido de quebra poderá ser formulado pela parte, através de seus procuradores, ou determinada pelo juiz. Antes da autorização legal para a quebra de sigilo pela autoridade fazendária independentemente de autorização judicial, também a autoridade administrativa fazendária poderia formular o pedido ao Judiciário. Atualmente, tal hipótese pode ser antevista por parte de comissão administrativa disciplinar que investigue eventual infração cometida por servidor.

2.4.7.4.5. Hipóteses

A LC n° 105/01 autoriza a decretação judicial de quebra nas seguintes hipóteses: a) investigação criminal (art. 1°, § 4°); b) infração administrativa praticada por servidor (art. 3°, § 1°); c) defesa da União (art. 3°, § 3°); d) infrações administrativas financeiras, a requerimento da CVM (art. 7°); e) ações cíveis.

Embora a LC n° 105/01, em nenhum momento, faça expressa menção a quebra de sigilo em ações cíveis, temos que não está a medida completamente vedada. O § 3° do art. 1° da LC n° 105/01 enumera, genericamente, as hipóteses de quebra autorizadas. No caso do Poder Judiciário, a regulamentação da quebra está no art. 3° e neste, embora sem menção expressa, tampouco há vedação à tomada da medida em ações cíveis. Seria mesmo um contra-senso entender que a lei autorizou a quebra por parte da autoridade administrativa tributária, portanto com fins extrapenais, como visto no item 2.4.7.7., mas que tal acesso está vedado ao Poder Judiciário.

2.4.7.4.5.1. Investigação Criminal. No campo do direito processual penal é evidente o interesse público na apuração dos fatos ilícitos, o que informa a tensão entre o interesse coletivo na apuração dos fatos ilícitos e

---

[245] GRINOVER, Ada Pelegrini. A Iniciativa Instrutória do Juiz no Processo Penal Acusatório. *Revista Brasileira de Ciências Criminais*, São Paulo, n. 27, p. 76-79, jul.-set. 2000. No mesmo sentido: MARTINS DA COSTA, Paula Fernandes Bajer. *Igualdade no Direito Processual Penal Brasileiro*. São Paulo: RT, 2001, p. 129; ZILLI, Marcos Alexandre Coelho. *A Iniciativa Instrutória do Juiz no Processo Penal*. São Paulo: RT, 2003, p. 274.

SIGILO BANCÁRIO E PRIVACIDADE

o direito individual à preservação da vida privada. Consoante decidido pelo STJ: "A Lei Complementar nº 105/01, em razão da sua natureza instrumental, tem eficácia imediata, fazendo-se desinfluente que o delito em apuração tenha ocorrido antes do início da sua vigência formal." (STJ, HC 25.861/MG, Rel. Min. Hamilton Carvalhido, 6ª T., un., 16.3.04).

O § 4º do art. 1º da LC nº 105/01 dispõe que: "A quebra de sigilo poderá ser decretada, quando necessária para apuração de ocorrência de qualquer ilícito, em qualquer fase do inquérito ou do processo judicial".[246] Diante da menção a *qualquer ilícito*, feita no parágrafo, deve ser entendida como exemplificativa, para não resultar ociosa, a enumeração de crimes feita nos incisos, sendo a quebra possível para a investigação de qualquer crime, ou mesmo contravenção, como o *jogo do bicho*, uma vez que utilizado o termo *ilícito*. Assim, pouco importa se o delito é apenado com reclusão, detenção ou mesmo prisão simples. Também é irrelevante a circunstância de a ação penal ser pública ou privada. De todo modo, nem seria mesmo conveniente a enumeração taxativa na lei dos casos em que permitida a relativização do sigilo, para evitar o engessamento da regra diante de necessidades surgidas por conta da tipificação de novos delitos.

No levantamento levado a efeito na jurisprudência, foram encontradas decisões admitindo a quebra nas seguintes hipóteses:

a) crime de quadrilha, com a utilização de *laranjas* (TRF 1ª R., HC 1998.01.00.025616-5 /PA; Rel. Des. Fed. Hilton Queiroz , un., 4ª T., DJ 17.9.98, p. 578);

b) "quando indispensável à apuração de delito funcional com envolvimento de valores públicos" (STJ, AGINQ. nº 205/AP, Rel. Min. José Dantas, C.E., un., DJ 17.8.99, p. 3);

c) superfaturamento na compra de material médico-hospitalar, no Hospital Geral do Exército (STF, ROMS nº 23.002/RJ, Rel. Min. Ilmar Galvão, 1ª T., un., DJ 27.11.98, p. 33);

d) peculato e formação de quadrilha, contra o INSS, mediante fraude no pagamento de benefícios previdenciários (TRF 2ª R., ACR nº 2282/RJ, Rel. Des. Fed. Tania Heine, 3ª T., un., DJ 17.7.01);

e) quando "fundada na necessidade de se apurar a origem de dinheiro oferecido como propina em crime de corrupção ativa;" (STJ, ROMS nº 10097/DF, Rel. Min Vicente Leal, 6ª T., un., DJ, 15.2.00, p. 202);

f) "investigação criminal acerca da participação em esquemas de gestão fraudulenta de instituição financeira, aplicações de recursos provenien-

---

[246] Até mesmo na Suíça, país conhecido mundialmente por seu sigilo bancário reforçado, a investigação criminal é uma das hipóteses em que o sigilo pode ser quebrado. (AUBERT, Maurice; KERNEN, Jean Philippe; SCHÖNLE, Herbert. *El Secreto Bancario Suizo*. Madrid: Editoriales de Derecho Reunidas, 1990, p. 145.)

tes de 'caixa dois' das empresas por eles dirigidas" (TRF 1ª R., HC 2002.01.00.010118-8, Rel. Des. Federal Hilton Queiroz, 4ª T., un., 1.10.02);

g) inquérito no qual era investigado Deputado Federal por suposto crime de obtenção de financiamento mediante fraude, previsto no art. 19 da Lei nº 7.492/86 (STF, Inq. nº 1541/PR, Rel. Min. Ellen Gracie, DJ 1º.4.02, p. 8);

h) para apuração de crimes contra o sistema financeiro nacional, consistentes em evasão de divisas[247] (TRF 4ª R., ARMS nº 1999.04.01.104038-1/PR, Rel. Desa. Fed. Tania Terezinha Cardoso Escobar, 2ª T., un., DJ 29.3.00, p. 71; TRF 5ª R., MS 2001.05.000140849/CE, Des. Fed. Napoleão Maia Filho, Pl., m., 19.6.02), em especial de grande movimentação de dinheiro através de *contas CC-5*[248] (TRF 4ª R., MS 2003.04.01.0306187/PR, Rel. Desa. Fed. Maria de Fátima Freitas Labarrére, 7ª T., un., 23.9.03).

i) de suspeita (STJ, ROMS nº 10330/MT, Rel. Min. Francisco Falcão, 1ª T., un., DJ 28.2.00, p. 40, RSTJ n. 129, p. 68) ou investigação (TRF 1ª R., MS 1999.01.00.023668-8/RR; Rel. Des. Fed. Olindo Menezes, un., 2ª S., DJ 6.9.99, p. 9; TRF 2ª R., HC 2001.02.010103600/ES, Rel. Des. Fed. Benedito Gonçalves, 4ª T., un., 16.12.02) de crime contra a ordem tributária, incluída a hipótese do art. 2º, I, da Lei nº 8.137/90 (TRF 3ª R., HC 2002.03.000298949/SP, Rel. Desa. Fed. Suzana Camargo, 5ª T., un., 18.2.03);

j) nos casos de suspeita de ação praticada por organizações criminosas (TRF 4ª R., MS nº 2001.04.01.011330-4/SC, Rel. Des. Fed. Vladimir Freitas, 7ª T., un., DJ 2.10.02, p. 919);

k) crimes previstos na Lei nº 8.666, de 21 de junho de 1993, que regula as licitações da administração pública (TRF 1ª R., MS 200001000422503/PI, Rel. Des. Fed. Carlos Olavo, 2ª S., un.. 17.12.03; TRF 2ª Região, HC 2002.02.010085237/RJ, Rel. Des. Fed. Sérgio Schwaitzer, 6ª T., un., 26.6.02);

l) "lavagem de dinheiro decorrente de crime contra a administração pública" (TRF 5ª R., AMS nº 2000.83.00.030354-3/PE, Rel. Des. Fed. Élio Wanderley de Siqueira Filho, 2ª T., un., DJ 4.12.02, p. 783).

Merece lembrança, ainda, acórdão do TRF da 4ª Região, tratando de sigilo fiscal, mas aplicável ao sigilo financeiro, no qual se afirmou, com precisão, que: "Os tipos penais previstos na Lei 7492/86 possuem relação direta com o patrimônio e a renda dos impetrantes, daí porque são necessárias as declarações do Imposto de Renda." (MS nº 1998.04.01.032938-1/SC, Rel. Des. Fed. Vilson Darós, 2ª T., DJ 5.5.99, p. 269.)

---

[247] O STF reconheceu a possibilidade de quebra de sigilo em tal hipótese, por decisão monocrática, no caso da *CPI do Banestado* (MS 24.815, Rel. Min. Ellen Gracie, 1.4.04).

[248] Refere-se à antiga Carta Circular nº 5, do Bacen, que disciplinava as contas de não-residentes, utilizadas como meio para a remessa irregular de dinheiro para o exterior no chamado *caso Banestado*.

Quanto aos crimes de corrupção, vale transcrever excerto do voto divergente do Min. Marco Aurélio, proferido no julgamento do *caso Magri*:

A isto acrescento que a informação que se busca por intermédio do pedido de autorização contido neste processo é da maior relevância para as investigações que estão em andamento, já que ninguém comparecerá a uma Delegacia de Policial ou a Juízo para informar que passou a outrem determinado numerário. Ninguém às voltas com um ato de corrupção admitirá esse mesmo envolvimento, e, certamente, não se trata, aí, de ato que seja praticado na presença de terceiros. (STF, PET. nº 577-DF, Rel. Min. Carlos Velloso, Pl., m., RTJ n. 148, p. 366-379.)

Dos delitos ali mencionados, estão previstos no CP o contrabando (art. 334); a extorsão mediante seqüestro (art. 159); os crimes contra a administração pública (arts. 312 a 359); contra a previdência social (arts. 168-A e 337-A). Os demais encontram-se em legislação especial. O *terrorismo*, também mencionado no inciso XLIII do art. 5º da Constituição, não é objeto de tipificação sob esta designação, devendo ser assim entendidos os crimes contra a segurança nacional e a ordem política e social, previstos na Lei nº 7.170, de 14 de dezembro de 1983, os chamados *crimes políticos*. O tráfico ilícito de substâncias entorpecentes e drogas afins, igualmente não recebe tal denominação na legislação específica. A expressão *tráfico* deve ser entendida como abrangente dos delitos previstos nos arts. 12 e 13 da Lei nº 6.368, de 21 de outubro de 1976, excluída a posse para *uso próprio* (art. 16).[249] O contrabando encontra previsão no art. 334 do CP. A Lei nº 8.137, de 27 de dezembro de 1990, traz os crimes contra a ordem tributária em seus arts. 1º a 3º. O descaminho, objeto da segunda parte do art. 334 do CP, também pode ser entendido como crime contra a ordem tributária, tendo por objeto os tributos externos. O crime de lavagem de dinheiro foi introduzido em nosso ordenamento pela Lei nº 9.613, de 3 de março de 1998, e a Lei nº 9.034, de 3 de maio de 1995, trata das organizações criminosas.

Não se pode esquecer, ao comentar esse rol, a íntima relação entre crimes praticados por organizações criminosas, narcotráfico, lavagem de dinheiro e sigilo financeiro, uma vez que a lavagem de dinheiro, entendida como a operação de dar aparência lícita a dinheiro oriundo de atividade criminosa, como o tráfico de entorpecentes se dá, muitas vezes, valendo-se do sistema financeiro.[250] Uma das recomendações do Grupo de Ação Financeira contra a Lavagem do Dinheiro é justamente que: "As leis de confi-

---

[249] Em relação ao narcotráfico, merece registro o disposto no nº 4 do Art. 11 do Regulamento Modelo sobre delitos de lavagem de dinheiro relacionados com o tráfico ilícito de drogas e crimes conexos, aprovado pela Assembléia Geral da ONU na oitava sessão plenária, em 23 de maio de 1992, com o seguinte texto: "As disposições legais relativas ao sigilo ou reserva bancária não serão um impedimento para o cumprimento do presente artigo, quando a informação seja solicitada ou compartida pela autoridade competente."

[250] SÁENZ MONTERO. Mánfred. El Secreto Bancario y El Lavado de Dinero en Costa Rica. *Revista de Ciencias Penales de Costa Rica*, San José, n. 13, p. 88, ago. 1997.

dencialidade das instituições financeiras deverão formular-se de modo que não impeçam a implementação destas recomendações".[251]

Aliás, o BACEN e a CVM são obrigados a informar ao COAF acerca de operações que ostentem indícios de lavagem de dinheiro (LC n° 105/01, art. 2°, § 6°, e Lei n° 9.613, de 3 de março de 1998, art. 11, I), matéria objeto do item 2.4.7.3. Mais que isso, "O COAF poderá requerer aos órgãos da Administração Pública as informações cadastrais, bancárias e financeiras de pessoas envolvidas em atividades suspeitas." (Lei n° 9.613/98, art. 14, § 3°, incluído pela Lei n° 10.701, de 9 de julho de 2003).

De lembrar, ainda, o art. 2° da Lei n° 9.034, de 3 de maio de 1995:

> Em qualquer fase de persecução criminal que verse sobre ação praticada por organizações criminosas são permitidos, além dos já previstos na lei, os seguintes procedimentos de investigação e formação de provas: (...) III – o acesso a dados, documentos e informações fiscais, bancárias, financeiras e eleitorais.

Este dispositivo, porém, tendo sido veiculado por lei ordinária, não poderia, em linha de princípio, dispor sobre o sigilo financeiro, matéria reservada à lei complementar, por força do art. 192 da Constituição, de modo que é de duvidosa constitucionalidade.

O mesmo vale, lamentavelmente, diante da utilidade das medidas ali elencadas, para o disposto nos incisos I a III do art. 34 da Lei n° 10.409, de 11 de janeiro de 2002, que alterou o procedimento criminal para os crimes de uso e tráfico ilícito de entorpecentes, que apresenta o seguinte texto:

> Art. 34. Para a persecução criminal e a adoção dos procedimentos investigatórios previstos no art. 33, o Ministério Público e a autoridade policial poderão requerer à autoridade judicial, havendo indícios suficientes da prática criminosa: I – o acesso a dados, documentos e informações fiscais, bancárias, patrimoniais e financeiras; II – a colocação, sob vigilância, por período determinado, de contas bancárias; III – o acesso, por período determinado, aos sistemas informatizados das instituições financeiras; (...)

Também o modo de operação de tal criminalidade deve servir de fundamento a permitir a quebra, especialmente em se cuidando de crime organizado, como assevera Lopes:

> Sendo, quase sempre, motivações econômicas que estão na origem de grande parte da grande criminalidade ou criminalidade organizada é por isso compreensível e mesmo absolutamente fundamental que os Estados se munam de meios legais que possibilitem controlar e investigar esses fabulosos meios financeiros decorrentes da prática desses crimes ou que sejam seus sucedâneos. Não é possível, hoje, investigar esse tipo de crimes sem meios adequados à própria estrutura e desenvolvimento da realização desses mesmos crimes. O acesso à informação bancária e fiscal torna-se por isso fundamental à investigação criminal da criminalidade em causa.[252]

---

[251] GOMES, Luiz Flávio; CERVINI, Raúl; OLIVEIRA, William Terra de. *Lei de Lavagem de Capitais.* São Paulo: RT, 1998, p. 300.

[252] LOPES, José Mouraz. *Garantia Judiciária no Processo Penal*, p. 59.

O § 4º do art. 1º da LC nº 105/01 autoriza a quebra de sigilo *para apuração da ocorrência de qualquer ilícito*. Diante do texto legal, seria de questionar-se sobre a possibilidade de quebra de sigilo financeiro para permitir a localização de réu, em especial do foragido. Apesar da redação do § 4º, temos que a resposta será afirmativa. É que entendemos o § 4º como regulamentador da hipótese específica de quebra de sigilo determinada por autoridade judicial para fins de investigação criminal, o que não esgota as possibilidades de quebra por autoridade judiciária, autorizadas, de modo genérico, pelo art. 3º combinado com o inciso VI do § 3º do art. 1º da LC nº 105/01, o que é o fundamento, também, para quebra em ações cíveis. Deste modo, como tem sido admitida a quebra para aparelhar execução civil, com maior razão deverá ser admitida para permitir a concretização da execução penal.

2.4.7.4.5.2. Infrações Funcionais. O § 1º do art. 3º da LC nº 105/01 deixa claro que é possível a quebra de sigilo não apenas para fins de investigação criminal – como ocorre com a interceptação telefônica, a teor do inciso XII do art. 5º da Constituição – mas também em caso de infração praticada por servidor público no exercício das funções. Também o art. 7º da LC nº 105/01 autoriza a decretação judicial de quebra de sigilo financeiro para apuração de infração administrativa, abrangendo tanto a infração cometida por servidor como o ato de improbidade administrativa (Lei nº 8.429, de 2 de junho de 1992). Não poderá fazê-lo, porém, a autoridade administrativa encarregada do processo administrativo disciplinar ou a comissão nomeada por tal autoridade, à míngua de previsão legal. A autoridade administrativa deverá, caso haja necessidade de tal medida, requerê-la judicialmente. Temos que será possível, também, a utilização da prova obtida na investigação criminal no processo administrativo, e vice-versa, desde que tenha sido inicialmente autorizada judicialmente e seja garantido o contraditório no processo posterior.

O STJ já consagrou o cabimento da quebra de sigilo financeiro na hipótese em epígrafe, afirmando que: "É lícita a quebra de sigilo bancário, judicialmente autorizada, para possibilitar, em procedimento administrativo, a apuração de eventuais ilícitos." (STJ, ROMS nº 12668/CE, Rel. Min. Humberto Gomes de Barros, 1ª T., un., DJ 10.9.01, p. 274.)

2.4.7.4.5.3. Ilícitos Administrativos. Demais disso, com fundamento no art. 2º da LC nº 105/01, o BACEN e a CVM podem ter acesso a informações sigilosas para a apuração de ilícitos administrativos em sua área de atuação, independentemente de autorização judicial, como já visto. A CVM, caso necessite informações sobre instituições sujeitas a seu poder disciplinar que estejam em poder de outras instituições financeiras, poderá obtê-las através de autorização judicial, com fundamento no art. 7º da LC nº 105/01.

A utilização da expressão *qualquer ilícito* no § 4º do art. 1º da LC nº 105/01 autoriza a conclusão de que é possível a quebra diante de qualquer ilícito administrativo, como por exemplo em ato de improbidade administrativa (Lei nº 8.429, de 2 de junho de 1992) ou ilícito administrativo contra a ordem econômica (Lei nº 8.884, de 11 de junho de 1994). Com efeito, não seria admissível que pudesse ser quebrado o sigilo do servidor público envolvido em ilícito administrativo, o que é autorizado expressamente pelo § 1º do art. 3º da LC nº 105/01, e não fosse possível a adoção de medida idêntica em relação ao particular.Nessa linha, admitiu-se a quebra de sigilo bancário: a) em ação civil pública que tinha por objeto a apuração de irregularidades envolvendo dinheiro público (TJMG, Agravo nº 183.841-6/00, Comarca de Belo Horizonte, Rel. Des. Almeida Melo, DJMG 6.3.01); em ação para apuração de ato de improbidade administrativa (TRF 1ª R., AIAD 200301000287158/BA. Rel. Des. Federal Cândido Ribeiro, 2ª S., un., 3.12.03).

2.4.7.4.5.4. Ações Cíveis. Não houve disciplinamento expresso da hipótese de quebra de sigilo para ações cíveis, seja para a produção de prova, ao longo da instrução, ou para encontrar bens ou o próprio devedor em ações de execução civil, fiscal, trabalhista ou mesmo de família.

Nos tribunais superiores, predomina a posição contrária à possibilidade de tal medida, tendo sido denegado *exequatur* à carta rogatória recebida com tal finalidade, por decisão monocrática (CR 11.147/AT, Rel. Min. Maurício Corrêa, 6.5.04; CR 11.192/HL, Rel. Min. Maurício Corrêa, 5.5.04).

O STF já denegou o fornecimento à Receita Federal, que os utilizaria para fins tributários, de documentos obtidos mediante quebra de sigilo financeiro ordenada com fundamento em investigação criminal.[253] De nossa parte, entendemos que deve haver ampla colaboração entre os órgãos públicos, nada impedindo que tais documentos sejam alcançados à autoridade fazendária, até porque o lançamento tributário servirá para comprovação da materialidade de eventual crime contra a ordem tributária.[254]

O STJ, por sua vez, não admite a quebra do sigilo financeiro em ações de execução fiscal, como se vê dos seguintes julgados:[255]

---

[253] Questão de Ordem no Inquérito nº 732/DF, Rel. Min. Moreira Alves, Pl., un., DJ 17.5.92, p. 16.320.

[254] Ver, sobre esse ponto, os itens 2.4.7.3, *supra* e 2.4.7.7.2, *infra*.

[255] Pela impossibilidade da quebra de sigilo financeiro para encontrar bens executáveis: ARAÚJO, Izaías Batista de. Poderes do Juiz na Execução Forçada e a Quebra do Sigilo Bancário para a Busca de Bens Penhoráveis (ART. 600, IV, do CPC). *Revista Jurídica*, São Paulo, nº 277, p. 50, nov. 2000. Em sentido contrário: CORRÊA, Luciane Amaral. O Princípio da proporcionalidade e a quebra do sigilo bancário e do sigilo fiscal nos processos de execução. In: SARLET, Ingo Wolfgang (Org.) *A Constituição Concretizada.* Porto Alegre: Livraria do Advogado, 2000, p. 208-209.

PROCESSO CIVIL. EXECUÇÃO FISCAL. QUEBRA DE SIGILO BANCÁRIO PARA A LOCALIZAÇÃO DE BENS. INVIABILIDADE. LEI 4.595/1964, ART. 38. O sigilo bancário não teria qualquer consistência se, para aparelhar a execução, o credor pudesse desvelar os saldos depositados pelo devedor em instituições financeiras; o art. 38 da Lei 4.595, de 1964, refere-se a informações e esclarecimentos necessários ao julgamento da causa, a que não se assimila a execução paralisada por falta de bens penhoráveis (STJ, ROMS nº 7275/SP, Rel. Min. Ari Pargendler, 2ª T., un., DJ 10.3.97, p. 5.941.)[256]

O mesmo foi afirmado pelos TRFs da 4ª e da 5ª Regiões, sendo este em relação ao sigilo fiscal:

EXECUÇÃO FISCAL. LOCALIZAÇÃO DE CONTAS BANCÁRIAS DOS DEVEDORES. Incabível pedido de solicitação de informações às instituições financeiras sobre a existência de saldos em contas correntes em nome dos sócios da empresa devedora, por configurar quebra de sigilo bancário. (TRF 4ª R., AI nº 1999.04.01.047546-8/RS, Rel. Des. Fed. Élcio Pinheiro de Castro, 2ª T., un., DJ 9.2.00, p. 487.)

PROCESSO CIVIL. EXECUÇÃO. QUEBRA DE SIGLO BANCÁRIO PARA FINS DE PENHORA. IMPOSSIBILIDADE. – É inadmissível a quebra de sigilo bancário do devedor para fins de apuração de saldo bancário passível de penhora, sendo que o exclusivo interesse patrimonial do credor não justifica o referido pedido. (TRF 4ª R., AI nº 2002.04.01.021527-7/RS, Rel. Des. Fed. Edgard. A. Lippman Júnior, 4ª T., un., DJ 27.11.02, p. 863)

TRIBUTÁRIO. EXPEDIÇÃO DE OFÍCIO ÀS ADMINISTRADORAS DE CARTÕES DE CRÉDITO, COM O INTUITO DE LOCALIZAÇÃO DE BENS DO DEVEDOR. A quebra de sigilo fiscal ou bancário somente pode ser determinada como medida de exceção, não podendo colidir com as garantias constitucionais. O interesse público é o norte para se aferir a relevância da medida; saliento, contudo, que não se pode confundir interesse público com o interesse da Fazenda Pública, privilegiando-se os interesses do Estado perante os do cidadão. Pedido de expedição de ofício às administradoras de cartões de crédito, para fins de informações e localização de bens do devedor, negado. (TRF 4ª R., AI nº 2001.04.01.012272-6/SC, Rel. Des. Fed. Wellington M. de Almeida, 1ª T., un., DJ 12.6.02, p. 220.)

PROCESSUAL CIVIL. AGRAVO DE INSTRUMENTO. EXECUÇÃO. DILIGÊNCIAS PARA LOCALIZAÇÃO DE BENS DOS EXECUTADOS A ÓRGÃOS SEDIADOS NESTA CAPITAL. SIGILO FISCAL. Não é incumbência do Juiz requisitar informações, se era dever da parte trazê-las ao juízo. Proteção ao sigilo fiscal garantido no ordenamento jurídico pátrio. Ademais, a parte agravante não fez provas que tenha diligenciado no sentido de localizar prováveis bens passíveis de penhora dos executados, descabendo, portanto, ao judiciário substituir a atividade probatória da parte interessada. Precedentes desta e. Corte. (TRF 5ª R., AI nº 9549/PE, 1ª T., Rel. Des. Fed. José Maria Lucena, un., DJ 13.3.98, p. 261.)

De nossa parte, como já afirmamos no item 2.4.7.5., a LC nº 105/01, embora não tenha regulamentado expressamente, tampouco vedou a quebra

---

[256] No mesmo sentido: STJ, REsp. nº 192.400/RJ, Rel. Min. Waldemar Zveiter, 3ª T., un., DJ 5.2.01, p. 99 e AGRREsp. nº 251121/SP, Rel. Min. Nancy Andrighi, 2ª T., un., DJ 26.3.01, p. 415).

de sigilo em ações cíveis. É que a quebra de sigilo pela autoridade judicial está regulamentada, de forma genérica, no art. 3º, sem que tenha a lei esgotado a enumeração das hipóteses. Como lá afirmado, seria contraditório entender que poderá a autoridade fazendária quebrar o sigilo, sem autorização judicial, para possibilitar o lançamento tributário, mas que idêntica medida estaria vedada à autoridade judicial em uma demanda na qual se pretende obter justamente a execução forçada daquela obrigação tributária ou, com maior razão, de obrigação alimentar. Demais disso, também a eficácia e a concretização da prestação jurisdicional dão suporte à medida. Assim, entendemos admissível a quebra de sigilo em ações cíveis, a fim de localizar bens executáveis, desde que demonstrados os esforços do exeqüente no esgotamento de outros meios (TRF 4ª R., AI nº 2002.04.01.007358-6/PR, Rel. Desa. Fed. Maria Lúcia Luz Leiria, 1ª T., m., DJ 7.8.02, p. 311; TRF 4ª R., AI nº 2001.01.04.089465-6/SC, Rel. Des. Fed. Luiz Carlos de Castro Lugon, 1ª T., un., DJ 30.10.02, p. 852) ou "em presença de indícios de ilicitude e de fraude objetivando a ocultação de bens" (TRF 4ª R., AI 2003.04.01.0523640/SC, Rel. Des. Fed. Luiz Carlos de Castro Lugon, 3ª T., un., 11.5.04).

Não é outra a posição veiculada pelo TJRJ, acrescentando que: "Não é razoável a exigência de identificação de conta bancária para concessão da autorização judicial perseguida. Se fosse possível ao fisco identificar uma ou mais contas, desnecessária seria a providência requerida com vistas a possibilitar o conhecimento de eventuais aplicações financeiras e/ou ativos imobiliários, até porque poderia requerer, desde logo, a penhora dos saldos, até o limite da execução." (TJRJ, AI 4927/2000, 7ª C. Cív., Rel. Desa. Marly Macedônio Franca, un., DORJ 30.11.00).

Ainda que não admitida de forma ampla, para as execuções em geral, a medida deverá ser aceita na execução de alimentos, caso em que é possível até mesmo a prisão civil. Parece-nos razoável admitir aí a quebra do sigilo financeiro, que não afeta a liberdade pessoal, a fim de localizar bens ou ativos com o fim de viabilizar a execução. O mesmo vale para a execução trabalhista, diante da hipossuficiência do trabalhador. De todo modo, inexistindo restrição legal para a quebra do sigilo em ações cíveis, é autorizada a conclusão de que tais quebras continuam sendo admitidas, desde que esgotadas outras medidas para a busca de bens.

Em ações cíveis há, também, duas hipóteses de inoponibilidade do sigilo não previstas pela legislação, mas admitidas pela jurisprudência.

A primeira é a da ação judicial na qual são partes cliente e instituição financeira, como noticiado em precedente do STJ, com a seguinte ementa:

Deferida a produção de prova pericial, as partes estão obrigadas a pôr à disposição do *expert* os documentos que possam influenciar o julgamento da causa, pouco importando que uma delas seja instituição financeira; o sigilo bancário é inoponível quando os elementos requisitados dizem respeito a outra parte da relação processual. (AGA nº 197439/RS, Rel. Min. Ari Pargendler, 3ª T., un., DJ 16.10.00, p. 307.)

A segunda é de ação judicial entre sócios, tendo o STJ afirmado que:

Não se pode afastar o direito de um dos sócios quotistas de determinada sociedade a apurar prejuízos eventuais em decorrência de movimentação financeira do outro sócio, com suspeita de fraude, mesmo que já extinta a sociedade. Flagrante está o interesse na exibição dos documentos próprios da movimentação bancária, necessários ao pedido na ação principal, não havendo falar em violação ao sigilo bancário. (REsp. nº 61.166/SP, Rel. Min. Carlos Alberto Menezes Direito, 3ª T., m., DJ 26.6.00, p. 1.542.)

O mesmo poderia ser dito em ação entretida por dois ou mais titulares de conta-corrente conjunta, em pólos opostos da relação processual.

A primeira hipótese acima referida também foi objeto de apreciação pelo TST, em caso de reclamatória trabalhista movida contra a instituição financeira, com idêntica solução, em acórdão assim ementado:

MANDADO DE SEGURANÇA. IMPUGNAÇÃO A DESPACHO QUE DETERMINA REALIZAÇÃO DE PERÍCIA CONTÀBIL, NA QUAL SERÃO, INCLUSIVE, VERIFICADOS QUAIS OS SUBSTITUÍDOS PROCESSUALMENTE. Inexiste ilegalidade ou abuso de poder no ato impugnado, uma vez que a perícia determinada se revela necessária e justificada. Também não é o caso de juntada do rol dos substituídos pelo sindicato, mesmo porque o impetrante demonstrou ter conhecimento de quem seriam os mesmos ao alegar que já cumprira a medida cautelar. Por fim, a perícia não resultará em qualquer ofensa ao sigilo bancário, tendo em vista que o perito não irá averiguar qual o saldo bancário dos substituídos, seus investimentos, o crédito de que dispõem ou a pontualidade no pagamento de seus débitos. (...) (TST, ROMS nº 105623/RS, Rel. Min. Regina Fátima Abrantes Rezende Ezequiel, 2ª S., DJ 21.3.97, p. 8.823.)

No âmbito trabalhista, também se admitiu a quebra de sigilo para o fim de fornecimento de cópias de cheques com o fim de dirimir controvérsia trabalhista na qual se questionavam pagamentos não consignados em recibo (TST, ROMS nº 613186, 2ª S., DJ 24.5.01, p. 170.)

Admissível, também, a quebra de sigilo financeiro em ação civil pública na qual se investigava prática de lavagem de dinheiro e outros ilícitos contra a administração pública (TRF 5ª R., AGA nº 2001.05.00.001473-0/PE, Rel. Des. Fed. Petrúcio Ferreira, DJ 9.11.01, p. 709).

2.4.7.4.6. Competência

A autoridade judicial competente para a decretação da quebra do sigilo financeiro, ainda que isto se dê na fase do inquérito policial, será aquela que poderá, posteriormente, julgar o delito, como se dá na interceptação telefônica (Lei nº 9.296, de 24 de julho de 1996, art. 1º) ou conhecer da ação principal, caso se cuide de medida cautelar no cível.

Em nossa posição, a prova produzida com autorização do juiz incompetente não será nula, caso as circunstâncias conhecidas ao tempo do fato autorizassem a conclusão de que aquele seria o juiz competente, o que, ao depois, aprofundadas as investigações, não se confirma.[257] Exemplifica-se com determinação de quebra de sigilo financeiro autorizada por Juiz Federal diante de suspeita de tráfico internacional de entorpecentes. Posteriormente, não comprovada a internacionalidade, o feito é remetido ao Juiz de Direito. Caso se entenda ilícita a prova assim produzida, deveria a Justiça Estadual renovar a diligência, alcançando idêntico resultado, com notável perda de tempo e recursos.[258] A posição ora defendida já foi adotada pelo STF, apreciando hipótese em que se discutia a interceptação telefônica, mas que pode ser utilizada como referência, nos seguintes termos:

(...) IV. Interceptação telefônica: exigência de autorização do "juiz competente da ação principal" (L. 9296/96, art. 1º): inteligência. 1. Se se cuida de obter a autorização para a interceptação telefônica no curso de processo penal, não suscita dúvidas a regra de competência do art. 1º da L. 9296/96: só ao juiz da ação penal condenatória – e que dirige toda a instrução –, caberá deferir a medida cautelar incidente. 2. Quando, no entanto, a interceptação telefônica constituir medida cautelar preventiva, ainda no curso das investigações criminais, a mesma norma de competência há de ser entendida e aplicada com temperamentos, para não resultar em absurdos patentes: aí, o ponto de partida à determinação da competência para a ordem judicial de interceptação – não podendo ser o fato imputado, que só a denúncia, eventual e futura, precisará –, haverá de ser o fato suspeitado, objeto dos procedimentos investigatórios em curso. 3. Não induz à ilicitude da prova resultante da interceptação telefônica que a autorização provenha de Juiz Federal – aparentemente competente, à vista do objeto das investigações policiais em curso, ao tempo da decisão – que, posteriormente, se haja declarado incompetente, à vista do andamento delas. (...) (HC nº 81.260/ES, Rel. Min. Sepúlveda Pertence, Pl., DJ 19.4.02, p. 48)[259]

Do mesmo modo, se a pessoa investigada possuir privilégio de julgamento perante tribunal, o pedido de quebra de sigilo deverá ser feito ao tribunal competente para o julgamento, como decidiu o STF ao julgar reclamação contra o deferimento de quebra de sigilo financeiro em desfavor de deputados federais, que havia sido decretada por TRE (STF, Reclamação nº 511/PB, Rel. Min. Celso de Mello, Pl., un., DJ 15.9.95, p. 29.506) e o STJ, em decisão monocrática proferida em reclamação contra a quebra de sigilo financeiro de Governador de Estado determinada por Juiz Federal

---

[257] Nesse sentido, tratando de interceptação telefônica: GOMES, Luiz Flávio; CERVINI, Raúl. *Interceptação Telefônica. Lei 9.296, de 24.07.96. Sigilo das Comunicações. Limites da inviolabilidade. Comunicações telefônicas/telemáticas*. São Paulo: RT, 1997, p. 158-159.

[258] O TRF da 2ª Região, porém, anulou ação penal na qual utilizados, como base para a denúncia oferecida na Justiça Federal, documentos obtidos mediante quebra de sigilo decretada por Juiz de Direito, em outra ação penal, remetidos por cópia para a Justiça Federal. (AC nº 1999.02.02.053208-3, Rel. Des. Fed. Benedito Gonçalves, 4ª T., un., DJ 3.7.02, p. 147-152.)

[259] No mesmo sentido: STJ, CC nº 32.861/SP, Rel. Min. Gilson Dipp, 3ª S., un., DJ 19.11.01, p. 231, (caso Maluf).

(STJ, Reclamação nº 1.018/SE, Rel. Min. José Delgado, DJ 25.9.01). Interessante decisão monocrática no âmbito do STF foi tomada no *caso Finam* ao determinar-se a devolução de autos de inquérito que apuravam fatos conexos com ação penal em tramitação no STF em face do então Senador Jader Barbalho, a fim de permitir a continuidade das investigações, que já se encontravam em grau avançado (AP 336/TO, Rel. Min. Carlos Velloso, 1.4.04).

Bem por isso: "(...) compete à Justiça Federal o conhecimento de pedido de quebra de sigilo bancário, relacionado com suposto crime contra o sistema financeiro (Lei 7.492/86, art. 26)." (STJ, ROMS nº 8632/GO, Rel. Min. Humberto Gomes de Barros, 1ª T., m. DJ 30.3.98, p. 9, RSTJ nº 105, p. 102; TRF 4ª R., MS 2003.04.010306550/PR, Rel. Desa. Fed. Maria de Fátima Freitas Labarrère, 7ª T., un., 9.9.03). .) Assim, quando: "Proposta ação cautelar de exibição de documentos contra a Caixa Econômica Federal, buscando afastamento do sigilo bancário, competente é o juízo federal para apreciá-lo, ponderando-se complementarmente que o processo de inventário, apontado como ação principal, já se encontra findo no juízo estadual." (STJ, CC 3607/PI, Rel. Min. Athos Carneiro, 2ª S., un., DJ 5.4.93, p. 5.803.)

Também foi firmada a competência da Justiça Federal na seguinte hipótese:

> PROCESSO CIVIL. COMPETÊNCIA. MANDADO DE SEGURANÇA. SIGILO BANCÁRIO E FISCAL. QUEBRA. COMPANHIA ENERGÉTICA DO ESTADO DE RORAIMA – CER. MALVERSAÇÃO DE VERBAS PÚBLICAS. INTERESSE DA UNIÃO COMPROVADO. JUSTIÇA FEDERAL. DECISÃO ADEQUADAMENTE FUNDAMENTADA. 1. A quebra de sigilo bancário e fiscal requerida pelo Ministério Público para instruir as investigações de malversação de verbas pela Companhia Energética do Estado de Roraima – CER deve ser processada e julgada pela Justiça Federal, por força do art. 109-I da Constituição Federal. 2. No caso, a Companhia Energética do Estado de Roraima – CER funciona como concessionária de um serviço próprio da União, ou seja, como delegada da União e não como mera sociedade de economia mista no exercício de atividade econômica. (...) (TRF 1ª R., MS 1999.01.00.060740-9/RR; Rel. Des. Fed. Hilton Queiroz, 2ª S., un., DJ 21.2.00, p. 52.)

De frisar, porém, que nem todo o pedido de quebra de sigilo financeiro, pelo mero fato de afetar o sistema financeiro nacional, atrai a competência da Justiça Federal. Isso ocorrerá apenas nas hipóteses do art. 109 da Constituição, ou seja, quando em razão da matéria ou da pessoa, seja a Justiça Federal competente para o julgamento da causa em andamento ou que possa vir a ser proposta caso o pedido de quebra de sigilo seja investigatório. (STJ, CC 3923/MG, Rel. Min. Francisco Peçanha Martins, 1ª S., un., DJ 15.8.94, p. 20.272.)

A possibilidade de fornecimento de informações sigilosas à AGU para a defesa da União, prevista no § 3º do art. 3º da LC nº 105/01, deve ser interpretada dentro dos limites do artigo, ou seja, desde que haja autorização judicial, para que não seja violado o princípio processual da igualdade de armas.

Havendo dois juízes igualmente competentes, será esta determinada pela prevenção, aplicando-se o art. 83 do CPP como segue:

PROCESSUAL PENAL – CONFLITO DE COMPETÊNCIA – PREVENÇÃO. – Conflito instaurado a partir da conexão de Inquérito Policial e Medida Cautelar Penal. – O MM. Juízo Suscitado ao decidir pela quebra de sigilo bancário firmou a competência pela prevenção, uma vez ter tal decisão conteúdo decisório. (...) (TRF 2ª R., CC nº 4698/RJ, Rel. Des. Fed. Espírito Santo, 2ª T., un., DJ 8.2.01.)[260]

2.4.7.4.7. Prova Emprestada

Tem-se que é admissível a *prova emprestada*, assim entendida aquela produzida em outro processo judicial, desde que se trate do mesmo acusado, para que não sejam ofendidos o princípio do contraditório e a garantia da ampla defesa, especialmente tendo sido a prova produzida licitamente no processo originário.[261] Assim será, especialmente se a prova emprestada não é a única a sustentar a condenação (STF, HC nº 67.063/RS, Rel. Min. Aldir Passarinho, 2ª T., un., DJ 2.6.89, p. 9.600; STJ, HC nº 17.513/RJ, Rel. Min. José Arnaldo da Fonseca, 5ª T., un., DJ 22.10.01, p. 342).

Além disso, a lei expressamente autoriza a comunicação de fatos ilícitos, sem que isso constitua quebra de sigilo (LC nº 105/01, art. 1º, § 3º, IV). Evidentemente que, em tal caso, não há que se falar em prova emprestada, inocorrendo aí qualquer restrição, como se vê da seguinte ementa, com destaques por nossa conta:

PROCESSUAL PENAL. CRIME CONTRA A ORDEM TRIBUTÁRIA. AÇÃO PENAL. LANÇAMENTO TRIBUTÁRIO. ATO PRESCINDÍVEL. PROVA EMPRESTADA. FASE INQUISITORIAL. – (...) A prova emprestada, que é a realizada com inobservância dos princípios do contraditório e do devido processo legal, e por isso é qualificada como prova ilícita, não se presta para embasar sentença penal condenatória. *Como tal não deve ser considerado o conjunto de informações contidas no bojo de inquérito policial ou de procedimento administrativos, que consubstanciam meros elementos que servem de base ao oferecimento da denúncia.* (STJ, HC nº 14.274/PR, Rel. Min. Vicente Leal, DJ 4.6.01, p. 256).

Como já decidido pelo STF, pode ser admitida a prova emprestada, sem violação ao princípio do contraditório, quando se cuidar de prova originariamente produzida sem a participação das partes, como é o caso da-

---

[260] No mesmo sentido: TRF 3ª R., CC 200103000337355/MS, Rel. Des. Fed. Peixoto Júnior, 1ª S., un., 3.12.03.

[261] FERNANDES, Antonio Scarance. *Processo Penal Constitucional*, p. 96. Nesse sentido, tratando de interceptação telefônica: STJ, HC nº 27145/SP, Rel. Min. Félix Fischer, 5ª T., un., DJ 5.8.03, p. 342.

quela objeto de sigilo financeiro. Eis o teor da ementa, tratando de perícia em processo de tráfico ilícito de entorpecentes, mas em raciocínio que pode ser aqui invocado:

(...) I. PROVA EMPRESTADA E GARANTIA DO CONTRADITÓRIO. A garantia constitucional do contraditório – ao lado, quando for o caso, do princípio do juiz natural – é o obstáculo mais freqüentemente oponível à admissão e à valoração da prova emprestada de outro processo, no qual, pelo menos, não tenha sido parte aquele contra quem se pretenda fazê-la valer; por isso mesmo, no entanto, a circunstância de provir a prova de procedimento a que estranho a parte contra a qual se pretende utilizá-la só tem relevo, se se cuida de prova que – não fora o seu traslado para o processo – nele se devesse produzir no curso da instrução contraditória, com a presença e a intervenção das partes. Não é a hipótese de autos de apreensão de partidas de entorpecentes e de laudos periciais que como tal os identificaram, tomados de empréstimo de diversos inquéritos policiais para documentar a existência e o volume da cocaína antes apreendida e depositada na Delegacia, pressuposto de fato de sua subtração imputada aos pacientes: são provas que – além de não submetidas por lei à produção contraditória (CPrPen, art. 6º, II, III e VII e art. 159) – nas circunstâncias do caso, jamais poderiam ter sido produzidas com a participação dos acusados, pois atinentes a fatos anteriores ao delito. (...) (HC nº 78.749/MS, Rel. Min. Sepúlveda Pertence, 1ª T., un., DJ 25.6.99, p. 4).

2.4.7.5. *Requisição do Ministério Público*

É controvertida a questão do acesso do membro do Ministério Público a informações financeiras, sem autorização judicial.

A antiga Lei Orgânica do Ministério Público (LC nº 40, de 14 de dezembro de 1981), em seu artigo 15, I e IV, embora autorizasse a requisição de documentos por parte do Ministério Público, já ressalvava as informações objeto de sigilo.[262]

Nesse sentido, o precedente que segue:

PROCESSUAL PENAL. AÇÃO PENAL. REQUISIÇÃO PELO MINISTÉRIO PÚBLICO. TRANCAMENTO. FALTA DE JUSTA CAUSA. 1. Promotor de Justiça pode requisitar informações e documentos as instituições financeiras destinadas a instruir inquérito policial, ressalvadas as hipóteses de sigilo (LC 40/81, art. 15, I e IV). 2. O Sistema Financeiro Nacional é estruturado em Lei Complementar – CF, art. 192 *caput*. Assim, a Lei nº 4595, de 1964 foi recepcionada como tal, somente pode ser alterada por lei complementar assegurado, no art. 38, o sigilo bancário, as requisições feitas por promotor de justiça, *si et in quantum*, submetem-se a essa limitação, também inserta na LC 40/81, nada impedindo que o faça através do Poder Judiciário. 3. Tratando-se,

---

[262] Art. 15. São atribuições dos membros do Ministério Público: I – promover diligências e requisitar documentos, certidões e informações de qualquer repartição pública ou órgão federal, estadual ou municipal, da Administração Direta ou Indireta, ressalvadas as hipóteses legais de sigilo e de segurança nacional, podendo dirigir-se diretamente a qualquer autoridade; (...) IV – requisitar informações, resguardando o direito de sigilo;

no entanto, de crime contra o sistema financeiro nacional, o Ministério Público Federal poderá requisitar a qualquer autoridade, informação, documento ou diligência relativa a prova dos crimes previstos na Lei nº 7.492 de 1986. 4. A hipótese dos autos aí não se enquadra, motivo pelo qual se concede a ordem para trancar a ação penal. (STJ, RHC 1290/MG, Rel. Min. Jesus Costa Lima, 5ª T., un., DJ 21.10.91, p. 14.749.)

A Lei da Ação Civil Pública (Lei nº 7.347, de 24 de julho de 1985), embora autorize o Ministério Público a "requisitar, de qualquer organismo público, certidões, informações, exames e perícias" (art. 8º, § 1º), ressalva, no § 2º do mesmo artigo, os casos em que a lei impuser sigilo, como é o caso das informações bancárias. (STJ, REsp. 66.854/DF, 6ª T., un., Rel. Min. Luiz Vicente Cernicchiaro, DJ 16.12.96, p. 50.960.)

A Lei nº 7.492, de 16 de junho de 1986, que dispõe sobre os crimes contra o Sistema Financeiro Nacional, em seu art. 29, assim reza:

Art. 29. O órgão do Ministério Público Federal, sempre que julgar necessário, poderá requisitar, a qualquer autoridade, informação, documento ou diligência relativa à prova dos crimes previstos nesta Lei. Parágrafo único. O sigilo dos serviços e operações financeiras não pode ser invocado como óbice ao atendimento da requisição prevista no *caput* deste artigo.

Com fundamento em tal dispositivo legal, poder-se-ia argumentar que o sigilo financeiro não pode ser oposto ao Ministério Público quando se cuidar de investigação atinente a crime contra o sistema financeiro nacional, mas não quando versar sobre outros delitos, como referido no acórdão acima.[263] Há, porém, duas objeções: a primeira é a menção do dispositivo à *autoridade*, de modo que não seria aplicável quando a determinação for dirigida a pessoas privadas[264] e a segunda é que o sigilo financeiro é matéria reservada à lei complementar, de modo que são inócuas na matéria as disposições veiculadas mediante lei ordinária. Ambas as objeções são referidas nos seguintes acórdãos:

PENAL. SISTEMA FINANCEIRO NACIONAL. INSTITUIÇÕES PRIVADAS. REQUISIÇÃO DO MINISTÉRIO PÚBLICO FEDERAL. SIGILO BANCÁRIO. – CRIME DE DESOBEDIÊNCIA. Como tal não se tipificam as escusas da instituição privada solicitada, a qual não se conceitua como "autoridade" para efeito do art. 29 da Lei 7.492/86, c.c. os arts. 2º, 8º, 22 e 38, §§ 1º e 2º, da Lei 4.595/64. (STJ, HC nº 1.458/RS, Rel. Min. José Dantas, 5ª T., un., DJ 7.12.92, p. 23.323.)

HABEAS CORPUS – GERENTES ADMINISTRATIVOS DE BANCOS PARTICULARES – QUEBRA DE SIGILO BANCÁRIO. I – Somente ao Poder Judiciário e as CPI's do Legislativo cabe decidir sobre quebra do sigilo bancário, *ex vi* do art. 38 da Lei n.

---

[263] Nesse sentido: "Cuidando-se de crimes contra o Sistema Financeiro Nacional, não pode o sigilo bancário ser invocado como óbice ao atendimento de requisição feita pelo ministério público." (TRF 1ª R., HC 93.01.02047-5/RO, Rel. Des. Fed. Tourinho Neto, 3ª T., un., DJ 20.5.93, p. 18.786). No mesmo sentido: TRF 3ª R., HC nº 97.03.035380-0/SP, 5ª T., Rel. Des. Fed. Andre Nabarrete, un., DJ 13.10.98, p. 444.

[264] TAVARES, Juarez. A Violação ao Sigilo Bancário em face da Proteção da Vida Privada. *Revista Brasileira de Ciências Criminais*, São Paulo, n. 1, jan.-mar. 1993, p. 107.

4.595/64. O dispositivo não foi revogado pelo artigo 129, VI, da Constituição Federal que, dispondo sobre os poderes do ministério público inclui os de requisitar informações e documentos para instruir procedimentos administrativos de sua competência. O pressuposto é a existência de procedimentos administrativos de competência do ministério público. Além disso, o dispositivo carece de regulamentação por Lei Complementar (artigo 129, VI). Quanto ao artigo 29 da Lei nº 7.492/86, permite ele a requisição pelo ministério público de documento ou diligência a "qualquer autoridade". A autoridade, no caso, seria dirigente do Banco Central e não o gerente do banco, que não é titular de cargo ou função publica. Em suma, mesmo em se admitindo a legitimidade do ministério público para requisitar a quebra do sigilo bancário em caso de crime econômico, tal requisição deveria ter sido dirigida ao Banco Central, ao qual poderiam as impetrantes fornecer os dados sem incidir nas penas comitnadas ao crime de quebra de sigilo bancário. (...) (TRF 2ª R., HC nº 93.02.18736-5/RJ, Rel. Des. Fed. Chalu Barbosa, 1ª T., un., DJ 12.5.94, p. 22.268.)

Atualmente, o fundamento constitucional para o poder de requisição ministerial é o inciso VIII do art. 129 da Constituição, que confere ao Ministério Público o poder de *requisitar diligências investigatórias*.

O dispositivo constitucional foi regulamentado, para os ministérios públicos estaduais, pela Lei nº 8.625, de 12 de fevereiro de 1993, em seu art. 29, II e § 2º.[265] Segundo o STJ, esse dispositivo não autoriza a quebra de sigilo financeiro sem autorização judicial, até porque a matéria é reservada à lei complementar (STJ, HC 2.352-8/RJ, Rel. Min. Assis Toledo, 5ª T., DJ 9.5.94, p. 10.882, RSTJ n. 82, p. 271). Já o Ministério Público Federal tem sua atividade regulamentada pela LC nº 75, de 20 de maio de 1993, cujo § 2º do art. 8º dispõe que: "Nenhuma autoridade poderá opor ao Ministério Público, sob qualquer pretexto, a exceção do sigilo, sem prejuízo da subsistência do caráter sigiloso da informação, do registro, do dado ou do documento que lhe seja fornecido." Esse dispositivo, efetivamente, parece conceder ao Ministério Público o poder de requisição de informações, ainda que sigilosas, mantido o dever de preservação do sigilo. Não subsistiria aqui a objeção de que a matéria seria reservada à lei complementar.[266]

Para o TRF da 1ª Região, porém, o dispositivo merece interpretação restritiva, conforme a Constituição,[267] como segue:

PROCESSO PENAL. *HABEAS CORPUS.* SIGILO BANCÁRIO. OPERAÇÕES FINANCEIRAS REALIZADAS ENTRE INSTITUIÇÃO FINANCEIRA E ENTIDADE DE

---

[265] Art. 26. No exercício de suas funções, o Ministério Público poderá: (...) II – requisitar informações e documentos a entidades privadas, para instruir procedimentos ou processo em que oficie; (...) § 2º O membro do Ministério Público será responsável pelo uso indevido das informações e documentos que requisitar, inclusive nas hipóteses legais de sigilo.

[266] Nesse sentido: FELDENS, Luciano. Sigilo Bancário e Ministério Público: da necessária coabitação entre as Leis Complementares 105/01 e 75/93. *Boletim dos Procuradores da República*, n. 56, Brasília, dez. 2002, p. 12-14.

[267] Sobre interpretação conforme a constituição, ver: APPIO, Eduardo. *Intepretação Conforme a Constituição. Instrumentos de Tutela Jurisdicional dos Direitos Fundamentais.* Curitiba: Juruá, 2000.

PREVIDÊNCIA PRIVADA. REQUISIÇÃO PELO MINISTÉRIO PÚBLICO DE INFOR-MAÇÕES. LEI COMPLEMENTAR N. 75/93, ART. 8º, § 2º. IMPOSSIBILIDADE. IN-TERPRETAÇÃO CONFORME A CONSTITUIÇÃO. I – As operações realizadas entre instituição financeira e entidade de previdência privada restringem-se ao âmbito das duas instituições – pessoas jurídicas de direito privado. Qualquer penetração na seara da escrituração bancária, de forma a esclarecer o mecanismo irregular que porventura ocorreu com as operações realizadas, devassaria a vida do cliente do banco. Nesse caso, a quebra do sigilo bancário só seria viabilizada mediante inter-ferência do órgão judiciário. II – A Lei 4.595/64, que prevê o sigilo bancário, recep-cionada pela nova ordem constitucional, entra em choque, no presente caso, com a Lei Complementar 75/93, à medida que esta viabiliza, por ato próprio, ou seja, sem autorização judicial, o afastamento do sigilo bancário. III – O art. 8º, § 2º, da Lei Complementar 75/93, ao traçar hipótese de requisição por parte do Ministério Público de informações, estipulando que nenhuma autoridade poderá opor a exceção de sigilo, deve contemplar uma interpretação conforme a Constituição, sopesando os direitos, garantias e princípios inseridos no texto constitucional. Se as informações extrapolam o âmbito das relações privadas, vindo a atingir interesses públicos, pre-valecem os últimos. Nesse caso, o sigilo bancário imposto nos moldes da Lei 4.595/64 não será contemplado, dando lugar à aplicação do dispositivo da Lei Com-plementar 75/93, antes mencionado. IV – Interpretação consoante jurisprudência do Supremo Tribunal Federal (...) (MS 21729-4/DF). (HC nº 1998.01.00.004477-2, Rel. Juiz Cândido Ribeiro, 3ª T., m., DJ 1º.7.98, p. 218.)

De fato, quanto ao Ministério Público, é majoritária a jurisprudência pela impossibilidade da quebra de sigilo financeiro sem autorização judi-cial, ao argumento de que: "Somente autorização expressa da Constituição legitimaria o Ministério Público a promover, diretamente e sem a interven-ção da autoridade judiciária, a quebra do sigilo bancário de qualquer pes-soa" (STF, RE nº 215.301/CE, 2ª T., Rel. Min. Carlos Velloso, DJ 28.5.99, p. 24 e STJ, REsp. 90.275/CE, Rel. Min. William Patterson, 6ª T., un., DJ 2.12.96, p. 47.732). Desse modo, predomina o entendimento no sentido de que pode o Ministério Público tão-somente requerer ao Poder Judiciário a quebra de sigilo financeiro, seja nos autos de inquérito, ou em procedimento investigatório administrativo instaurado no âmbito do próprio órgão (STJ, ROMS nº 7.423/SP, Rel. Min. Milton Luiz Pereira, 1ª T., un., DJ 3.11.97, p. 56.217, RSTJ n. 102, p. 62), mas não determinar às instituições financei-ras o fornecimento dos documentos, nem exigir o acesso, sem autorização judicial.

Em conseqüência: "Não consubstancia crime de desobediência a ne-gativa de atendimento a requisição do Ministério Público de informações sobre o assunto protegido pelo sigilo bancário." (STJ, REsp. nº 79.026/DF, Rel. Min. Vicente Leal, 6ª T., un., DJ 3.5.99, p. 182.)

Nessa linha, é interessante observar que o STF, embora entenda que inexiste reserva de jurisdição na matéria, interpretou a legislação referente ao Ministério Público no sentido de que não foi concedido tal poder, ao

SIGILO BANCÁRIO E PRIVACIDADE

141

contrário do que ocorre com a CPI, cujos poderes investigatórios decorrem diretamente da Constituição.

Necessário, porém, o registro de que o STF, ao julgar mandado de segurança impetrado por instituição financeira, entendeu, por escassa maioria de um voto, não ser oponível ao Ministério Público o sigilo financeiro, no caso concreto, diante da origem pública de parte do dinheiro envolvido nas operações, levando em conta o princípio da publicidade insculpido no art. 37 da Constituição, em acórdão assim ementado:

> MANDADO DE SEGURANÇA. SIGILO BANCÁRIO. INSTITUIÇÃO FINANCEIRA EXECUTORA DE POLÍTICA CREDITÍCIA E FINANCEIRA DO GOVERNO FEDERAL. LEGITIMIDADE DO MINISTÉRIO PÚBLICO PARA REQUISITAR INFORMAÇÕES E DOCUMENTOS DESTINADOS A INSTRUIR PROCEDIMENTOS ADMINISTRATIVOS DE SUA COMPETÊNCIA. (...) 2. Solicitação de informações, pelo Ministério Público Federal ao Banco do Brasil S/A, sobre concessão de empréstimos, subsidiados pelo Tesouro Nacional, com base em plano de governo, a empresas do setor sucroalcooleiro. 3. Alegação do Banco impetrante de não poder informar os beneficiários dos aludidos empréstimos, por estarem protegidos pelo sigilo bancário, previsto no art. 38 da Lei nº 4.595/1964, e, ainda, ao entendimento de que dirigente do Banco do Brasil S/A não é autoridade, para efeito do art. 8º, da LC nº 75/1993. 4. O poder de investigação do Estado é dirigido a coibir atividades afrontosas à ordem jurídica e a garantia do sigilo bancário não se estende às atividades ilícitas. A ordem jurídica confere explicitamente poderes amplos de investigação ao Ministério Público – art. 129, incisos VI, VIII, da Constituição Federal, e art. 8º, incisos II e IV, e § 2º, da Lei Complementar nº 75/1993. 5. Não cabe ao Banco do Brasil negar, ao Ministério Público, informações sobre nomes de beneficiários de empréstimos concedidos pela instituição, com recursos subsidiados pelo erário federal, sob invocação do sigilo bancário, em se tratando de requisição de informações e documentos para instruir procedimento administrativo instaurado em defesa do patrimônio público. Princípio da publicidade, *ut* art. 37 da Constituição. 6. No caso concreto, os empréstimos concedidos eram verdadeiros financiamentos públicos, porquanto o Banco do Brasil os realizou na condição de executor da política creditícia e financeira do Governo Federal, que deliberou sobre sua concessão e ainda se comprometeu a proceder à equalização da taxa de juros, sob a forma de subvenção econômica ao setor produtivo, de acordo com a Lei nº 8.427/1992. (...) (MS nº 21.729, Rel. Min. Marco Aurélio, Pl., m., DJ 19.10.01, p. 33.)

O Relator originário, Min. Marco Aurélio, que ficou vencido no julgamento, chegou mesmo a afirmar a inconstitucionalidade do § 2º do art. 8º da LC nº 75/93, enquanto os Mins. Maurício Corrêa e Celso Mello emprestavam ao dispositivo interpretação conforme para entender que o dispositivo não abrange o sigilo financeiro. Mesmo para a corrente vencedora, porém, não se adotou posição no sentido da possibilidade ampla de requisição de tais documentos pelo Ministério Público. O Min. Gallotti explicitou tal posição, nos seguintes termos:

(...) não estou, pelo menos nesse caso concreto, considerando que haja autorização de quebra de sigilo para o Ministério Público Federal. Sr. Presidente, apenas para deixar mais claro o meu voto em função do fundamento do voto do eminente Ministro Sydney Sanches, não estou, pelo menos nesse caso concreto, considerando que haja autorização de quebra de sigilo para o Ministério Público Federal. Considero, apenas, estarmos diante de um ato de autoridade, agente do Poder Público, repassando recursos públicos. E pelo próprio art. 37 da Constituição impõe-se todo tipo de publicidade a essa operação. Não há, portanto, a meu ver, quebra de sigilo, mas a revelação de algo que não só não estava sujeita ao sigilo, como para o qual se recomendava a publicidade.

Em nossa posição, com a atual regulamentação, que permite a quebra de sigilo diretamente pela administração fazendária, parece incongruente não possa o Ministério Público obter tais informações sem intermediação judicial, uma vez que dado tal poder à autoridade fiscal.[268] Mais que isso, a própria LC nº 105/01, em seu art. 9º, impõe ao BACEN e à CVM o dever de representar ao Ministério Público quando verificarem a ocorrência de crime de ação pública, *juntando à comunicação os documentos necessários à apuração ou comprovação dos fatos.* Parece contraditório possa o Ministério Público ter acesso aos documentos em tais circunstâncias, mas não tenha a atribuição de requisitá-los do órgão, desde que mantido o dever de sigilo. Ao depois, sendo o Ministério Público o titular da ação penal pública (CRFB, art. 129, I) e portanto destinatário da prova produzida nas investigações policiais, deverá, mais e mais, assumir o papel de coordenação das investigações, aproximando os órgãos fazendários, a polícia, o BACEN, a CVM e o COAF, para tanto devendo ser facultado ao seu agente o acesso aos documentos bancários, para fazer o juízo sobre a existência ou não de elementos suficientes para dar início à ação penal. De ver-se, ainda, que é dado ao Ministério Público o acesso a documentos objeto de sigilo fiscal (CTN, art. 198, § 3º c/c D. 3.000, de 26 de março de 1999, art. 998),[269] não havendo razão para tratamento diferenciado em relação ao sigilo financeiro.

A crítica que poderia ser feita a essa autorização decorre da circunstância de não ser o Ministério Público um órgão imparcial, mas idêntica objeção poderia ser feita à Receita Federal. O melhor, em ambos os casos, é autorizar o acesso, mas responsabilizar o agente público pelo uso indevido

---

[268] Pela possibilidade da quebra diretamente pelo Ministério Público, independentemente de autorização judicial: COSTA, Epaminondas. Defesa do Patrimônio Público, Sigilo Bancário/Fiscal e Autonomia Administrativa do Ministério Público. *Revista dos Tribunais*, São Paulo, v. 746, p. 114-122, dez. 1997 e LIMA, Walberto Fernandes. A Quebra do Sigilo Bancário por Ato do Ministério Público Estadual. *Revista do Ministério Público*, Rio de Janeiro, v. 1, n. 1, p. 182, jan.-jun. 1995.

[269] "Art. 998. Nenhuma informação poderá ser dada sobre a situação econômica ou financeira dos sujeitos passivos ou de terceiros e sobre a natureza e o estado dos seus negócios ou atividades (Lei nº 5.172, de 1966, arts. 198 e 199). § 1º O disposto neste artigo não se aplica aos seguintes casos (Lei nº 5.172, de 1966, arts. 198, parágrafo único, e 199, e Lei Complementar nº 75, de 20 de maio de 1993, art. 8º, § 2º): I – requisição regular de autoridade judiciária no interesse da justiça; II – requisição do Ministério Público da União no exercício de suas atribuições;"

das informações, o que, de resto, está previsto genericamente nos arts. 10 e 11 da LC nº 105/01 e, no caso do Ministério Público Federal, também no § 1º do art. 8º da LC nº 75/93.

Por fim, caso venha a ser admitida a quebra de sigilo financeiro por determinação do Ministério Público, sem autorização judicial, deverá este órgão submeter-se aos mesmos requisitos a que estão sujeitos o juiz e a CPI, a saber: manifestação escrita e fundamentada, delimitação do objeto da investigação, demonstração dos indícios existentes, bem como da necessidade, adequação e proporcionalidade da medida.

2.4.7.6. Informações Requisitadas pelo Poder Legislativo

No art. 4º da LC nº 105/01 está disciplinada a quebra por parte do Poder Legislativo Federal, com autorização do plenário de suas casas (art. 4º, § 2º) ou de comissão parlamentar de inquérito, as quais tem poderes de investigação próprios das autoridades judiciais, nos termos do § 3º do art. 58 da Constituição. Ambas as hipóteses já eram previstas, em contornos assemelhados, pelo art. 38 da Lei nº 4.595, de 31 de dezembro de 1964. Em qualquer caso, a deliberação deverá ser coletiva, não sendo dado aos parlamentares, individualmente, requisitar tais informações. De registrar, também, que: "As CPIs não podem determinar a quebra de sigilo bancário de magistrado, que somente pode ser investigado pelo próprio Poder Judiciário." (STJ, HC nº 9348/AC, Rel. Min. Garcia Vieira, C.E., m., DJ 19.3.01, p. 70.)

Com relação às CPIs, o STF decidiu pelo cabimento da quebra de sigilo financeiro, bem como fiscal e telefônico, desde que haja decisão fundamentada (MS 23.452-1/RJ, Pl., Rel. Min. Celso de Mello, DJ 12.5.00). Se a decisão não for fundamentada, será nula (STF, MS nº 24.029/DF, Rel. Min. Maurício Corrêa, Pl., un., DJ 22.3.02, p. 32.) O próprio art. 4º da LC nº 105/01 autoriza o fornecimento de informações e documentos sigilosos que, *fundamentadamente*, se façam necessários ao exercício do poder legislativo. Embora haja necessidade de fundamentação, não se exigem os requisitos formais da sentença judicial, conforme acórdão assim ementado:

CPI – QUEBRA DE SIGILO BANCÁRIO, TELEFÔNICO E FISCAL – FUNDAMENTAÇÃO. Para ter-se fundamentada a decisão de quebra dos sigilos, considera-se o teor do requerimento, bem como o que exposto, no momento da submissão a voto, aos integrantes da Comissão Parlamentar de Inquérito, descabendo exigir que o ato conte com a mesma estrutura, com relatório, fundamentação e parte dispositiva, de uma decisão judicial. (STF, MS nº 23.716/AM, Pl., Rel. Min. Marco Aurélio, un., DJ 18.5.01.)

Também já afirmou o STF a necessidade de que a CPI, ao quebrar o sigilo: "...o faça mediante deliberação adequadamente fundamentada e na qual indique, com apoio em base empírica idônea, a necessidade objetiva da adoção dessa medida extraordinária." (STF, MS nº 23.652/DF, Pl., Rel. Min. Celso de Mello, DJ 16.2.01, p. 92.) Ou, em outra formulação: "ato fundamentado em que conste a referência a fatos concretos justificadores do motivo dessa quebra." (STF, MSMC nº 24.030/DF, Rel. Min. Moreira Alves, DJ 20.8.01.) Na mesma linha, afirmou-se que: "A legitimidade da medida excepcional deve apoiar-se em fato concreto e causa provável e não em meras conjecturas e generalidades insuficientes para ensejar a ruptura da intimidade das pessoas." (MS nº 23.957/DF, Rel. Min. Maurício Corrêa, DJ 14.12.01, p. 29.)[270] Entendeu-se que depoimento do impetrante e acareação com testemunha que o acusara de receptador, coincidentes com declarações de outra testemunha, tudo referido em relatório da Polícia Federal consubstanciavam causa provável (STF, MS nº 24.217/DF, Rel. Min. Maurício Corrêa, Pl.) De outro lado, o STF considerou insuficientes indícios consubstanciados em matérias jornalísticas. (STF, MSMC nº 24.135/DF, Rel. Min. Nelson Jobim, DJ 18.12.01, p. 25.)

O STF já admitiu a fundamentação por remissão a outras peças, como por exemplo ofício ou manifestação anterior de outro órgão, a chamada motivação *per relationem*. Nesse caso, porém, exige-se que a decisão anterior figure, em seu inteiro teor, no expediente em que decidida a quebra (MS nº 23.452-RJ, Rel. Min. Celso de Mello, j. em 16.9.99.) Também já afirmou o STF que a exigência de fundamentação: "há de ser contemporânea ao ato da Comissão Parlamentar de Inquérito que ordena a quebra de sigilo – qualifica-se como pressuposto de validade jurídica da própria deliberação emanada desse órgão de investigação legislativa, não podendo ser por este suprida, em momento ulterior, quando da prestação de informações em sede mandamental." (MS nº 23.868, Rel. Min. Celso de Mello, Pl., un., DJ 21.06.02, p. 98.)

Assim, a fundamentação deverá ser específica, destinada ao fato em julgamento. Claro está que, em se cuidando de fatos conexos, alguns elementos poderão se repetir, como admitido no seguinte julgado:

Comissão Parlamentar de Inquérito: deliberação de quebra de sigilos bancário e fiscal dos impetrantes — Presidente da Federação de Futebol e da própria entidade: exigência de motivação suficientemente satisfeita no caso, sem que o desminta a literal identidade da justificação de ambos os requerimentos, dos quais se originaram as deliberações questionadas: quando se cuida da enunciação de suspeitas de promiscuidade financeira entre a entidade esportiva e seu dirigente, é manifesto que a sua apuração reclama a análise dos dados relativos a ambos: mandado de segurança denegado. (STF, MS nº 23.974/DF, Rel. Min. Sepúlveda Pertence, Pl., un., DJ 26.10.01, p. 35.)

---

[270] No mesmo sentido: STF, MS nº 23.879/DF, Rel. Min. Maurício Corrêa, Pl., DJ 16.11.01, p. 8.

SIGILO BANCÁRIO E PRIVACIDADE

O fato de a decisão ser sucinta não acarreta, necessariamente, que seja carente de fundamentação (STF, MS n° 23556/DF, Rel. Min. Octavio Gallotti, Pl., un., DJ 7.12.00, p. 7).

Outro limite é que a quebra de sigilo deve ter pertinência com o objeto da CPI, a qual, por imposição constitucional (CRFB, art. 58, § 3°), deve recair sobre fatos determinados, que limitam seu âmbito (STF, HCML n° 80868/DF, Rel. Min. Sepúlveda Pertence, DJ 20.4.01, p. 145). Assim, é, "ainda que os atos investigatórios possam incidir, eventualmente, sobre aspectos referentes a acontecimentos sujeitos a inquéritos policiais ou a processos judiciais que guardem conexão com o evento principal objeto da apuração congressual". (MS n° 23.639/DF, Rel. Min. Celso de Mello, Pl., un., DJ 16.2.01, p. 91.)

Embora o texto da LC n° 105/01 não o diga expressamente, como o faz em relação a informações prestadas pelo Poder Judiciário, o STF tem decidido que deve ser preservado o caráter sigiloso das informações, havendo transferência de sigilo, a fim de proteger a vida privada dos investigados (MSMC 24.750, Rel. Min. Gilmar Mendes, 2.2.04). Deste modo, o acesso aos documentos sigilosos obtidos por determinação deve ficar "limitado aos seus membros, salvo nas hipóteses excepcionais em que haja justa causa e necessidade de divulgação, legitimada pelos fins que a motivaram". (STF, MS n° 23.956/DF, Rel. Min. Ellen Gracie, DJ 18.5.01, p. 236). Na mesma linha, mas avançando para explicitar também que o acesso à sessão é limitado, decisão monocrática tomada em relação à CPMI do Banestado em Mandado de Segurança ajuizado por Celso Pitta, assim decidida:

> Do exposto, defiro, em parte, a liminar, para determinar que, na sessão pública em que será ouvido o ora impetrante, nenhuma reprodução ou alusão, direta nem indireta, seja feita, na formulação de perguntas, em comentários, observações ou transmissão de imagem, ao teor das informações, documentos e dados relativos ao mesmo impetrante, cobertos por sigilo bancário, fiscal e telefônico, o qual não subsiste nem prevalece apenas para a Comissão e seus ilustres membros, aos quais está sempre facultado, a seu alto juízo, proceder, sem tais restrições, à inquirição em sessão reservada, com acesso restrito aos membros da Comissão, ao impetrante e a seu defensor. (MSMC 24.882/DF, Rel. Min. Cezar Peluso, 26.4.04.)

A própria regulamentação interna do Congresso Nacional determina a manutenção do sigilo, como se vê da Resolução n° 29, de 4 de março de 1993:

> Art. 1º. Os documentos de natureza ostensiva e sigilosa produzidos ou recebidos pela Câmara dos Deputados, no exercício de suas funções parlamentares e administrativas, serão tratados na forma desta Resolução.
>
> Art. 7º Não se dará publicidade a informações e documentos oficiais recebidos como sigilosos pela Câmara dos Deputados, observado o grau e prazo de sigilo imposto pela fonte.

Art. 12. Poderão ter acesso a documento classificado, na vigência do prazo de sigilo: I – o parlamentar em exercício ou funcionário, em razão de ofício; II – comissões parlamentares de inquérito e outras que, por resolução da Câmara dos Deputados, sejam investidas de igual poder; III – a Justiça, toda vez que requisitado. Parágrafo único. Toda pessoa que tomar conhecimento de documento ou assunto sigiloso fica responsável pela manutenção do sigilo.

Art. 17. O parlamentar que violar o sigilo de que trata esta resolução incorrerá nas sanções previstas nos incisos III e IV do art. 246 da Resolução nº 17, de 1989, e, nos casos previstos no art. 5º, inciso V, da Constituição, obrigar-se-á à indenização à pessoa que teve seu interesse atingido, sem prejuízo de outras penalidades.

Caso extinta a CPI, o dever de sigilo remanesce para a mesa da casa legislativa respectiva (STF, MS nº 24.054/DF, Rel. Min. Nelson Jobim, DJ 21.9.01). Até que isso aconteça, porém, autoridade coatora para efeito de mandado de segurança é a CPI (STF, MS nº 23.958/DF, Rel. Min. Carlos Velloso, DJ 21.8.01, p. 40).

Lamentavelmente restou suprimida na redação final a regulamentação da quebra do sigilo por parte do Tribunal de Contas da União, que constava do projeto original, o que seria altamente conveniente para a preservação da moralidade administrativa, até porque os fatos submetidos ao controle do tribunal envolvem recursos públicos e a medida atenderia à concretização dos princípios da moralidade e da eficiência (CRFB, art. 37, *caput*). De registrar, porém, que há entendimento no sentido da possibilidade de acesso por parte dos Tribunais de Contas a dados financeiros de órgãos públicos, justamente por aplicação de tais princípios constitucionais (TRF 1ª R., REO 1997.01.00064042/PI, Rel. Juiz Leão Aparecido Alves (Conv.), 3ª T. Suplementar, un., 18.12.03). Na mesma toada, é permitida a troca de informações entre o TCU e a Receita Federal em relação a declarações de bens fornecidas por servidores públicos (Lei nº 8.370/93, art. 5º, parágrafo único), impondo-se ao servidor do TCU o sigilo sobre as informações.

Por fim, é de registrar que a possibilidade de decretação da quebra de sigilo financeiro é privativa da CPI federal, não podendo ser levada a efeito por CPI estadual ou municipal, que deverão requerer tal medida ao Poder Judiciário (TRF 5ª R., ARAI nº 30177/PE, Rel. Des. Fed. Geraldo Apoliano, un., 3ª T., DJ 30.6.00, p. 766).[271] Mais que isso, à CPI estadual não é dado investigar autoridade submetida a foro privilegiado federal, de modo que, em casos tais, somente a CPI federal ou a autoridade judiciária competente poderão autorizar a quebra do sigilo (STJ, AGP 1.611, Corte Especial, Rel. Min. José Delgado, 15.5.02).

---

[271] Nesse sentido: QUEIROZ, Daniela Zarzar Pereira de Melo. Sigilo bancário e CPI estadual. Correio Brasiliense. Direito & Justiça, 26 ago. 2002, p. 4. Em sentido contrário: TRF 5ª R., AMS 200083000092502/PE, Rel. Des. Fed. Francisco Cavalcanti, 4ª T., un., 26.8.03.

SIGILO BANCÁRIO E PRIVACIDADE

2.4.7.7. Informações de Interesse da Fiscalização Tributária

2.4.7.7.1. Generalidades

Entre as várias formas de acesso a informações financeiras, estão aquelas atinentes à função fiscalizadora do Estado em relação à atividade econômica, prevista no art. 174 da Constituição, inferida do inciso II do § 1º do art. 144, e, mais especificamente no campo tributário, no § 1º do art. 145, sede do princípio da capacidade contributiva, que assim dispõe:

> Sempre que possível, os impostos terão caráter pessoal e serão graduados segundo a capacidade econômica do contribuinte, facultado à administração tributária, especialmente para conferir efetividade a esses objetivos, identificar, respeitados os direitos individuais e nos termos da lei, o patrimônio, os rendimentos e as atividades econômicas do contribuinte.

Na legislação infraconstitucional pode-se falar, então, de um dever geral de colaboração com a autoridade fazendária, disciplinado pelo art. 197 do CTN:

> Art. 197. Mediante intimação escrita, são obrigados a prestar à autoridade administrativa todas as informações de que disponham com relação ao bem, negócios ou atividades de terceiros: (...) II – os bancos, casas bancárias, caixas econômicas e demais instituições financeiras; (...) Parágrafo único. A obrigação prevista neste artigo não abrange a prestação de informações quanto a fatos sobre os quais o informante esteja legalmente obrigado a observar segredo em razão de cargo, ofício, função, ministério, atividade ou profissão.

Especificamente em relação ao sigilo financeiro frente à fazenda pública, também relativizado, quanto ao IOF, pelo art. 10 da Lei nº 8.033/90, assim dispunha o § 5º do art. 38 da Lei nº 4.595/64:

> § 5º Os agentes fiscais tributários do Ministério da Fazenda e dos Estados somente poderão proceder a exames de documentos, livros e registros de contas de depósitos quando houver processo instaurado e os mesmos forem considerados indispensáveis pela autoridade competente.

A fiscalização fazendária pode dar-se sob a forma de acompanhamento permanente das atividades, a qual pode ser chamada de *fiscalização-vigilância, continuada* ou *rotineira*, consistente no acompanhamento contínuo de determinadas atividades, o que é típico da legislação sobre lavagem de dinheiro (Lei nº 9.613/98), mas é prevista também na LC nº 105/01, nos seguintes dispositivos: art. 1º, § 3º, III; art. 2º, § 4º, *b* e § 6º; art. 5º. A outra possibilidade é a fiscalização *intermitente*, efetivada pelo exame de documentos ou obtenção de informações sobre fatos específicos, ou por amostragem, como previsto nos seguintes dispositivos da LC nº 105/01: art. 2º, § 1º, I e II; art. 3º, art. 4º, art. 5º, § 4º, art. 6º e art. 7º.[272] A

---

[272] FERRAZ JÚNIOR, Tércio Sampaio. Sigilo de dados: o Direito à Privacidade e os Limites à Função Fiscalizadora do Estado, p. 86-87.

fiscalização poderá recair diretamente sobre documentos do contribuinte ou sobre dados em posse de terceiros, como as instituições financeiras.

Sobre o acesso por parte da autoridade fiscal, a LC nº 105/01 prevê três hipóteses: a) utilização de dados obtidos através das informações sobre a arrecadação da CPMF, prevista no inciso III do § 3º do art. 1º; b) fiscalização-vigilância, mediante fornecimento periódico de informações sobre operações superiores a determinado valor, objeto do art. 5º; c) exame de documentos, livros e registros de instituições financeiras, em fiscalização pontual, regulada no art. 6º. Derradeiramente, mas configurando caso de acesso por consentimento do interessado, pode ser mencionada a adesão ao Programa de Recuperação Fiscal (Refis), implicando autorização de acesso pela autoridade fazendária aos dados da empresa (Lei nº 9.964, de 10 de abril de 2000, art. 3º). Como se vê da leitura dos arts. 5º e 6º, a fiscalização-vigilância é privilégio da *administração tributária da União* enquanto o exame de documentos, livros e registros é autorizado *às autoridades e agentes fiscais tributários da União, dos Estados, do Distrito Federal e dos Municípios*. Nesse ponto, a nova regra é ampliativa em relação à anterior, pois o § 5º do art. 38 da Lei nº 4.595/64 mencionava apenas os agentes fiscais tributários *da União e dos Estados*, ensejando dúvida sobre a aplicabilidade da regra aos fiscais municipais, hoje superada.

De notar, ainda que as instituições financeiras estão sujeitas à fiscalização tributária, não podendo invocar o sigilo, que é estabelecido em favor de seus clientes, para obstar o acesso do fisco aos seus registros, a fim de verificar o cumprimento de suas próprias obrigações tributárias. Nesse sentido a seguinte ementa:

TRIBUTÁRIO. SIGILO BANCÁRIO. INSTITUIÇÕES FINANCEIRAS. FISCALIZAÇÃO TRIBUTÁRIA. SUJEITO PASSIVO 1. Não se confunde o sigilo bancário dos correntistas e aplicadores com os dados bancários necessários à verificação da regularidade dos recolhimentos a cargo da própria instituição financeira, enquanto sujeito passivo/responsável tributário. 2. Não estão as instituições financeiras isentas dos procedimentos normais de fiscalização tributária, resguardando-se o sigilo bancário dos seus clientes, que só pode ser violado com a devida autorização judicial. (...) (TRF 1ª R., AMS nº 96.01.40888-6/BA, Rel. Juíza Kátia Balbino de C. Ferreira (Conv.), 2ª T., DJ 9.7.01, p. 30.)

Na disciplina da LC nº 105/01, a grande novidade é a dispensa de autorização judicial para o acesso a informações financeiras dos contribuintes por parte da administração fazendária, comentada em detalhes no item seguinte. Seguirá exame de cada uma das hipóteses de acesso pela autoridade fazendária.

SIGILO BANCÁRIO E PRIVACIDADE

2.4.7.7.2. Desnecessidade de Autorização Judicial

À luz da legislação anterior à LC nº 105/01, a possibilidade de quebra do sigilo financeiro com fins fiscais, sem autorização judicial, já era admitida (TFR, AC nº 47.875/MG, Rel. Min. Moacir Catunda, j. 30.6.82, LEX-Jurisprudência do TFR v. 12, p. 108). Entendia-se, a partir do § 5º do art. 38 da Lei nº 4.595/64, que o acesso por parte da autoridade fiscal independia de autorização judicial, interpretando-se o termo *autoridade*, no § 5º do art. 38 da Lei nº 4.595/64, como sendo *autoridade administrativa* e o *processo instaurado* como *processo administrativo*.[273] A partir do julgamento do REsp. nº 37.566, em 1994, porém, aquele termo passou a ser entendido como *processo judicial* e *autoridade judicial*, tendo a jurisprudência a partir daí se firmado em tal sentido. Eis a ementa do acórdão citado:

> TRIBUTÁRIO. SIGILO BANCÁRIO. QUEBRA COM BASE EM PROCEDIMENTO ADMINISTRATIVO – FISCAL. IMPOSSIBILIDADE. O sigilo bancário do contribuinte não pode ser quebrado com base em procedimento administrativo-fiscal, por implicar indevida intromissão na privacidade do cidadão, garantia esta expressamente amparada pela Constituição Federal (art. 5º, inciso X). Por isso, cumpre às instituições financeiras manter sigilo acerca de qualquer informação ou documentação pertinente a movimentação ativa e passiva do correntista/contribuinte, bem como dos serviços bancários a ele prestados. Observadas tais vedações, cabe-lhes atender as demais solicitações de informações encaminhadas pelo fisco, desde que decorrentes de procedimento fiscal regularmente instaurado e subscritas por autoridade administrativa competente. Apenas o Poder Judiciário, por um de seus órgãos, pode eximir as instituições financeiras do dever de segredo em relação as matérias arroladas em lei. Interpretação integrada e sistemática dos artigos 38, § 5º, da Lei nº 4.595/64 e 197, inciso II e § 1º do CTN. (...) (STJ, REsp. nº 37.566/RS, Rel. Min. Demócrito Reinaldo, 1ª T., un., DJ 28.3.94, p. 6.294.)[274]

A partir do *leading case* acima referido, firmou-se a jurisprudência do STJ e dos demais tribunais, no sentido da impossibilidade de quebra de sigilo financeiro por parte da autoridade fazendária, sem autorização judicial. À propósito, vejam-se os precedentes seguintes:

> MANDADO DE SEGURANÇA. SIGILO BANCÁRIO. PRETENSÃO ADMINISTRATIVA FISCAL. RÍGIDAS EXIGÊNCIAS E PRECEDENTE AUTORIZAÇÃO JUDICIAL. LEI 8.021/90 (ART. 5º, PARÁGRAFO ÚNICO). 1. O sigilo bancário não constitui direito absoluto, podendo ser desvendado diante de fundadas razões, ou da excepcionalidade do motivo, em medidas e procedimentos administrativos, com submissão a precedente autorização judicial. Constitui ilegalidade a sua quebra em processamento fiscal, deliberado ao alvitre de simples autorização administrativa. 2. Reservas

---

273 NETTO, Floriano Miller. O Sigilo das Instituições Financeiras e o Fisco. *Revista da Procuradoria Geral do Estado*, Porto Alegre, nº 16, p. 28, 1986. Nesse sentido o precedente que segue, minoritário: TRF 4ª R., AMS 97.04.521715/RS, Rel. Juiz Zuudi Sakakihara (Conv.), 4ª T., m., 31.10.00.

274 No mesmo sentido: STJ, REsp. nº 121.642/DF, Rel. Min. Demócrito Reinaldo, un., DJ 22.9.97, p. 46.337.

existentes à auto-aplicação do art. 8º, parágrafo único, da Lei 8.021/90 (REsp. 22.824-8/CE – Rel. Min. Antônio de Pádua Ribeiro). (...) (STJ, REsp. nº 114.741/DF, Rel. Min. Milton Luiz Pereira, 1ª T., un., DJ 18.12.98, p. 291.)

PROCESSUAL CIVIL – RECURSO ESPECIAL – MANDADO DE SEGURANÇA – SIGILO BANCÁRIO – QUEBRA – PROCEDIMENTO ADMINISTRATIVO – FISCAL – IMPOSSIBILIDADE – ACÓRDÃO FUNDADO EM MATÉRIA DE ÍNDOLE CONSTITU- CIONAL – VIOLAÇÃO À LEI FEDERAL NÃO CONFIGURADA – PREQUESTIONA- MENTO AUSENTE – PRECEDENTES. Decidir se esta ou aquela lei federal viola princípio constitucional é da competência do STF, em sede de recurso extraordinário. Os preceitos de lei federal indicados como violados, sequer mencionados no acórdão recorrido, carecem de prequestionamento através de embargos de declaração, que deixou o recorrente de manifestar para suscitar a apreciação do tema, inviabilizando a admissibilidade do apelo, nesta instância superior. A Lei Tributária Nacional (art. 197, paragráfo único) limita a prestação de informações àqueles dados que não estejam legalmente protegidos pelo sigilo profissional. Esta Eg. Corte vem decidindo no sentido da ilegalidade da quebra do sigilo bancário mediante simples procedimen- to administrativo fiscal, face a garantia constitucional da inviolabilidade dos direitos individuais, exceto quando houver relevante interesse público e por decisão do Poder Judiciário, guardião dos direitos do cidadão. (...) (STJ, REsp. nº 114.760/DF, Rel. Min. Francisco Peçanha Martins, 2ª T., DJ 23.8.99, p. 95.)

CONSTITUCIONAL. LEI Nº 4.595/64. INCONSTITU-CIONALIDADE. INEXISTÊN- CIA. Não se aplica à espécie o § 5º do art. 38 da Lei nº 4.595/64, porque, no caso, não há prova de instauração de processo administrativo de depósito e mesmo que houvesse, não poderiam o Agentes Fiscais Tributários do Ministério da Fazenda violar o sigilo bancário, porque dito dispositivo legal não foi recepcionado pela Cons- tituição Federal em vigor, por ser incompatível com o inc. X, do art. 5º da Carta Política. Não é caso de inconstitucionalidade, mas sim de incompatibilidade do dis- positivo legal com a nova ordem constitucional. (TRF 4ª R., ARMS nº 95.04.54943- 8/RS, Rel. Des. Fed. Luiza Dias Cassales, un., j. 14.12.95.)

ADMINISTRATIVO E TRIBUTÁRIO. SIGILO BANCÁRIO. QUEBRA. I – O sigilo ban- cário tem por finalidade a proteção contra a divulgação ao público dos negócios das Instituições Financeiras e de seus clientes, não podendo ser quebrado com base em procedimento administrativo-fiscal (art. 5º, inciso X, da Constituição Federal). O aten- dimento às solicitações de informações encaminhadas pelo Fisco, decorrentes de procedimento fiscal regularmente instaurado e subscritas por autoridade administra- tiva competente, observadas as vedações legais, não quebra o sigilo. Somente atra- vés do Poder Judiciário é possível eximir as Instituições Financeiras do dever de segredo em relação às matérias arroladas em lei. Arts. 38, § 5º, da Lei nº 4.595/64 e 197, II, § 1º, 197 e 198, do CTN. (...) (TRF 2ª R., REOMS nº 96.02.43223-3/RJ, Rel. Des. Fed. Frederico Gueiros, 4ª T., un., DJ 20.10.98, p. 242.)

Manteve-se, como não poderia deixar de ser, o entendimento de que o sigilo financeiro não é, porém, absoluto. De acordo com o STJ: "O sigilo bancário não é um direito de natureza absoluta. Há de ceder diante do inte- resse público caracterizado pela necessidade do fisco em definir se há so- negação fiscal pela via de omissão de receitas." (STJ, MC nº 3060/PR, Rel.

Min. José Delgado, 1ª T., un., DJ 12.3.01, p. 91.) A seu turno, o TRF da 3ª Região assim decidiu: "A ordem jurídica vigente autoriza a quebra do sigilo bancário em defesa do interesse público consistente na fiscalização do cumprimento do dever legal de contribuir para com os cofres públicos." (AMS nº 03.066659-1/SP, Rel. Des. Fed. Aricê Amaral, 2ª T., un., DJ 5.2.97, p. 5.171.)

A expressa autorização para acesso direto por parte da autoridade fazendária, disciplinada nos arts. 5º e 6º, é a grande novidade e o ponto de maior polêmica em torno da LC nº 105/91, o que é objeto das ADIs 2386, 2389, 2390, 2397 e 2406. As ações, propostas pela Confederação Nacional do Comércio (ADI 2386), pelo Partido Social Liberal (ADIs 2389 e 2390) e pela Confederação Nacional da Indústria (ADIs 2397 e 2406), aguardam julgamento.

Apresenta-se aqui uma tensão entre o direito individual de preservação da vida privada do cidadão e o interesse social na arrecadação tributária, o que salta aos olhos pela mera leitura do § 1º do art. 145, da Constituição.

Sendo certo que a lei pretendeu conferir à autoridade fiscal o poder de acesso a dados cobertos pelo sigilo financeiro, deve ser respondida a questão da constitucionalidade da atribuição conferida à autoridade fazendária, veiculada em relação aos seguintes aspectos: a) a reserva de jurisdição na matéria; b) o desrespeito ao devido processo legal; c) a proporcionalidade.

Há reserva de jurisdição em situações nas quais ao Poder Judiciário é reservado não somente o monopólio da última palavra (CRFB, art. 5º, XXV), mas também o monopólio da primeira palavra.[275] São as seguintes as hipóteses expressas de reserva de jurisdição presentes no art. 5º da Constituição: violação de domicílio (XI); interceptação telefônica ou de dados (XII); dissolução compulsória de associação (XIX) e prisão (LXI). A existência de reservas de jurisdição expressas, aliás, autoriza a conclusão de que, fora de tais hipóteses, o campo está aberto para conformação pelo legislador ordinário, desde que não afaste a possibilidade de exame posterior da questão pelo Poder Judiciário. A questão não é, porém, tranqüila, podendo inferir-se reservas implícitas de jurisdição na medida em que o cidadão tem direito a um julgamento por um juiz independente e imparcial, como garante, por exemplo, a Convenção Americana dos Direitos Humanos, em seu art. 8º, item 1.

A jurisprudência do STF não é tranqüila na matéria. No julgamento do MS 23.480, afirmou não estar a quebra de sigilo financeiro e fiscal, assim como a interceptação telefônica, "coberta pela reserva absoluta de jurisdição que resguarda outras garantias constitucionais", de modo que poderia

---

[275] CANOTILHO, J.J. Gomes. *Direito Constitucional e Teoria da Constituição*. 3ª ed. Coimbra: Almedina, 1998, p. 622.

ser examinada por CPI.[276] Para o Ministro Celso de Mello, o tema da reserva de jurisdição ainda não estaria definido no âmbito do STF, segundo consignado na ementa do MS 23.452 (DJ 12.5.00, p. 20). Posteriormente, porém, o próprio Min. Celso de Mello veio a afirmar que:

> O princípio constitucional da reserva de jurisdição – que incide sobre as hipóteses de busca domiciliar (CF, art. 5º, XI), de interceptação telefônica e de decretação da prisão, ressalvada a situação de flagrância penal (CF, art. 5º, LXI) – não se estende ao tema da quebra de sigilo, pois, em tal matéria, e por efeito de expressa autorização dada pela própria Constituição da República (CF, art. 58, § 3º), assiste competência à Comissão Parlamentar de Inquérito, para decretar, sempre em ato necessariamente motivado, a excepcional ruptura dessa esfera de privacidade das pessoas. (...) (MS 23.652/DF, Rel. Min. Celso de Mello, Pl., un., DJ 16.2.01, p. 92.)

Não pode, porém, a CPI determinar busca e apreensão, por ultrapassar os limites da medida meramente investigatória (STF, MS nº 23.642/DF, Rel. Min. Néri da Silveira, j. 29.11.00). O mesmo poderia ser dito com relação à prisão, com exceção de eventual prisão em flagrante, que pode ser decretada por qualquer do povo (CPP, art. 301).

No campo da proteção da vida privada, como visto, inexiste tal restrição, não se podendo invocar a pretendida reserva de jurisdição. Em linha de princípio, então, inexiste vedação constitucional à atribuição de competência à autoridade fazendária para o acesso aos documentos da empresa, ainda que cobertos por sigilo financeiro. Quer dizer, o sigilo financeiro é garantido contra particulares ou concorrentes, mas não contra a Fazenda Pública. Nesse sentido o precedente que segue:

> AGRAVO DE INSTRUMENTO. CONSTITUIÇÃO FEDERAL, ART. 5, XII. SIGILO BANCÁRIO. LEI 4.595/64, ART. 38. LEI COMPLEMENTAR 105/2001, ART. 1º, § 3º, ART. 6, § ÚNICO. PROCEDIMENTO FISCAL. DOCUMENTAÇÃO INDISPENSÁVEL À INVESTIGAÇÃO FAZENDÁRIA. SIGILO QUE CEDE PASSO PARA TAL EFEITO. RESGUARDO DOS DADOS COLIGIDOS, ART. 198 CTN. PRECEDENTES. STF. STJ. I. O sigilo da correspondência, de comunicações telegráficas, de dados e de comunicações telefônicas está previsto no art. 5, inc. XII da Carta Política, não se extraindo, da análise do Texto, eventual reserva de jurisdição no que tange ao sigilo bancário, sequer especificamente mencionado, e previsto no art. 38 de lei 4.595, de 31/12/64. II. A questão pertinente ao sigilo bancário veio de sofrer alteração com o advento da Lei Complementar nº 105, de 10/01/2001, que "dispõe sobre o sigilo das operações de instituições financeiras e dá outras providências", objeto de regulamentação via do Decreto nº 3.724 da mesma data. Presentemente, tem-se que lei

---

[276] DJ 15.9.00, p. 119. No mesmo sentido a ementa do MS nº 23.466/DF, Rel. Min. Sepúlveda Pertence, Pl., un., publicado no DJ de 6.4.01, p. 70, da qual se transcreve o trecho seguinte: "Quebra ou transferência de sigilos bancário, fiscal e de registros telefônicos que, ainda quando se admita, em tese, susceptível de ser objeto de decreto de CPI – porque não coberta pela reserva absoluta de jurisdição que resguarda outras garantias constitucionais –, há de ser adequadamente fundamentada: aplicação no exercício pela CPI dos poderes instrutórios das autoridades judiciárias da exigência de motivação do art. 93, IX, da Constituição da República."

complementar à Constituição autoriza expressamente (§ 3º, art. 1º e art. 6º) às autoridades fazendárias o acesso aos dados do contribuinte para os fins de identificação e quantificação do encargo fiscal. III. Impõe-se, na espécie, a exegese harmônica do Texto Constitucional compatibilizando-se o exercício dos direitos consagrados no art. 5º, XII com a previsão contida no § 1º, do art. 145, pertinente a identificação do patrimônio, rendimentos e atividades econômicas do contribuinte para fins de tributação. IV. A Lei Complementar 105, de 10/01/2001, não padece de inconstitucionalidade de qualquer espécie, operando, na verdade, dicção constitucional. V. Previsão na Lei Complementar de resguardo dos dados colhidos relativamente ao contribuinte (art. 198, CTN e § único do art. 6º, LC 105/2001). VI. Precedentes (STF: RE 219.780/PE, Rel. Min. Carlos Velloso, j. 13.4.99; STJ: ROMS 12.131/RR, Rel. Min. José Delgado, DJ 10/9/01; HB 15.753/CE, Rel. Min. Felix Fischer, DJ 20/8/01; e RESP 286.697/MT, Rel. Min. Francisco Falcão, DJ 11/6/2001). (TRF 3ª R., AI nº 2002.03.00.009434-7/MS, Rel. Des. Fed. Salette Nascimento, 4ª T., m., DJ 11.4.03, p. 366.)

Ultrapassada a reserva de jurisdição, é de verificar se o acesso pretendido atende à cláusula do devido processo legal ou do devido processo jurídico, prevista no inciso LIV do art. 5º da Constituição.[277] No caso em que se examina, o procedimento está previsto na LC nº 105/01, bem como no D. nº 3.724, de 10 de janeiro de 2001, que: "Regulamenta o art. 6º da Lei Complementar nº 105, de 10 de janeiro de 2001, relativamente à requisição, acesso e uso, pela Secretaria da Receita Federal, de informações referentes à operações e serviços das instituições financeiras e das entidades a elas equiparadas."

Tanto é assim que o art. 6º da LC nº 105 dispõe, com destaques por nossa conta, que:

As autoridades e os agentes fiscais tributários da União, dos Estados, do Distrito Federal e dos Municípios somente poderão examinar documentos, livros e registros de instituições financeiras, inclusive os referentes a contas de depósitos e aplicações financeiras, *quando houver processo administrativo instaurado ou procedimento fiscal em curso e tais exames sejam considerados indispensáveis pela autoridade administrativa competente.*

As hipóteses de exame estão, aliás, detalhadamente previstas no Decreto nº 3.724, em seu art. 3º.

Quanto ao contraditório e a possibilidade de participação, também exigidos pelo devido processo, a decretação da quebra de sigilo não significa imposição tributária imediata e automática com os elementos assim admitidos, nem condenação criminal sem defesa, até porque todos os atos praticados pela administração poderão ser contrastados judicialmente. Ao

---

[277] O princípio do devido processo legal (*due process of law*) – ou do devido processo jurídico, uma vez que em sua vertente original anglo-americana o termo *law* não designa a lei, mas o direito – quer significar procedimento, contraditório e participação (FERNANDES, Antônio Scarance. *Processo Penal Constitucional*. São Paulo: RT, 1999, p. 43).

contribuinte serão assegurados todos os meios para sua defesa, posteriormente, em uma modalidade de contraditório diferido, que não é estranha ao nosso direito, sendo admitida em várias outras medidas, como a interceptação telefônica, a busca e apreensão, as perícias realizadas no inquérito policial, etc. Não há, dessarte, violação ao preceito do inciso XXXV do art. 5º da Constituição.

Finalmente, de considerar a proporcionalidade da medida, sob os requisitos da necessidade, adequação e proporcionalidade em sentido estrito, objeto de exame detalhado no item 1.3.5 deste trabalho.

No caso da quebra de sigilo financeiro para fins de lançamento tributário ou apuração de infração tributária, a medida apresenta-se como necessária, adequada e proporcional.

Necessária porque não há outro meio passível de demonstrar os fatos geradores dos tributos, caso o contribuinte se valha do sistema financeiro como meio para escondê-los. As facilidades proporcionadas pela informática bancária em termos de velocidade e agilidade nas transações, bem como seu grande volume, tornam a fiscalização um ato meramente simbólico, uma verdadeira roleta a possibilitar que os contribuintes menos abençoados pela sorte sejam surpreendidos pela fiscalização, enquanto outros omitem os fatos geradores, sem qualquer conseqüência prática.

Segundo Everardo Maciel, a fiscalização, que consiste em comparar se o declarado pelo contribuinte corresponde à verdade, se dá por três formas: a) examinar as declarações feitas pelo próprio contribuinte, o que é feito mediante programas de computador; b) comparação de declarações feitas pelos contribuintes com as fontes pagadoras, por exemplo, o que tem eficácia razoável; c) elementos indiciários de renda, como a movimentação bancária, que é o meio mais eficaz, para apurar indícios de sonegação fiscal, que poderão vir a ser confirmados ou não. Acrescentou que são cerca de vinte mil processos por ano na Receita Federal, de modo que haveria necessidade de idêntico número de autorizações judiciais.[278]

Quer dizer, a atividade de fiscalização não é algo eventual para a autoridade fazendária. O acesso a informações bancárias não pode ser visto como algo excepcional, cercado de ritos e sacralidades, a demandar inúmeras intervenções judiciais. O acompanhamento será permanente, obedecidos os requisitos legais. Do reconhecimento do caráter de direito fundamental da vida privada e do sigilo financeiro como sua manifestação não decorre uma impossibilidade de acesso por parte da fiscalização, mas sim do público em geral, de terceiros.

---

[278] MACIEL, Everardo. Sigilo Bancário e Fiscal no Brasil. In: SEMINÁRIO SOLUÇÕES PARA A EXECUÇÃO FISCAL NO BRASIL, p. 88.

Há, ainda, visceral conexão entre a quebra de sigilo para fins fiscais e criminais, na medida em que a seleção criminal dos casos de sonegação fiscal que chegarão ao conhecimento do Ministério Público e do Poder Judiciário se dá pela atuação das autoridades fazendárias, e não da polícia, sendo aquelas, em regra, mais versadas na investigação de tais fatos. Assim é que a quebra de sigilo financeiro pela fiscalização poderá, no futuro, permitir não só a efetivação da arrecadação, mas também a concretização da persecução penal em relação a um crime contra a ordem tributária, objeto de representação fiscal para fins penais.[279] Mais que isso, o lançamento tributário será essencial para a comprovação da materialidade do delito contra a ordem tributária. Desse modo, a proporcionalidade do exame de documentos bancários pela autoridade fazendária também deve ser vislumbrada do ponto de vista criminal. Veja-se que a comunicação às autoridades competentes da prática de ilícitos penais é autorizada, independentemente de autorização judicial, pelo inciso IV do art. 2º da LC nº 105/01. De todo modo, se o acesso por parte da autoridade administrativa foi ilegal, por não atendidos os pressupostos para tanto, tais provas serão ilícitas e não poderão ser utilizadas no processo penal.[280]

Tanto é assim que deverá ser admitida a remessa de informações obtidas judicialmente, com fins criminais, para a autoridade administrativa fazendária, como já decidiu o TRF da 4ª Região, nos seguintes termos:

> DIREITO PROCESSUAL PENAL. MANDADO DE SEGURANÇA. CABIMENTO. QUEBRA DE SIGILO BANCÁRIO. PREVISÃO LEGAL. LEI COMPLEMENTAR Nº 105/2001. INTERCÂMBIO DE DADOS ENTRE A RECEITA FEDERAL E ÓRGÃOS DE INVESTIGAÇÃO. POSSIBILIDADE. (...) 2. As autoridades e os agentes fiscais tributários podem – independente de ordem judicial mas desde que haja processo administrativo instaurado ou procedimento fiscal em curso – examinar documentos, livros e registros de instituições financeiras, devendo, todavia, ser "preservado o seu caráter sigiloso mediante acesso restrito às partes, que delas não poderão servir-se para fins estranhos à lide" (art. 3º, *caput*, da LC nº 105/2001). 3. Isso não significa, porém, que seja vedado o intercâmbio de informações (obtidas a partir da quebra de sigilo) entre a SRF e os órgãos de investigação (Polícia Federal e Ministério Público) visto que o termo lide engloba não somente a persecução penal *stricto sensu* – onde são partes a Justiça Pública e o acusado – mas também todos os elementos coligidos na seara extrapenal que, de alguma forma, irão conferir, num momento posterior, presunção de veracidade à *opinio delicti*. 4. Ademais, ofende o Princípio da Razoabilidade exigir-se que a Receita Federal instaure procedimento cível buscando obter registros já angariados na esfera criminal até mesmo porque, em se tratando da apuração de crimes contra a Ordem Tributária e o Sistema Financeiro Nacional (Leis nºs 8.137/90 e 7.492/86), nenhum outro órgão se mostra mais adequado para auxiliar na comprovação da materialidade de tais delitos. 5. Nessa ordem de idéias, urge,

---

[279] Sobre esse ponto, ver, acima, o item 2.4.7.3.
[280] Ver, *supra*, item 2.4.7.3.

em tempos de repressão ao crime organizado, haver ampla cooperação entre os mais diversos órgãos apuratórios, o que auxilia na agilização das investigações e na possibilidade de identificação dos verdadeiros infratores. (MS nº 2002.04.01.029958-8/PR, Rel. Des. Fed. Élcio Pinheiro de Castro, 8ª T., un., DJ 2.4.03, p. 788)[281]

Em caso análogo, permitiu-se o aproveitamento de informação obtida mediante quebra de sigilo determinada por CPI para o lançamento tributário (TRF 5ª R., AC 200205000042297/AL, Rel. Des. Fed. Lázaro Guimarães, 2ª T., un., 20.5.03).

Um argumento contrário à necessidade da quebra de sigilo financeiro diretamente pela autoridade fiscal é a permanência dos dados, de modo que inexistiria urgência a determinar o imediato acesso, nada impedindo que seja buscado o mandado judicial.[282] Não se pode, porém, afastar a possibilidade de adulteração ou destruição dos dados, em conluio com prepostos da instituição financeira. Ainda que isso não seja, obviamente, a regra, tenho que esse dado não é suficiente para impor, sempre, a necessidade de controle judicial prévio da atuação administrativa, quando eventuais abusos poderão ser controlados judicialmente, *a posteriori*.

Além disso, é de ver que o objetivo da lei é um acesso mais amplo por parte da autoridade fiscal aos dados bancários, assim como é comum, nada tendo de excepcional, o acesso por parte de centrais de crédito interbancárias e serviços de proteção ao crédito, como visto no item 2.4.7.1.

No tocante à adequação, pode-se afirmar, também, que a nova regulamentação, através de uma restrição mínima ao direito fundamental, possibilita alcançar os fins colimados, quais sejam, a efetivação da justiça fiscal material, no sentido da adequada distribuição da carga tributária, conforme os níveis de riqueza dos cidadãos[283] e a identificação dos responsáveis por infrações tributárias. Não há, aliás, grandes prejuízos para o cidadão que paga corretamente seus tributos no fato do acesso aos seus dados bancários por parte da fiscalização tributária. Demais disso, diga-se que os fatos a ser

---

[281] No mesmo sentido: TRF 1ª R., MS 2003.01.000347367/MG, Rel. Des. Fed. Olindo Menezes, 2ª S., un., 24.3.04. Em sentido contrário: TRF 4ª R., MS nº 2002.04.01.011623-4/PR, Rel. Des. Fed. Fábio Bittencourt da Rosa, 7ª T., un., DJ 2.4.03, p. 787. Não se admite, tampouco, a *delegação* da quebra à Receita Federal (TRF 4ª R., MS nº 2002.04.01.011330-4/SC, Rel. Des. Fed. Vladimir Passos de Freitas, 7ª T., un., DJ 17.9.02, p. 919).

[282] Sobre esse ponto, assim se manifestou o TRF da 2ª Região: "PENAL E PROCESSUAL PENAL. AGRAVO REGIMENTAL. *HABEAS CORPUS*. MEIO IDÔNEO. QUEBRA DE SIGILO BANCÁRIO. LIMINAR. *FUMUS BONI IURIS* E *PERICULUM IN MORA* (...) – Como o objeto em tela constitui espécie de direito à privacidade do indivíduo, o qual se encontra erigido à nível constitucional, encontra-se presente o *fumus boni iuris*. – Quanto ao *periculum in mora*, entende-se que não haverá qualquer prejuízo à Receita Federal, vez que os dados financeiros do paciente se encontrarão preservados, mesmo com a suspensão da quebra do sigilo bancário, o mesmo não podendo ser alegado para o indivíduo, vez que vários prejuízos acarretarão se houver devassa em sua vida econômica como contribuinte. (...)" (TRF 2ª R., AGRHC nº 2347/ES, Rel. Des. Fed. Benedito Gonçalves, 4ª T., un., DJ 3.7.01).

[283] TAGLIAFERRO, Kleber Augusto. A Constituição Federal e a Lei do Sigilo Bancário: Tensão entre Princípios. *Revista Dialética de Direito Tributário*, São Paulo, n. 66, p. 75, mar. 2001.

SIGILO BANCÁRIO E PRIVACIDADE

157

identificados por conta da violação do sigilo, no campo tributário, são fatos que dariam ensejo ao pagamento de tributo, em relação aos quais existe dever do contribuinte de declaração. Mais ainda, o que interessa às autoridades fazendárias é apenas a movimentação financeira, e não o destino e a origem do dinheiro, ou seja, como ele foi ganho e no que está sendo gasto,[284] o que poderia, eventualmente, violar a vida privada do cidadão. (TRF 5ª R., REO 200005000228037/AL, Rel. Des. Fed. Walter Nunes da Silva Júnior, 2ª T., un., 23.9.03).

Tanto é assim que o art. 2º do D. nº 4.489/02, ao regulamentar o art. 6º da LC nº 105/01, expressamente estabelece que as informações financeiras prestadas:

> (...) restringir-se-ão a informes relacionados com a identificação dos titulares das operações e com os montantes globais mensalmente movimentados, relativos a cada usuário, *vedada a inserção de qualquer elemento que permita identificar a sua origem ou a natureza dos gastos efetuados.*

Por fim, quanto à proporcionalidade em sentido estrito, o interesse público ou social na arrecadação tributária, observado o princípio da capacidade contributiva,[285] bem como na apuração dos ilícitos, supera largamente o interesse individual na preservação da vida privada.[286] Veja-se que a Constituição, nos incisos XVIII e XXII do art. 37, este acrescentado pela Emenda Constitucional nº 42, de 19 de dezembro de 2003, estabelecem que:

> XVIII – a administração fazendária e seus servidores fiscais terão, dentro de suas áreas de competência e jurisdição, precedência sobre os demais setores administrativos, na forma da lei;
>
> XXII – as administrações tributárias da União, dos Estados, do Distrito Federal e dos Municípios, atividades essenciais ao funcionamento do Estado, exercidas por servidores de carreiras específicas, terão recursos prioritários para a realização de suas atividades e atuarão de forma integrada, inclusive com o compartilhamento de cadastros e de informações fiscais, na forma da lei ou convênio.

Segundo Ruiz Garcia, com base em precedente do Tribunal Constitucional alemão:

> É certo que a Lei Fundamental estabeleceu um ordenamento baseado em uma série de valores fundamentais que considera a proteção da liberdade e a dignidade humana como fim supremo; mas a imagem da pessoa humana que a Constituição projeta não é do indivíduo isolado; a Lei Fundamental resolveu a tensão indivíduo-comunidade no sentido da essencial sociabilidade da pessoa.[287]

---

284 MACIEL, Everardo. Sigilo Bancário e Fiscal no Brasil. In: SEMINÁRIO SOLUÇÕES PARA A EXECUÇÃO FISCAL NO BRASIL, p. 89.

285 Sobre o princípio da capacidade contributiva, ver nota 92 e para mais sobre a sua efetivação, o item 2.4.7.

286 Nesse sentido: BARBEITAS, André Terrigno. *O Sigilo Bancário e a Necessidade de Ponderação dos Interesses*. São Paulo: Malheiros, 2003, p. 94 e ss.

287 RUIZ GARCIA, José Ramon. *Secreto Bancario y Hacienda Pública*. Madrid: Civitas, 1998, p. 43.

Registre-se que a atribuição de poderes mais amplos à autoridade fiscal é a tendência mundial.[288] Com efeito, Saldanha Sanches relata que o acesso a informações bancárias por parte da autoridade fiscal é aceita pacificamente nos Estados Unidos, Canadá, Reino Unido, Nova Zelândia e França, a tal ponto que sequer há controvérsia jurisprudencial e doutrinária. Na Espanha há um acesso sistematizado às informações por parte das autoridades fazendárias, já submetido ao crivo do Tribunal Constitucional, sendo esta também a tendência em Portugal. Também admitem tal acesso Austrália, Bélgica, Canadá, Chile, Dinamarca, Finlândia, Grécia, Hungria, Irlanda, Itália, Japão, Coréia, Holanda, Noruega e Suécia.[289]

De lembrar, ainda, que as informações coligidas pela autoridade fiscal continuarão cobertas por sigilo, como deixam claro o § 5º do art. 5º e o parágrafo único do art. 6º da LC nº 105/01, além do art. 7º do D. nº 3.724/01 e das regras específicas sobre sigilo fiscal (CTN, art. 198), o qual também recairia sobre tais informações a partir do momento em que chegam ao conhecimento do servidor fazendário, de modo que há mera transferência de sigilo.[290] Em outras palavras, o que a lei autoriza é identificar, e não dar publicidade aos fatos.[291] Eis o texto do dispositivo legal referido.

Art. 198. Sem prejuízo do disposto na legislação criminal, é vedada a divulgação, por parte da Fazenda Pública ou de seus servidores, de informação obtida em razão do ofício sobre a situação econômica ou financeira do sujeito passivo ou de terceiros e sobre a natureza e o estado de seus negócios ou atividades. (NR) § 1º Excetuam-se do disposto neste artigo, além dos casos previstos no art. 199, os seguintes: (NR) I – requisição de autoridade judiciária no interesse da justiça; (AC) II – solicitações de autoridade administrativa no interesse da Administração Pública, desde que seja comprovada a instauração regular de processo administrativo, no órgão ou na entidade respectiva, com o objetivo de investigar o sujeito passivo a que se refere a informação, por prática de infração administrativa. (AC) § 2º O intercâmbio de informação sigilosa, no âmbito da Administração Pública, será realizado mediante processo regularmente instaurado, e a entrega será feita pessoalmente à autoridade solicitante, mediante recibo, que formalize a transferência e assegure a preservação do sigilo. (AC)

---

[288] SAMPAIO, José Adércio Leite. *Direito à Intimidade e à Vida Privada*, p. 555.

[289] SANCHES, J. L. Saldanha. *A Situação Actual do Sigilo Bancário: a singularidade do regime português*. Disponível em: http://www.idp.org.br . Acesso em: 25 maio 2001.

[290] Nesse sentido: "PROCESSO CIVIL. AGRAVO REGIMENTAL. SOLICITAÇÃO EXTRATO BANCÁRIO. QUEBRA. SIGILO BANCÁRIO. INOCORRÊNCIA 1. Inexiste ofensa ao art. 5º, inc. X, da CRFB/88 porquanto o patrimônio não se confunde com a intimidade, a vida privada, a honra ou a imagem das pessoas. 2. Não há quebra de sigilo bancário quando a autoridade fiscal, através de procedimento fiscalizatório, solicita extratos bancários do contribuinte. Ocorre transferência do sigilo permanecendo a autoridade fiscal obrigada ao sigilo e a manter os dados no mesmo estado anterior." (TRF 4ª R., AGA nº 2001.04.01.056635-5/RS, Rel. Des. Fed. Tadaaqui Hirose, 6ª T., un., DJ 18.7.01, p. 783.)

[291] CASSONE, Vittorio. Capacidade Contributiva, Progressividade e Sigilo Bancário. *Repertório IOB de Jurisprudência*, São Paulo, n. 15/1999, p. 461, ago. 1999.

Eventual violação desta proibição por parte do servidor implicará responsabilização criminal (LC nº 105/01, art. 10); funcional (Lei nº 8.112/90, art. 116, VIII, D. nº 3.724/01, arts. 8º a 11 e D. 4.489/02, arts. 9º a 11) e civil (LC nº 105/01, art. 11).

Nesse quadro, não se sustenta o argumento em desfavor da atuação direta da autoridade fazendária consistente na possibilidade de abusos cometidos no uso de tais informações, que poderiam ser usadas como instrumento para a prática de concussão contra os contribuintes. Veja-se que o D. nº 3.724/01estabelece que o acesso aos documentos sigiloso não se dá ao livre talante do servidor fazendário, pois está limitado a servidores ocupantes do cargo de Auditor-Fiscal (art. 2º, *caput*), mediante mandado de procedimento fiscal (art. 2º, § 3º), documento este firmado por autoridade ocupante do cargo de Coordenador-Geral, Superintendente, Delegado ou Inspetor (art. 2º, § 5º, I) e conterá, entre outras informações, código de acesso à *internet* que permitirá ao contribuinte fiscalizado a verificação de sua autenticidade (art. 2º, § 5º, II, *f*). Como se vê, há uma preocupação em evitar o desvio de finalidade no uso das informações sigilosas e, em concretizado o abuso, instrumentos para a reparação dos danos daí decorrentes. Mais que isso, há possibilidade de controle judicial caso não atendidos os requisitos regulamentares, do que é exemplo a ementa a seguir:

> AGRAVO DE INSTRUMENTO. TRIBUTÁRIO. AÇÃO FISCALIZADORA. SIGILO BANCÁRIO. 1. À míngua de atos que outorguem, ainda que de modo presumido, legitimidade à ação fiscalizadora, é inconcusso o desrespeito ao devido processo legal. Não se coadunando com as disposições de controle e segurança erigidas pelo decreto regulamentador, mostra-se viciado o procedimento administrativo-fiscal, o que recomenda sua imediata paralisação. 2. A esfera privada, a intimidade, qual seja sua faceta, tem absoluta proteção constitucional, cuja ameaça ou lesão efetiva deve ser reprimida vigorosamente, o que autoriza qualquer providência tendente à sua proteção. (TRF 4ª R., AI nº 2002.01.01.019094-4/PR, Rel. Des. Fed. Luiz Carlos de Castro Lugon, 1ª T., un., DJ 11.9.02, p. 581).

A tendência, agora, será a retomada da tradição anterior à guinada provocada pela decisão do STJ no REsp. 37.566, como se vê da seguinte ementa:

> IMPOSTO DE RENDA PESSOA FÍSICA. QUEBRA DE SIGILO BANCÁRIO. PROCEDIMENTO ADMINISTRATIVO. – As informações sobre o patrimônio das pessoas não se inserem nas hipóteses do inciso X, art. 5º, da CF/88, uma vez que o patrimônio não se confunde com a intimidade, a vida privada, a honra e a imagem. – Portanto, não é inconstitucional o art. 8º da Lei nº 8.021/90, que repete as disposições do § 5º do art. 38 da Lei nº 4.595/64, podendo a própria autoridade fiscal solicitar informações sobre operações realizadas pelo contribuinte em instituições financeiras, inclusive extratos de contas bancárias. – O Código Tributário Nacional, em seu art. 197, inc. II, preconiza que os bancos são obrigados a prestar todas as informações de que disponham com relação aos bens, negócios e atividades de terceiros à autoridade administrativa. – A apresentação de extratos bancários para a instrução de

Processo Administrativo Fiscal junto à Receita Federal, não caracteriza a quebra do sigilo bancário, mas simples transferência do sigilo para a autoridade fiscal, que permanece obrigada a manter os dados no mesmo estado anterior. (...) (TRF 4ª R., AC nº 2001.04.01048186-0/SC, Rel. Des. Fed. Vilson Darós, 2ª T., m., DJ 26.2.03, p. 720).

Derradeiramente, é de referir a discussão sobre eventual retroatividade de tais dispositivos. Pela possibilidade, o precedente seguinte:

AÇÃO CAUTELAR. TRIBUTÁRIO. NORMAS DE CARÁTER PROCEDIMENTAL. APLICAÇÃO INTERTEMPORAL. UTILIZAÇÃO DE INFORMAÇÕES OBTIDAS A PARTIR DA ARRECADAÇÃO DA CPMF PARA A CONSTITUIÇÃO DE CRÉDITO REFERENTE A OUTROS TRIBUTOS. RETROATIVIDADE PERMITIDA PELO ART. 144, § 1º DO CTN. 1. O resguardo de informações bancárias era regido, ao tempo dos fatos que compõe a presente demanda (ano de 1998), pela Lei 4.595/64, reguladora do Sistema Financeiro Nacional, e que foi recepcionada pelo art. 192 da Constituição Federal com força de lei complementar, ante a ausência de norma regulamentadora desse dispositivo, até o advento da Lei Complementar 105/2001. 2. O art. 38 da Lei 4.595/64, revogado pela Lei Complementar 105/2001, previa a possibilidade de quebra do sigilo bancário apenas por decisão judicial. 3. Com o advento da Lei 9.311/96, que instituiu a CPMF, as instituições financeiras responsáveis pela retenção da referida contribuição, ficaram obrigadas a prestar à Secretaria da Receita Federal informações a respeito da identificação dos contribuintes e os valores globais das respectivas operações bancárias, sendo vedado, a teor do que preceituava o § 3º da art. 11 da mencionada lei, a utilização dessas informações para a constituição de crédito referente a outros tributos. 4. A possibilidade de quebra do sigilo bancário também foi objeto de alteração legislativa, levada a efeito pela Lei Complementar 105/2001, cujo art, 6º dispõe: "Art. 6º As autoridades e os agentes fiscais tributários da União, dos Estados, do Distrito Federal e dos Municípios somente poderão examinar documentos, livros e registros de instituições financeiras, inclusive os referentes a contas de depósitos e aplicações financeiras, quando houver processo administrativo instaurado ou procedimento fiscal em curso e tais exames sejam considerados indispensáveis pela autoridade administrativa competente." 5. A teor do que dispõe o art. 144, § 1º do Código Tributário Nacional, as leis tributárias procedimentais ou formais têm aplicação imediata, ao passo que as leis de natureza material só alcançam fatos geradores ocorridos durante a sua vigência. 6. Norma que permite a utilização de informações bancárias para fins de apuração e constituição de crédito tributário, por envergar natureza procedimental, tem aplicação imediata, alcançando mesmo fatos pretéritos. 7. A exegese do art. 144, § 1º do Código Tributário Nacional, considerada a natureza formal da norma que permite o cruzamento de dados referentes à arrecadação da CPMF para fins de constituição de crédito relativo a outros tributos, conduz à conclusão da possibilidade da aplicação dos artigos 6º da Lei Complementar 105/2001 e 1º da Lei 10.174/2001 ao ato de lançamento de tributos cujo fato gerador se verificou em exercício anterior à vigência dos citados diplomas legais, desde que a constituição do crédito em si não esteja alcançada pela decadência. 8. Inexiste direito adquirido de obstar a fiscalização de negócios tributários, máxime porque, enquanto não extinto o crédito tributário a Autoridade Fiscal tem o dever vinculativo do lançamento em correspondência ao direito

---

SIGILO BANCÁRIO E PRIVACIDADE

161

de tributar da entidade estatal. (STJ, MC 6.257/RS, Rel. Min. Luiz Fux, 1ª T., un., 3.2.04).[292] [293]

Em suma, nossa posição é pela inocorrência de inconstitucionalidade na autorização dada pela LC nº 105/01, de acesso direto a informações financeiras por parte de autoridades administrativas fazendárias, independentemente de autorização judicial, desde que obedecidos os parâmetros estabelecidos pela própria Lei Complementar e pelas normas regulamentadoras. Não havendo, no caso, reserva de jurisdição, nem se vislumbrando violação dos princípios do devido processo legal e da proporcionalidade, os dispositivos da LC ora comentados não padecem de vício de inconstitucionalidade.[294] Nesse sentido, o precedente que segue:

TRIBUTÁRIO. AGRAVO DE INSTRUMENTO. EXECUÇÃO FISCAL. QUEBRA DE SIGILO BANCÁRIO. O entendimento predominante no Tribunal é o de que, mesmo no âmbito administrativo, independentemente de ordem judicial, o acesso da autoridade fiscal a dados relativos à movimentação financeira dos contribuintes, no bojo de procedimento fiscal regularmente instaurado, como previsto na legislação infraconstitucional, não afronta, a priori, os direitos e garantias individuais assegurados do texto constitucional, no art. 5º, incisos X (inviolabilidade da intimidade, da vida privada, da honra e da imagem das pessoas) e XII (inviolabilidade do sigilo de dados). (TRF 4ª R., AI 2003.04.01.0138690/PR, Rel. Des. Fed. João Surreaux Chagas, 2ª T., m., 30.9.03.)[295]

2.4.7.7.3. Hipóteses de Acesso pela Autoridade Fazendária

2.4.7.7.3.1. CPMF. Hipótese prevista no § 3º do art. 1º da LC nº 105/01, que faz remissão expressa ao § 2º do art. 11 da Lei nº 9.311, de 24 de outubro de 1996, que: "Institui a Contribuição Provisória sobre Movimentação ou Transmissão de Valores e de Créditos e Direitos de Natureza Financeira – CPMF". O dispositivo referido traz a seguinte redação:

---

[292] No mesmo sentido: TRF 3ª R., AMS nº 2001.61.00.013749-7/SP, Rel. Des. Fed. Mairan Maia, DJ 11.4.03, p. 426; TRF 4ª R., AI nº 2001.04.01.079612-9/RS, Rel. Des. Fed. Maria Lúcia Luz Leiria, 1ª T., m., DJ 3.4.02, p. 461. Em sentido contrário: TRF 1ª R., AMS 94.01.16246-8/MG, Rel. Juíza Vera Carla Nelson de Oliveira Cruz (Conv.), 2ª T., un., DJ 25.2.02, p. 109; TRF 4ª R., AMS nº 2001.72.05.002543-0/SC, Rel. Des. Fed. Dirceu de Almeida Soares, 2ª T., m., DJ 3.4.02, p. 488; TRF 4ª R., EIAC nº 2002.04.01.002515-4/RS, Rel. Des. Fed. Wellington M. de Almeida, 1ª S., m., DJ 11.12.02, p. 847.

[293] O mesmo tribunal, em matéria penal, decidiu, porém, pela retroatividade do dispositivo em relação a fatos geradores pretéritos (HC nº 2002.04.01.035810-6/RS, Rel. Juiz Luiz Antônio Bonat (Conv.), 7ª T., un., DJ 4.12.02, p. 709).

[294] No mesmo sentido: TRF 5ª R., AMS 200184000038022/RN, Rel. Des. Fed. Francisco Cavalcanti, 4ª T., un., 1.7.03. Em sentido contrário: BELLOQUE, Juliana Garcia. *Sigilo Bancário. Análise Crítica da LC 105/2001.* São Paulo: RT, 2003, p 112 e ss; TRF 5ª R., AI 2001.05.000377527/RN, Rel. Des. Fed. Napoleão Maia Fº, 4ª T., m., 18.12.01.

[295] No mesmo sentido: TRF 4ª R., MAS 2002.71.110028900/RS, Rel. p; Acórdão Des. Fed. Paulo Afonso Brum Vaz, 1ª T., m., 24.9.03.

§ 2º As instituições responsáveis pela retenção e pelo recolhimento da contribuição prestarão à Secretaria da Receita Federal as informações necessárias à identificação dos contribuintes e os valores globais das respectivas operações, nos termos, nas condições e nos prazos que vierem a ser estabelecidos pelo Ministro de Estado da Fazenda.

Na redação originária da Lei nº 9.311/96, era vedado à Receita Federal o uso das informações obtidas por este meio para fins de lançamento de outros tributos. Eis o texto primitivo:

§ 3º A Secretaria da Receita Federal resguardará, na forma da legislação aplicada à matéria, o sigilo das informações prestadas, vedada sua utilização para constituição do crédito tributário relativo a outras contribuições ou impostos.[296]

Atualmente, por conta de alteração promovida pela Lei nº 10.174, de 9 de janeiro de 2001, isto é possível, passando o § 3º a figurar com a seguinte redação:

§ 3º A Secretaria da Receita Federal resguardará, na forma da legislação aplicável à matéria, o sigilo das informações prestadas, facultada sua utilização para instaurar procedimento administrativo tendente a verificar a existência de crédito tributário relativo a impostos e contribuições e para lançamento, no âmbito do procedimento fiscal, do crédito tributário porventura existente, observado o disposto no art. 42 da Lei nº 9.430, de 27 de dezembro de 1996, e alterações posteriores.

Segundo Everardo Maciel, há pessoas que se declaram isentas de imposto de renda mas movimentaram mais de 100 milhões de reais em um ano, o que se constitui em forte indício de sonegação.[297]

A jurisprudência tem entendido como compatível com a Constituição a alteração levada a efeito, sendo exemplificativo o acórdão a seguir, do TRF da 1ª Região:

A colidência entre a instituição da CPMF e a garantia constitucional da privacidade é apenas aparente, haja vista que, em sintonia com a tradição do nosso ordenamento jurídico, a constituição vigente preceitua a supremacia do interesse público em matéria tributária e a competência tributária, desde que exercida nos limites da Constituição Federal, consubstancia exercício regular de um poder do Estado. (AMS 1998.01.00.034421-4/PI, Rel. Juíza Vera Carla Nelson de Oliveira Cruz (Conv.), 2ª T., un., DJ 16.5.02, p. 106.)

2.4.7.7.3.2. Fiscalização-Vigilância. O art. 5º da LC nº 105/01, ora examinado, estabelece uma obrigatoriedade de remessa de informações à autoridade fazendária federal, conforme critérios estabelecidos pela administração tributária da União, excluídas, por força do § 3º do mesmo artigo, as operações efetuadas pelas administrações direta e indireta da União, dos

---

[296] Segundo o TRF da 4ª Região: "O § 3º do artigo 11 da Lei nº 9.311/96, prorrogada pelo artigo 75 do ADCT, preserva o sigilo bancário, assegurado pelo artigo 5º, XII, da CF." (TRF 4ª R., MS nº 2000.04.01.034928-5/PR, Rel. Des. Fed. Ellen Gracie Northfleet, 1ª T., un., DJ 3.1.01, p. 102.)
[297] MACIEL, Everardo. *Sigilo Bancário e Fiscal no Brasil*, p. 87.

SIGILO BANCÁRIO E PRIVACIDADE

Estados, do Distrito Federal e dos Municípios. A partir de tais informes, "se detectados indícios de falhas, incorreções ou omissões, ou cometimento de ilícito fiscal" a autoridade fazendária poderá "requisitar as informações e os documentos de que necessitar, bem como realizar fiscalização ou auditoria para a adequada apuração dos fatos", tudo nos termos do § 4º. O dispositivo foi regulamentado pelo D. nº 4.489, de 28 de novembro de 2002.

Em decorrência de tal dispositivo, veio a ser publicada a Instrução Normativa nº 341, da Secretaria da Receita Federal, que determina o fornecimento semestral de informações sobre o montante gasto com cartões de crédito à autoridade fazendária.

Diante dos princípios da publicidade e da moralidade que regem a Administração Pública (CRFB, art. 37), compartilhamos a crítica de Maria Thereza Rocha de Assis Moura ao § 3º do art. 5º, o qual exclui do dever de informação as operações efetuadas pela administração pública.[298]

2.4.7.7.3.3. Fiscalização Pontual. O art. 6º da LC nº 105/01, a seu turno, estabelece que:

> As autoridades e os agentes fiscais tributários da União, dos Estados, do Distrito Federal e dos Municípios somente poderão examinar documentos, livros e registros de instituições financeiras, inclusive os referentes a contas de depósitos e aplicações financeiras, quando houver processo administrativo instaurado ou procedimento fiscal em curso e tais exames sejam considerados indispensáveis pela autoridade administrativa competente.

A parte final do dispositivo traz um requisito da maior importância, qual seja, a indispensabilidade do exame dos documentos, livros e registros bancários, o que poderá ser contrastado judicialmente, *a posteriori*, sendo cabível medida judicial para obstar tal medida quando essa necessidade não for comprovada.

A regulamentação do dispositivo acima transcrito, para a administração tributária federal, foi veiculada pelo Decreto nº 3.724, de 10 de janeiro de 2001, no qual são estabelecidos vários requisitos para o acesso a documentos sigilosos. O Decreto, em seu art. 3º, elenca onze situações suspeitas nas quais o exame das contas é considerado indispensável, a saber:

> I – subavaliação de valores de operação, inclusive de comércio exterior, de aquisição ou alienação de bens ou direitos, tendo por base os correspondentes valores de mercado; II – obtenção de empréstimos de pessoas jurídicas não financeiras ou de pessoas físicas, quando o sujeito passivo deixar de comprovar o efetivo recebimento dos recursos; III – prática de qualquer operação com pessoa física ou jurídica residente ou domiciliada em país enquadrado nas condições estabelecidas no art. 24 da

---

[298] MOURA, Maria Thereza Rocha de Assis. Meios de Impugnação à Quebra Indevida de Sigilo Bancário. In: SALOMÃO, Heloísa Estellita. *Direito Penal Empresarial*. São Paulo: Dialética, 2001, p. 175.

Lei nº 9.430, de 27 de dezembro de 1996;[299] IV – omissão de rendimentos ou ganhos líquidos, decorrentes de aplicações financeiras de renda fixa ou variável; V – realização de gastos ou investimentos em valor superior à renda disponível; VI – remessa, a qualquer título, para o exterior, por intermédio de conta de não residente, de valores incompatíveis com as disponibilidades declaradas; VII – previstas no art. 33 da Lei nº 9.430, de 1996;[300] VIII – pessoa jurídica enquadrada, no Cadastro Nacional da Pessoa Jurídica (CNPJ), nas seguintes situações cadastrais: a) cancelada; b) inapta, nos casos previstos no art. 81 da Lei nº 9.430, de 1996;[301] IX – pessoa física sem inscrição no Cadastro de Pessoas Físicas (CPF) ou com inscrição cancelada; X – negativa, pelo titular de direito da conta, da titularidade de fato ou da responsabilidade pela movimentação financeira; XI – presença de indício de que o titular de direito é interposta pessoa do titular de fato.

As hipóteses são de subfaturamento de operações, se comparados com os valores de mercado, operações com *paraísos fiscais*, omissão de rendimentos, gastos incompatíveis com a receita declarada, remessa para o exterior através das contas conhecidas como *CC-5*, pessoa jurídica com número no CNPJ cancelado, pessoa física sem inscrição no CPF, indício de utilização de interposta pessoa (*laranjas*), etc.[302]

---

[299] Refere-se a *paraísos fiscais*, países onde não incide ou é baixa a alíquota de tributação sobre a renda. Eis o texto do dispositivo legal referido: Art. 24. As disposições relativas a preços, custos e taxas de juros, constantes dos arts. 18 a 22, aplicam-se, também, às operações efetuadas por pessoa física ou jurídica residente ou domiciliada no Brasil, com qualquer pessoa física ou jurídica, ainda que não vinculada, residente ou domiciliada em país que não tribute a renda ou que a tribute a alíquota máxima inferior a vinte por cento.

[300] Refere-se ao regime especial para cumprimento de obrigações, adotado em casos como: "I – embaraço à fiscalização, caracterizado pela negativa não justificada de exibição de livros e documentos em que se assente a escrituração das atividades do sujeito passivo, bem como pelo não fornecimento de informações sobre bens, movimentação financeira, negócio ou atividade, próprios ou de terceiros, quando intimado, e demais hipóteses que autorizam a requisição do auxílio da força pública, nos termos do art. 200 da Lei nº 5.172, de 25 de outubro de 1966; II – resistência à fiscalização, caracterizada pela negativa de acesso ao estabelecimento, ao domicílio fiscal ou a qualquer outro local onde se desenvolvam as atividades do sujeito passivo, ou se encontrem bens de sua posse ou propriedade; III – evidências de que a pessoa jurídica esteja constituída por interpostas pessoas que não sejam os verdadeiros sócios ou acionistas, ou o titular, no caso de firma individual; IV – realização de operações sujeitas à incidência tributária, sem a devida inscrição no cadastro de contribuintes apropriado; V – prática reiterada de infração da legislação tributária; VI – comercialização de mercadorias com evidências de contrabando ou descaminho; VII – incidência em conduta que enseje representação criminal, nos termos da legislação que rege os crimes contra a ordem tributária".

[301] Art. 81. Poderá, ainda, ser declarada inapta, nos termos e condições definidos em ato do Ministro da Fazenda, a inscrição da pessoa jurídica que deixar de apresentar a declaração anual de imposto de renda em um ou mais exercícios e não for localizada no endereço informado à Secretaria da Receita Federal, bem como daquela que não exista de fato.

[302] Pela inconstitucionalidade da LC nº 105/01, por violar o devido processo legal manifestam-se: GOMES, Luiz Flávio. *Quebra do sigilo bancário sem ordem judicial: inconstitucionalidade flagrante* Disponível em: http://www.direitocriminal.com.br. Acesso em 12 jan 2001; ADRIASOLA, Gabriel. *La Ley 105/2001 y la cooperación penal entre Brasil y Uruguai en materia tributária*. Disponível em: http://www.direitocriminal.com.br. Acesso em: 22 jan. 2001 e REALE JÚNIOR, Miguel. A inconstitucionalidade da quebra de sigilo bancário estabelecido pelas Leis Complementares 104/2001 e 105/2001. *Revista Brasileira de Ciências Criminais*, n. 39, p. 259-260, jul.-ago. 2002.

Dando aplicação aos dispositivos, o TRF da 4ª Região entendeu cabível a quebra do sigilo em hipótese de "considerável discrepância verificada entre a receita bruta declarada na Declaração do Imposto de Renda e a movimentação financeira do contribuinte" (AMS 2003.70.00.00122844/PR, Rel. Des. Fed. Dirceu de Almeida Soares, 2ª T., un., 4.2.04).

A seu turno, o § 2º do artigo 6º elenca os indícios de interposição de pessoa, nos seguintes termos:

§ 2º Considera-se indício de interposição de pessoa, para os fins do inciso XI deste artigo, quando: I – as informações disponíveis, relativas ao sujeito passivo, indicarem movimentação financeira superior a dez vezes a renda disponível declarada ou, na ausência de Declaração de Ajuste Anual do Imposto de Renda, o montante anual da movimentação for superior ao estabelecido no inciso II do § 3º do art. 42 da Lei nº 9.430, de 1996;[303] II – a ficha cadastral do sujeito passivo, na instituição financeira, ou equiparada, contenha: a) informações falsas quanto a endereço, rendimentos ou patrimônio; ou b) rendimento inferior a dez por cento do montante anual da movimentação.

2.4.7.7.3.3. Refis. Hipótese legal de consentimento do contribuinte é a que ocorre quando da adesão ao programa de parcelamento denominado *Refis*. A Lei nº 9.964, de 10 de abril de 2000, que instituiu o Refis, em seu art. 3º trouxe a seguinte disposição:

Art. 3º A opção pelo Refis sujeita a pessoa jurídica a: (...) II – autorização de acesso irrestrito, pela Secretaria da Receita Federal, às informações relativas à sua movimentação financeira, ocorrida a partir da data de opção pelo Refis; III – acompanhamento fiscal específico, com fornecimento periódico, em meio magnético, de dados, inclusive os indiciários de receitas; (...) § 2º O disposto nos incisos II e III do *caput* aplica-se, exclusivamente, ao período em que a pessoa jurídica permanecer no Refis.

Caso não pretenda abrir mão do sigilo de sua movimentação, o contribuinte opta por não aderir ao programa. O Refis tem regras altamente benéficas, não havendo, aliás, limitação do número de parcelas, mas sim comprometimento de um percentual determinado do faturamento do contribuinte. Como bem esclareceu Everardo Maciel, não é possível determinar o cumprimento da regra sem o acesso à movimentação bancária.[304]

Como já afirmou o TRF da 4ª Região: "A adesão ao REFIS é opção do contribuinte. Em optando, deve se sujeitar às regras do programa, dentre

---

303 Art. 42. Caracterizam-se também omissão de receita ou de rendimento os valores creditados em conta de depósito ou de investimento mantida junto a instituição financeira, em relação aos quais o titular, pessoa física ou jurídica, regularmente intimado, não comprove, mediante documentação hábil e idônea, a origem dos recursos utilizados nessas operações. (...) § 3º Para efeito de determinação da receita omitida, os créditos serão analisados individualizadamente, observado que não serão considerados: (...) II – no caso de pessoa física, sem prejuízo do disposto no inciso anterior, os de valor individual igual ou inferior a R$ 1.000,00 (mil reais), desde que o seu somatório, dentro do ano-calendário, não ultrapasse o valor de R$ 12.000,00 (doze mil reais).

304 MACIEL, Everardo. Sigilo Bancário e Fiscal no Brasil, p. 85.

elas, a perda do sigilo de sua movimentação financeira." (TRF 4ª R., AI nº 2000.04.01.047103-0/PR, Rel. Desa. Fed. Tania Terezinha Cardoso Escobar, 2ª T., un., DJ 6.9.00, p. 170.). No mesmo sentido:

TRIBUTÁRIO. CABIMENTO DO MANDADO DE SEGURANÇA. REFIS. LEI Nº 9.964/2000. PERMANÊNCIA NO PROGRAMA. INEXIGÊNCIA DE CONDIÇÕES. IMPOSSIBILIDADE. Rejeitada a preliminar de descabimento do mandado de segurança, porquanto "o que se pede e se defende é um direito específico de ingresso de pessoa específica no REFIS, com as constrições de abrir mão do direito de ação e da quebra do sigilo bancário, que estão previstos em lei específica, que, em caso de opção da apelada pelo Programa referido, teria que fazer-se sobre ela concretamente". (Parecer ministerial.) A opção feita pela impetrante de integrar-se ao REFIS, na verdade, é uma transação entre o contribuinte e a União, permitindo ao mesmo, através de um ato de liberalidade, o cumprimento de sua prestação fiscal de forma mais benéfica. O contribuinte devedor não está, portanto, obrigado a aderir ao REFIS, mas uma vez optando, deverá sujeitar-se às regras estabelecidas pela Lei nº 9.964/2000, instituidora do programa de recuperação fiscal – REFIS. (TRF 1ª R., AMS nº 2001.34.00.05307-3/DF, Rel. Des. Fed. Hilton Queiroz, 4ª T., un., DJ 3.7.02, p. 31).

APELAÇÃO EM MANDADO DE SEGURANÇA E REMESSA EX OFFICIO. TRIBUTÁRIO. ILEGITIMIDADE PASSIVA SANADA. AUSÊNCIA DE DECISÃO *CITRA PETITA*. REFIS. ART. 3º, II, DA LEI 9.964/2000. CONSTITUCIONALIDADE. (...) III – Não ofende ao art. 5º, x, da lei básica, a exigência contida no art. 3º, ii, da lei 9.964/2000, porquanto, demais do sigilo bancário não se cuidar de direito absoluto, o seu possível quebrantamento decorrerá do consentimento do contribuinte, afastando a hipótese de intervenção estatal ilegítima. (TRF 5ª R., AMS nº 2000.08.50.0001770-3/SE, Rel. Des. Fed. Edílson Nobre, 4ª T., un., DJ 4.7.02, p. 393.)

O TRF da 2ª Região, a seu turno, entendeu incabível tal condicionante, no seguinte julgado:

TRIBUTÁRIO. MANDADO DE SEGURANÇA. CONCESSÃO PARCIAL DE LIMINAR PARA ADERIR AO PROGRAMA DE RECUPERAÇÃO FISCAL (REFIS), SEM SUBMISSÃO ÀS EXIGÊNCIAS RELATIVAS À QUEBRA DO SIGILO BANCÁRIO. Excepcionalidade da quebra do sigilo que guarda consonância com o princípio da privacidade, erigido constitucionalmente, somente se justificando quando notório o interesse público em jogo. Existência de meios fiscalizatórios – exame de livros e escrita fiscal – que se prestam à finalidade colimada de acompanhar o cumprimento das obrigações impostas. Presença de *fumus boni iuris* e *periculum in mora*, consubstanciado na impossibilidade de usufruir dos benefícios fiscais decorrentes da adesão. Agravo improvido. (TRF 2ª R., AI nº 65925/RJ, Rel. Des. Fed. Rogério Carvalho, 4ª T., DJ 3.7.01.)

2.4.8. Consentimento do Interessado

Sendo a preservação da vida privada um direito disponível, o consentimento do interessado afasta a ilicitude da divulgação da informação financeira, como previsto no inciso V do § 3º do art. 1º da LC nº 105/01. Essa possibilidade não tem o condão de afastar o caráter de inalienabilidade, que é próprio do direito à vida privada. Temporariamente, porém, o titular abre mão de seu direito, pela manifestação de vontade livre de vícios. Nada impede, tampouco, que o consentimento seja revogado,[305] não se podendo, a partir daí, persistir no acesso ou divulgação dos dados. O consentimento poderá, ainda, ser limitado subjetivamente, permitindo-se o acesso aos dados por parte de determinada pessoa, mas vedando-se sua divulgação a terceiros, por exemplo. Da mesma forma, poderá ocorrer limitação objetiva no consentimento, permitindo-se o acesso a contas existentes em uma determinada instituição financeira, mas não em outras, do mesmo titular.

Veja-se que, coerentemente com a abrangência da proteção, que abrange operações ativas e passivas e serviços prestados, a lei utiliza a expressão consentimento do *interessado* e não do *cliente*, pois mesmo quem não é cliente da instituição financeira tem direito ao sigilo.

Caso sejam vários os titulares da conta, a autorização deverá ser dada por todos.[306] Se a conta é individual, não será permitido o fornecimento de informações ao cônjuge do correntista. Em se cuidando de pessoa jurídica, o consentimento será dado por seus representantes legais.

Além disso, o próprio interessado pode ter interesse em divulgar tal fato, como símbolo de *status* ou referência para a obtenção de crédito em outra instituição financeira.[307]

Presume-se o desejo do interessado de manter em segredo todos os aspectos de sua relação com o banco, salvo livre manifestação de vontade em sentido contrário, ou ato incompatível com a manifestação de manter o sigilo, como a divulgação pelo próprio cidadão. Assim é, embora a lei mencione o *consentimento expresso* do interessado. Casos haverá em que será do interesse do cidadão divulgar as informações com o fim de obtenção de crédito, por exemplo. Não raro um cidadão de vida pública, como um parlamentar, poderá ter interesse em disponibilizar o acesso a tais informações diante de alguma acusação de enriquecimento ilícito.

Pode-se mesmo admitir uma cláusula contratual de exoneração prévia do direito ao sigilo financeiro, como admitido em acórdão assim ementado:

AGRAVO DE INSTRUMENTO – REQUERIMENTO DE ARRESTO DE NUMERÁRIO DEPOSITADO EM CONTA BANCÁRIA – CONSIDERAÇÃO PELO MAGISTRADO DE VIOLAÇÃO DE SIGILO BANCÁRIO – INOCORRÊNCIA. 1. Se a própria parte interessada autorizou através de contrato idôneo a utilização do saldo de qualquer conta bancária para satisfação do pagamento, não é ilícita a atividade do credor que pos-

---

305 VIDAL MARTINEZ, Jaime. *El Derecho a la Intimidad en La Ley Orgánica de 5-5-1982*. Madrid: Editorial Montecorvo, 1984, p. 9.
306 AIETA, Vânia Siciliano. *A Garantia da Intimidade como Direito Fundamental*, p. 168.
307 COVELLO, Sérgio Carlos. *O Sigilo Bancário*, p. 93.

tula o arresto de numerário existente em depósito. (...) (TRF 1ª R., AG 96.01.51350-7/PA, Rel. Juiz Evandro Reimão dos Reis (Conv.), 3ª T., un., DJ 16.5.02, p. 144.)

De referir, ainda, a hipótese de produção de prova mediante extratos bancários obtidos no lixo doméstico ou de empresa. De um lado, poderia argumentar-se que, tendo o titular da conta disposto desta forma dos extratos, abriu mão de sua privacidade. De outro, parece que há uma expectativa razoável de que o lixo não seja revirado com tal finalidade, já tendo a Suprema Corte da Califórnia, nos Estados Unidos, entendido ilegal a prova obtida em tais circunstâncias.[308]

---

[308] DOTTI, René Ariel. *Proteção da Vida Privada e Liberdade de Informação*, p. 59.

3. Instrumentos de Proteção

3.1. PROTEÇÃO PENAL

3.1.1. Histórico

O sigilo já era protegido pelos artigos 153, 154 e 325 do CP, que dispunham, respectivamente, sobre os delitos de divulgação de segredo, violação do segredo profissional e violação de sigilo funcional, com a seguinte redação, já com os parágrafos acrescidos pela Lei nº 9.983, de 14 de julho de 2000:

Art. 153. Divulgar alguém, sem justa causa, conteúdo de documento particular ou de correspondência confidencial, de que é destinatário ou detentor, e cuja divulgação possa produzir dano a outrem: Pena – detenção, de 1 (um) a 6 (seis) meses, ou multa. § 1º Somente se procede mediante representação. § 1º – A. Divulgar, sem justa causa, informações sigilosas ou reservadas, assim definidas em lei, contidas ou não nos sistemas de informações ou banco de dados da Administração Pública: Pena – detenção, de 1 (um) a 4 (quatro) anos, e multa. § 2º Quando resultar prejuízo para a Administração Pública, a ação penal será incondicionada.

Art. 154. Revelar alguém, sem justa causa, segredo, de que tem ciência em razão de função, ministério, ofício ou profissão, e cuja revelação possa produzir dano a outrem: Pena – detenção, de 3 (três) meses a 1 (um) ano, ou multa. Parágrafo único – Somente se procede mediante representação.

Art. 325. Revelar fato de que tem ciência em razão do cargo e que deva permanecer em segredo, ou facilitar-lhe a revelação: Pena – detenção, de 6 (seis) meses a 2 (dois) anos, ou multa, se o fato não constitui crime mais grave. § 1º Nas mesmas penas deste artigo incorre quem: I – permite ou facilita, mediante atribuição, fornecimento e empréstimo de senha ou qualquer outra forma, o acesso de pessoas não autorizadas a sistemas de informações ou banco de dados da Administração Pública; II – se utiliza, indevidamente, do acesso restrito. § 2º Se da ação ou omissão resulta dano à Administração Pública ou a outrem: Pena – reclusão, de 2 (dois) a 6 (seis) anos, e multa.

Historicamente, então, a violação de sigilo financeiro poderia configurar o primeiro dos delitos acima, se cometida por particular, ou o segundo, caso fosse o agente servidor público. Como já visto, em nossa posição, o banqueiro não está obrigado a segredo profissional. Caso se entenda o contrário porém, como já ocorreu, poderia incidir, em tese o art. 154 do CP.[309]

O § 7º do art. 38 da Lei nº 4.595, de 31 de dezembro de 1964, estabeleceu a primeira disposição penal específica na matéria, com o seguinte texto:

§ 7º A quebra do sigilo de que trata este artigo constitui crime e sujeita os responsáveis à pena de reclusão, de um a quatro anos, aplicando-se, no que couber, o Código Penal e o Código de Processo Penal, sem prejuízo de outras sanções cabíveis.

Sobreveio o art. 18 da Lei nº 7.492, de 16 de junho de 1986, que trata dos crimes contra o Sistema Financeiro Nacional, com idêntico apenamento:

Art. 18. Violar sigilo de operação ou de serviço prestado por instituição financeira ou integrante do sistema de distribuição de títulos mobiliários de que tenha conhecimento, em razão de ofício:

Pena – Reclusão, de 1 (um) a 4 (quatro) anos, e multa.

Por fim, a LC nº 105/01 trouxe dispositivo penal específico, com a seguinte redação:

Art. 10. A quebra de sigilo, fora das hipóteses autorizadas nesta Lei Complementar, constitui crime e sujeita os responsáveis à pena de reclusão, de um a quatro anos, e multa, aplicando-se, no que couber, o Código Penal, sem prejuízo de outras sanções cabíveis. Parágrafo único. Incorre nas mesmas penas quem omitir, retardar injustificadamente ou prestar falsamente as informações requeridas nos termos desta Lei Complementar.

Temos que, por aplicação do princípio da especialidade, em se tratando de violação de sigilo financeiro, devem prevalecer as normas das leis especiais, e não aquelas previstas no CP. A norma do art. 325 do CP é, aliás, expressamente subsidiária. Nesse sentido já se manifestou o STF:

HABEAS CORPUS. CONFLITO APARENTE DE NORMAS RELATIVAS A CRIMES DE REVELAÇÃO DE SEGREDO EM RAZÃO DE FUNÇÃO, MINISTÉRIO, OFÍCIO OU PROFISSÃO (ARTIGO 154 DO CÓDIGO PENAL) E QUEBRA DE SIGILO BANCÁRIO (ARTIGO 38, § 7º DA LEI 4.595/64). PRINCÍPIO DA ESPECIALIDADE, ARTIGO 12 DO CÓDIGO PENAL. Disposição que distingue o delito do tipo genérico da norma codificada. Desnecessidade de representação como condição de procedibilidade, na hipótese de quebra de sigilo bancário. Bancários que assinaram a comunicação violadora do sigilo, são executores da conduta delituosa. (RHC nº 66.284, Rel. Min. Carlos Madeira, 2ª T., un., DJ 24.6.88, p. 16.115.)

O tipo da LC nº 105/01 manteve idêntico apenamento e não revogou, apenas derrogou, aquele do art. 18 da Lei nº 7.492/86, tendo em vista que não abrange todas as hipóteses ali previstas. Isso porque os conceitos de

---

[309] Pela aplicabilidade do art. 154 do CP ao banqueiro: HUNGRIA, Nelson. *Comentários ao Código Penal.* 5ª ed., v. VI, Rio de Janeiro: Forense, 1982, p. 273.

instituição financeira são diversos para efeitos penais e para os fins da lei complementar do sigilo financeiro, como visto no item 2.4.6. As empresas de consórcio e seguros, por exemplo, são consideradas instituições financeiras por equiparação para fins penais (Lei n° 7.492/86, art. 1°, I, parágrafo único), mas não figuram no rol de instituições financeiras obrigadas ao dever de sigilo (LC n° 105/01, art. 1°, § 1°). Assim, caso um admnistrador ou empregado de empresa de consórcio divulgue indevidamente informações sobre os clientes da empresa, responderá pelo delito previsto na Lei n° 7.492/86, mas não por aquele tipificado na LC n° 105/01.

3.1.2. Bem Jurídico

O bem jurídico protegido aqui é, por evidente, o sigilo financeiro, expressamente mencionado no dispositivo legal, e objeto de exame ao longo de todo esse trabalho. Protegida também a vida privada, nessa específica manifestação, e a confiabilidade no sistema financeiro nacional.[310]

3.1.3. Sujeito Ativo

O delito definido pelo art. 18 da Lei n° 7.492/86 era próprio, pois referia o conhecimento do fato em razão do ofício. Segundo Tigre Maia, o termo *ofício* aqui não tinha "a acepção exclusiva de exercício de função ou cargo públicos, ou a de ocupação habitual no exercício de trabalhos manuais, mas o genérico de profissão ou modo de vida".[311] Nesse sentido:

HABEAS CORPUS. VIOLAÇÃO DE SIGILO DE OPERAÇÃO BANCÁRIA. ARTIGO 18 DA LEI 7.492/86. CRIME PRÓPRIO. EXTRATO BANCÁRIO. SOCIEDADE CONJUGAL. ATIPICIDADE DA CONDUTA. A não identificação do agente que conheça a operação ou o serviço em razão do ofício, e o fato de ser crime próprio, afasta o cometimento do delito de violação de sigilo de operação bancária por aquele que, embora com separação de corpos decretada mas na vigência da sociedade conjugal, porque ainda não julgada a partilha, obtém extrato de conta corrente do cônjuge. Atipicidade da conduta. (HC n° 2002.04.01.001486-7/RS, Rel. Juiz Luiz Antonio Bonat (Conv.), 7ª T., un., DJ 13.3.02, p. 1.092.)

Já o crime do § 7° do art. 38 da Lei n° 4.595/64 era considerado crime comum, podendo ser cometido por qualquer pessoa. Nesse sentido, o acórdão assim ementado:

PROCESSUAL PENAL E PENAL – HABEAS CORPUS PARA TRANCAR INQUÉRITO POLICIAL – JUNTADA EM PROCESSO DE DADOS BANCÁRIOS DA MAGIS-

---

[310] TÓRTIMA, José Carlos. *Crimes contra o Sistema Financeiro Nacional*. Rio de Janeiro: Lumen Juris, 2000, p. 130.

[311] MAIA, Rodolfo Tigre. *Dos Crimes contra o Sistema Financeiro Nacional*. São Paulo: Malheiros, 1996, p. 122.

TRADA CUJA SUSPEIÇÃO SE PRETENDE PROVAR – QUEBRA DE SIGILO BANCÁRIO – OCORRÊNCIA DE CRIME EM TESE – DENEGAÇÃO DA ORDEM. 1. A juntada em processo de documentos contendo movimentação financeira da magistrada cuja suspeição se pretende provar constitui quebra de sigilo bancário, configurando, em tese, o crime previsto no art. 38, § 7º, da Lei 4.595/64, pelo que não se pode, na via estreita do *habeas corpus*, determinar o trancamento do respectivo inquérito policial. 2. A obrigatoriedade de conservação do sigilo bancário não se limita aos diretores e administradores da instituição financeira, mas a todos os que tenham de alguma forma acesso aos dados que revelam a movimentação financeira de terceiros, o que inclui os advogados. (...) (TRF 1ª R., HC nº 1999.01.00.066149-6/MT, Rel. Des. Fed. Osmar Tognolo, 3ª T., un., DJ 30.9.99, p. 436.)

No tipo da LC nº 105/01, atualmente em vigor, não há delimitação do sujeito ativo, de modo que o crime é comum, podendo ser cometido por qualquer pessoa, não se exigindo especial qualidade do agente. Claro está que se o agente, por força de sua atividade, tem acesso aos documentos e informações sigilosas, o acesso em si não será criminoso, apenas a violação. Ao contrário, se é terceiro à instituição financeira, o acesso indevido em si será criminoso.

O TRF da 3ª Região, a seu turno, entendeu não configurado o delito na seguinte hipótese:

HABEAS CORPUS – QUEBRA DO SIGILO BANCÁRIO – DOCUMENTO JUNTADO PELO BANCO PARA PLEITEAR A RESTITUIÇÃO DE TRIBUTO INDEVIDAMENTE RECOLHIDO – RESPONSABILIDADE ATRIBUÍDA PELA DENÚNCIA A DIRETORES QUE SIMPLESMENTE OUTORGARAM MANDATO CONFERINDO PODERES *AD JUDITIA* AOS ADVOGADOS DO BANCO – INOCORRENCIA – ORDEM CONCEDIDA. – A outorga de mandato conferindo poderes genéricos ao advogados de entidade bancária não autoriza que se proceda a denúncia dos pacientes pela prática do delito de violação do sigilo bancário que teria ocorrido no curso de demanda judicial. (TRF 3ª R., HC nº 90.03.041653-2/SP, Rel. Des. Fed. Silveira Bueno, 1ª T., un., DO 30.6.93, p. 77.)

Já o tipo do parágrafo único é dirigido, essencialmente, aos prepostos das instituições financeiras, os quais, muitas vezes, são resistentes ao atender as determinações das autoridades para o fornecimento das informações.

Por fim, embora tenha o contribuinte o dever de prestar informações sobre seus negócios para fim de determinação da eventual de incidência tributária, a negativa de fornecimento de tais informações não será delituosa, por configurar exercício regular do direito de autodefesa. Quer dizer, à semelhança do que se dá com o crime de desobediência, não poderá ser cometido pelo investigado.[312]

---

[312] Assim decidiu o TRF da 4ª Região, referindo-se ao delito do parágrafo único do art. 1º da Lei nº 8.137/90, de estrutura assemelhada ao crime em exame. (AC nº 2000.04.01.114723-4/RS, Rel. Des. Fed. Fábio Bittencourt da Rosa, 7ª T., un., DJ 24.4.02, p. 1.160).

3.1.4. Sujeito Passivo

Vítima do delito será o Estado (STF, RHC nº 66.284-MG, Rel. Min. Carlos Madeira, 2ª T., un., RTJ n. 127, p. 890-894), além do particular que teve suas informações divulgadas ou violadas.[313] Falecido o titular da conta, ainda que formalmente não estejam estas em nome dos sucessores, estes serão considerados vítimas.

3.1.5. Tipos Objetivos

3.1.5.1. Caput

A técnica de redação do dispositivo não é das mais primorosas, ou, ao menos, não segue a tradição do CP, de enunciar o verbo nuclear do tipo no infinitivo. De todo modo, a conduta será *quebrar*, abrangendo tanto aquele que obtém acesso aos documentos ou dados sigilosos, cometendo a intrusão, quanto aquele que, tendo tido acesso legítimo aos documentos ou dados, os divulga indevidamente. Na lição de Paulo José da Costa Jr.:

> Faz-se mister distinguir ambas as hipóteses. Numa a intimidade é agredida, porque violada. Noutra a intimidade é lesada, porque divulgada. No primeiro caso, a aquisição das notícias íntimas é ilegítima. No segundo, embora legítima a aquisição das notícias, não é lícita a ulterior revelação. Aqui, a violação opera de dentro para fora, ao serem difundidas as intimidades legitimamente conquistadas. Acolá, a violação se faz de fora para dentro no instante da interferência indevida.[314]

O verbo *quebrar* figurava, aliás, no projeto originário que resultou na Lei nº 7.492/86, na qual, todavia, utilizou-se o verbo *violar*.[315] Em nossa posição, a divulgação tanto poderá se dar por meio de imprensa quanto por qualquer outra via de divulgação das informações.

Exemplos da segunda figura são objeto das ementas a seguir, sendo o primeiro interessante também por não vislumbrar violação do art. 207 do CPP no depoimento de empregados da instituição financeira na fase do inquérito policial:

> HABEAS CORPUS – PROCESSUAL PENAL – QUEBRA DE SIGILO DE OPERAÇÃO BANCÁRIA – DIVULGAÇÃO DE OPERAÇÕES E DÉBITOS BANCÁRIOS DE PARLAMENTARES – TRANCAMENTO DA AÇÃO PENAL – IMPOSSIBILIDADE – EXCLUSÃO DE DEPOIMENTOS PRESTADOS PELOS FUNCIONÁRIOS DO BANCO – ALEGAÇÃO DE VIOLAÇÃO AO ART. 207, DO CPP – INOCORRÊNCIA. – Depreende-se dos autos que a conduta dos pacientes, como descrita na denúncia, é, em tese, penalmente típica. Não há, nesta oportunidade, como contrariar o fato de haver sido colhido dados protegidos pelo sigilo bancário de parlamentares, tendo esses

---

[313] COSTA JÚNIOR, Paulo José da. *Crimes do Colarinho Branco*. São Paulo: Saraiva, 2000, p. 121.
[314] Ibidem, p. 33.
[315] PIMENTEL, Manoel Pedro. *Crimes contra o Sistema Financeiro Nacional*. São Paulo: RT, 1987, p. 138.

dados sido publicados, sem qualquer autorização, em instrumento de grande veiculação (Revista "Veja"). (...) – Por outro lado, os empregados da referida Instituição Financeira, que depuseram no procedimento policial, apenas relataram, de forma genérica, até que ponto contribuíram na elaboração da listagem ilegal que foi publicada. Tratou-se de ato procedimental para saber o autor do fato criminoso. A lei, em seu art. 207, do CPP, objetiva, em última análise, proteger fatos que, em razão da profissão, deva guardar sigilo. O caso *sub judice* é diverso. (STJ, HC 20.408/DF, Rel. Min. Jorge Scartezzinni, 5ª T., un., 17.12.02).

PENAL. CONSTITUCIONAL. NOTÍCIA-CRIME. PROCURADOR DA REPÚBLICA. DIVULGAÇÃO À IMPRENSA DE INFORMAÇÕES OBTIDAS MEDIANTE QUEBRA DOS SIGILOS BANCÁRIO E FISCAL. COMPETÊNCIA DO TRF. CONDIÇÕES DA AÇÃO. INAPLICABILIDADE À NOTÍCIA-CRIME. PEÇA MERAMENTE INFORMATIVA. AÇÃO PENAL PÚBLICA INCONDICIONADA. SIGNIFICADO DOS TERMOS "PÚBLICA" E "INCONDICIONADA". RELACIONAM-SE AOS ELEMENTOS PROCEDIMENTAIS. COLISÃO DE DIREITOS FUNDAMENTAIS DIFERENTES. DIREITO À INTIMIDADE, À IMAGEM, E AO SIGILO DE DADOS *VERSUS* DIREITO À PUBLICIDADE DOS ATOS PROCESSUAIS. INEXISTÊNCIA DE DIREITOS FUNDAMENTAIS ABSOLUTOS. PRECEDENTE DO STF. PRINCÍPIO DA PROPORCIONALIDADE. INCIDÊNCIA. O PRINCÍPIO DA PUBLICIDADE DOS ATOS PROCESSUAIS DEVE RESPEITAR OS DIREITOS INERENTES AO DIREITO DE PERSONALIDADE. PUBLICIDADE NÃO É SENSACIONALISMO. LEI COMPLEMENTAR nº 105 RESTRINGIU A PUBLICIDADE ÀS PARTES. A FACULDADE DE DIVULGAÇÃO CONFERIDA À FAZENDA NACIONAL PELA LEI COMPLEMENTAR nº 104 DESTINA-SE EXCLUSIVAMENTE À POLÍTICA DE INTERCÂMBIO DE INFORMAÇÕES ENTRE O PODER JUDICIÁRIO, OS ÓRGÃOS DA ADMINISTRAÇÃO E OS ESTADOS ESTRANGEIROS MEDIANTE COOPERAÇÃO INTERNACIONAL. AFASTADA A INCIDÊNCIA DO ENUNCIADO nº 2, DA 2ª CÂMARA DE COORDENAÇÃO E REVISÃO DO MINISTÉRIO PÚBLICO FEDERAL. NEGADO PROVIMENTO AO PEDIDO DE ARQUIVAMENTO DA NOTÍCIA-CRIME. REMESSA AO PROCURADOR-GERAL DA REPÚBLICA NOS TERMOS DO ART. 28 DO CPP. 1. Pedido de arquivamento de notícia-crime contra Procurador da República que divulgou dados obtidos mediante a quebra do sigilo bancário e fiscal de denunciados em ação criminal, formulado pelo Procurador Regional da República. (...) 3. A publicidade de informações obtidas mediante quebra dos sigilos bancário e fiscal não se justifica pelo simples fato da ação em curso ser pública e incondicionada, uma vez que tais adjetivos remontam aos elementos de ordem procedimental, ou seja, princípios da oficialidade e da obrigatoriedade. (...) 7. O princípio da publicidade dos atos processuais deve ser relativizado de modo a evitar uma desnecessária intervenção na esfera privada dos indivíduos atingidos pela quebra dos sigilos bancário e fiscal, uma vez que o interesse público já foi atendido e a indevida publicidade pode desencadear uma precipitação da estigmatização penal quando sequer existe juízo condenatório. 8. A própria Constituição Federal conferiu ao legislador infra-constitucional a incumbência de salvaguardar a intimidade do indivíduo perante o princípio da publicidade dos atos processuais, de modo a coibir eventual sensacionalismo. 9. O art. 3º, *caput*, da Lei Complementar nº 105/2001 restringiu a publicidade das informações obtidas mediante a quebra dos sigilos bancário e fiscal às partes. 10. A nova redação do art. 198 do Código Tributário

Nacional, mormente o seu § 3º, inciso I, mediante interpretação sistemática, apenas e tão-somente coteja a vontade do legislador em otimizar os procedimentos de fiscalização e investigação dos crimes do colarinho branco, através do sistema de intercâmbio de informações entre o Poder Judiciário, a Administração Pública e os Estados estrangeiros, a partir de cooperação internacional própria. 11. Ante franca determinação do ordenamento jurídico em salvaguardar o sigilo das informações, não se justifica a conduta do Procurador da República em decorrência do Enunciado nº 2, da 2ª Câmara de Coordenação e Revisão do Ministério Público Federal. (...) (TRF 4ª R., P. nº 2001.04.01.070153-2/RS, Rel. Des. Fed. Fábio Bittencourt da Rosa, 4ª S., m., DJ 23.1.02, p. 183.)

Em nome da legalidade, da clareza e da técnica, melhor seria se o legislador utilizasse os verbos *violar* para o acesso indevido, como feito no art. 18 da Lei nº 7.492/86 e art. 16 da Lei nº 6.368/76, e *divulgar* ou *revelar*, como feito, respectivamente, nos arts. 153 e 325 do CP, para a exposição pública dos fatos sigilosos, assim distinguindo claramente as duas hipóteses.

Na denúncia, por evidente, deverão constar a operação ou serviço revelados, o titular do direito ao sigilo e a quem teria sido ele revelado (STF, RHC nº 67.913-SP, Rel. p/ Acórdão Min. Carlos Velloso, 2ª T., un., RTJ n. 134, p. 308-336).

O tipo da lei especial faz expressa menção de que o delito só ocorre quando a quebra do sigilo se der *fora das hipóteses autorizadas nesta lei complementar*, de modo que o consentimento do titular do direito, ou outra das causas de relativização do segredo, afastará o delito. Há aqui um elemento normativo do tipo, a ser preenchido conforme estejam ou não presentes os pressupostos autorizadores da violação ou divulgação.

Em linha de princípio, então, não haverá o crime se o fato foi amplamente divulgado pela imprensa, com o consentimento do interessado, que é uma das hipóteses previstas pela lei complementar para a divulgação e acesso às informações financeiras (LC nº 105/01, art. 1º, § 3º, VI). Embora o delito seja de ação penal pública incondicionada, parece-nos incoerente a condenação ainda que o consentimento do interessado seja posterior à divulgação indevida. Nessa linha, o Min. Nelson Jobim entendeu prejudicado mandado de segurança que visava a retirar da página do Senado na *Internet* relatório de CPI amplamente divulgado pela imprensa (MS 23.587/GO, 5.12.03).

O STJ, ao julgar caso em que se pretendia trancar inquérito policial instaurado contra advogado acusado de quebra de sigilo financeiro praticada na defesa judicial de instituição financeira entendeu que o causídico não estava acobertado pela justificante do exercício regular do direito. (RHC 9505/MT, Rel. Min. Félix Fischer, 5ª T., un., DJ 29.5.00, p. 166.) A seu turno, o TRF da 2ª Região entendeu que: "Não constitui crime a revelação

SIGILO BANCÁRIO E PRIVACIDADE

da existência de ação cautelar que tem por objeto quebra de sigilo bancário." (HC 2000.01.072176-5/RJ, Rel. Des. Fed. Ivan Athié, 5ª T., un., 11.9.01).

3.1.5.2. Parágrafo Único

O parágrafo único traz tipo derivado consistente em omitir, retardar injustificadamente ou prestar falsamente as informações requeridas nos termos da LC nº 105/01. Nas formas omitir e retardar, configura hipótese específica que poderia ser caracterizada, na inexistência do dispositivo, como crime de desobediência (CP, art. 330)[316] à semelhança do parágrafo único do art. 1º da Lei nº 8.137/90, que cria tipo especial de desobediência à ordem de autoridade fazendária. A prestação de informação falsa, ao contrário, aproxima-se da falsidade ideológica (CP, art. 299).[317]

A primeira forma é omissiva, estando configurada uma vez vencido o prazo fixado pela autoridade para o fornecimento das informações, sendo de todo conveniente, aliás, que seja fixado um prazo, como referido no item 2.4.7.4.2.

Além disso, recomenda-se o uso do imperativo e a transmissão da ordem diretamente ao encarregado da prestação da informação, preferencialmente mediante mandado e entrega por oficial de justiça, especialmente em caso de recalcitrância no cumprimento da ordem.

Na segunda hipótese, há um elemento normativo, de modo que somente o retardamento *injustificado* acarretará a ocorrência do crime. Assim, se não for possível o atendimento no prazo em virtude do grande volume de documentos ou por estarem arquivados em outra localidade, não haverá o delito. Não é dado, porém, ao destinatário da ordem, o poder de avaliar o cumprimento dos requisitos por parte do magistrado ou da autoridade administrativa que está determinando a entrega dos documentos. Caso entenda injustificada a ordem, deverá insurgir-se judicialmente contra o ato, nada justificando a mera inércia.

Na hipótese de retardar, o TRF da 4ª Região entendeu não configurado o tipo na seguinte hipótese:

> PROCESSO PENAL. PENAL. *HABEAS CORPUS*. CRIME DE RETARDAR INJUSTI-FICADAMENTE INFORMAÇÕES Á RECEITA FEDERAL. SIGILO BANCÁRIO. LEI COMPLEMENTAR 105, DE 10.01.2001, ART. 10, PAR. ÚNICO. FALTA DE JUSTA CAUSA. CPP, ART. 648, INC. I. Não constitui crime de retardar injustificadamente

---

[316] Art. 330. Desobedecer a ordem legal de funcionário público: Pena – detenção, de 15 (quinze) dias a 6 (seis) meses, e multa.

[317] Art. 299. Omitir, em documento público ou particular, declaração que dele devia constar, ou nele inserir ou fazer inserir declaração falsa ou diversa da que devia ser escrita, com o fim de prejudicar direito, criar obrigação ou alterar a verdade sobre fato juridicamente relevante: Pena – reclusão, de 1 (um) a 5 (cinco) anos, e multa, se o documento é público, e reclusão de 1 (um) a 3 (três) anos, e multa, se o documento é particular.

informações a Auditora Fiscal da Receita Federal, a conduta dos gerentes do estabelecimento bancário que colocaram os documentos requisitados à disposição da autoridade administrativa na própria agência, ao invés de entregá-los para exame fora da repartição. A radical mudança do regime jurídico do sigilo bancário gerou e gera dúvidas na interpretação da lei nova, sendo normal interpretações divergentes. Trancamento da ação penal instaurada contra os bancários e contra o advogado que os orientou juridicamente, por falta de justa causa. (TRF 4ª R., HC nº 2002.04.01.001494-6/SC, Rel. Des. Fed. Vladimir Freitas, 7ª T., un., DJ 20.3.02, p. 1.408.)

3.1.6. Elemento Subjetivo

É o dolo, entendido como vontade livre e consciente de obter o acesso às informações e documentos sigilosos ou divulgá-las, não havendo previsão de forma culposa.[318]

3.1.7. Consumação

Cuida-se de crimes formais e de perigo abstrato,[319] não sendo necessária a ocorrência de efetivo prejuízo para sua perfectibilização, consumando-se o delito com a mera violação ou divulgação, até porque não há menção ao dano, como ocorre no art. 154 do CP, que apresenta o seguinte enunciado:

Art. 154. Revelar alguém, sem justa causa, segredo, de que tem ciência em razão de função, ministério, ofício ou profissão, e cuja revelação possa produzir dano a outrem: Pena – detenção, de 3 (três) meses a 1 (um) ano, ou multa.

A tentativa será possível, em tese, caso a divulgação se dê por escrito e venha a ser interceptada.[320]

3.1.8. Concurso de Crimes

Caso agente estranho à instituição financeira primeiro acesse indevidamente as informações e depois as divulgue, a hipótese será de progressão criminosa, respondendo por crime único.

Eventual prejuízo à honra da vítima acarretará a ocorrência de concurso formal com difamação ou calúnia, tendo em vista a diversidade de bens jurídicos protegidos.[321] O crime contra a honra tanto poderá se dar na modalidade do CP quanto naquelas previstas na Lei de Imprensa, conforme o meio utilizado.

---

[318] MACHADO, Agapito. *Crimes do Colarinho Branco*. São Paulo: Malheiros, 1998, p. 56.

[319] MAIA, Rodolfo Tigre. *Dos Crimes contra o Sistema Financeiro Nacional*, p. 121.

[320] TÓRTIMA, José Carlos. *Crimes contra o Sistema Financeiro Nacional*, p. 130.

[321] DOTTI, René Ariel. *Proteção da Vida Privada e Liberdade de Informação*, p. 86.

Poderá ocorrer, ainda, concurso aparente com o delito previsto no art. 3º da Lei nº 7.492/86, que diferencia-se do crime de violação indevida de sigilo por recair sobre informações falsas ou prejudicialmente incompletas, enquanto no crime da lei em exame as informações serão, necessariamente, verdadeiras.

3.2. RESPONSABILIZAÇÃO CIVIL

É comum que os bens da vida sejam destruídos ou danificados, o que ocorre a todo momento, não se podendo imaginar que perdas não ocorram, pelos mais variados motivos.[322] Em regra, quem detém o proveito sobre o bem da vida também arca com os eventuais prejuízos. Há casos, porém, nos quais outra pessoa, que não o titular do direito lesado, deve reparar o dano, aí ocorrendo a responsabilidade civil, que configura uma repartição dos riscos da vida social.[323]

A LC nº 105/01 traz regra específica sobre responsabilidade civil em seu art. 11, nos seguintes termos:

> O servidor público que utilizar ou viabilizar a utilização de qualquer informação obtida em decorrência da quebra de sigilo de que trata esta Lei Complementar responde pessoal e diretamente pelos danos decorrentes, sem prejuízo da responsabilidade objetiva da entidade pública, quando comprovado que o servidor agiu de acordo com orientação oficial.

Como se vê, o dispositivo acima trata especificamente da responsabilidade civil do servidor público, que é pessoal e direta, ou seja, independe da responsabilização do órgão público. A parte final do dispositivo acena com a possibilidade de responsabilização da entidade pública quando comprovado que o servidor agiu de acordo com a orientação oficial. Quer parecer, porém, que o dispositivo não poderá ser interpretado como excludente da possibilidade de responsabilização da entidade se não houver prova de que essa era a orientação oficial. Diga-se que dificilmente será adotada uma política de violação do sigilo e, ainda que isso ocorra, não será isso explicitado, a menos documentalmente. O dispositivo da LC deverá ser interpretado, então, à luz do § 6º do art. 37 da CRFB, que estabelece a responsabilidade das pessoas jurídicas de direito público pelos danos que seus agentes causarem a terceiros, assegurado o direito de regresso contra o responsável, em caso de dolo ou culpa.

---

322 WRIGHT, Richard. W. Justice, and Tort Law In: OWEN, David G. *Philosophical Foundations of Tort Law.*Oxford: Oxford University Press, 1995, p. 159.

323 COUTO E SILVA, Clóvis Veríssimo do. *O Direito Privado brasileiro na visão de Clóvis do Couto e Silva.* FRADERA, Vera Maria Jacob de (Org.). Porto Alegre: Livraria do Advogado, 1997, p. 191.

A par disso, porém, também, particulares ou instituições de direito privado, como o são a grande maioria das instituições financeiras, poderão ser responsabilizados em caso de violação indevida. Em casos tais, o fundamento da responsabilização será a própria lei, configurando caso de responsabilidade extracontratual (CC, arts. 186 e 927). Caso haja contrato prevendo o sigilo entre a instituição financeira e a pessoa lesada pela divulgação indevida, a hipótese será de responsabilidade contratual.

De acordo com o TRF da 5ª Região, a instituição financeira não responde pelos danos advindos da indevida divulgação quando fornecer os dados em cumprimento à ordem judicial (AC 200280000035326/AL, Rel. Des. Federal Francisco Cavalcanti, 2ª T., un., 28.4.04).

A violação ou divulgação indevida de dados financeiros poderá acarretar danos patrimoniais ou morais, acarretando a responsabilização civil do autor do fato.[324] A ocorrência de dano moral na hipótese foi reconhecida no precedente que segue:

ADMINISTRATIVO. SIGILO BANCÁRIO – QUEBRA, A DESBORDE DA ORDEM JUDICIAL DELIMITADA. – A comprovação da indevida violação do sigilo bancário da parte enseja a condenação da instituição financeira pelos danos morais ocasionados, independentemente da efetiva demonstração dos danos sofridos. (TRF 4ª R., EIAC nº 2000.71.05003642-2/SC, Rel. Juiz Amaury Chaves de Athayde, 2ª S., m., DJ 9.12.02, p. 639).

Haverá dano patrimonial quando, por exemplo, por conta da indevida divulgação da situação financeira, venha a pessoa jurídica lesada a perder clientes, por exemplo.

Já o dano moral: "...consiste, propriamente, na dor ou desgosto que deriva da perda de um ente querido, da ofensa corporal que provoca um sofrimento ou deformação física, da calúnia que atinge a honra ou reputação".[325] A divulgação indevida de dados financeiros poderá, eventualmente, provocar, além dos danos patrimoniais, também danos morais.

No direito brasileiro, a posição dominante era no sentido de que a mera dor moral não era indenizável,[326] salvo nos casos especificados no CC de 1916, a saber: a) deformidade ou aleijão por lesão corporal (arts. 1538 e §§); b) crime contra a honra (art. 1547 e parágrafo único); c) sedução (art. 1548); d) violência sexual (art. 1549); e) atentado à liberdade sexual (art. 1551). Havia também previsão de indenização por dano moral em legislação esparsa,

---

[324] Como visto no ítem 2.4.7.3, a comunicação de suspeita de crime, contendo informações financeiras, não acarreta responsabilização civil, salvo em caso de comprovada má-fé.

[325] JORGE, Fernando de Sandy Lopes Pessoa. *Ensaio sobre os Pressupostos da Responsabilidade Civil*. Coimbra: Almedina, 1999, p. 373.

[326] COUTO E SILVA, Clóvis Veríssimo. *O Direito Privado brasileiro na visão de Clóvis do Couto e Silva*, p. 205.

como na Lei de Imprensa, cujo artigo 49, inc. I,[327] fazia expressa menção ao dano moral em caso de crime contra a honra cometido por meio de imprensa; bem assim no antigo Código Brasileiro de Telecomunicações (Lei n° 4.117, de 27 de agosto de 1962, art. 84).[328]

A discussão sobre a possibilidade de indenização por dano moral restou superada com o advento da CRFB de 1988, que fez expressa referência aos danos morais nos incisos V e X de seu art. 5°, adiante transcritos:

V – é assegurado o direito de resposta, proporcional ao agravo, além da indenização por dano material, moral ou à imagem.

X – são invioláveis a intimidade, a vida privada, a honra e a imagem das pessoas, assegurado o direito a indenização pelo dano material ou moral decorrente de sua violação.

A partir daí, o entendimento anterior,[329] de impossibilidade de acumulação, foi superado pela jurisprudência, como demonstra a publicação da súmula n° 37 do STJ, assim redigida: "São cumuláveis as indenizações por dano material e dano moral oriundo do mesmo fato."

Na determinação do valor da indenização, há diferença entre os danos patrimoniais e morais, por conta: a) das diferentes funções da responsabilização civil para os danos patrimoniais e extrapatrimoniais; b) da dificuldade de quantificação do prejuízo no dano extrapatrimonial.

Na responsabilidade patrimonial, a função da responsabilidade civil é a reparação, sendo a prevenção de novos ilícitos, pela possibilidade de responsabilização, uma mera conseqüência.[330] A determinação do montante da indenização será fixada pela extensão do dano causado, sendo irrelevantes, para esse efeito, a situação do ofensor e a circunstância de ter o causador do dano agido com dolo ou culpa. Em outras palavras, não haverá diferenciação no valor da indenização por ter sido a ação dolosa ou culposa.

Já para os danos extrapatrimoniais, que não são quantificáveis, a indenização não tem o caráter de reparação ou indenização em sentido estrito, cumprindo o pagamento aqui uma função de compensação ou *satisfação*.[331]

---

[327] Art. 49. Aquele que no exercício da liberdade de manifestação de pensamento e de informação, com dolo ou culpa, viola direito, ou causa prejuízo a outrem, fica obrigado a reparar: I – os danos morais e materiais, nos casos previstos no art. 16, números II e IV, no art. 18 e de calúnia, difamação ou injúrias;

[328] Na estimação do dano moral, o juiz terá em conta, notadamente, a posição social ou política do ofendido, a situação econômica do ofensor, a intensidade do ânimo de ofender, a gravidade e repercussão da ofensa. § 1° O montante da reparação terá o mínimo de 5 (cinco) e o máximo de 100 (cem) vêzes o maior salário-mínimo vigente no País. § 2° O valor da indenização será elevado ao dôbro quando comprovada a reincidência do ofensor em ilícito contra a honra, seja por que meio fôr. § 3° A mesma agravação ocorrerá no caso de ser o ilícito contra a honra praticado no interêsse de grupos econômicos ou visando a objetivos antinacionais.

[329] COUTO E SILVA, Clóvis Veríssimo. *O Direito Privado brasileiro na visão de Clóvis do Couto e Silva*, p. 232.

[330] Ibidem, p. 191.

[331] KERN, Bernd-Rüdiger. A função de satisfação na indenização do dano pessoal. Um elemento penal na satisfação do dano? *Revista da Faculdade de Direito da Universidade Federal do Rio Grande do Sul*, Porto Alegre, n,17, p.27, 1999.

A par disso, o papel preventivo, que é secundário na responsabilização civil patrimonial, assume aqui função de destaque.[332] Bem por isso, ao contrário do que ocorre na responsabilidade patrimonial, são levados em conta o grau da culpa – é mais grave ofender com dolo do que com culpa – e a situação do ofensor. Exemplo legislativo dessa concepção, levando em conta todos os aspectos referidos, à semelhança da aplicação da pena criminal, é o art. 53 da Lei de Imprensa, que segue transcrito:

Art. 53. No arbitramento da indenização em reparação do dano moral, o juiz terá em conta, notadamente: I – a intensidade do sofrimento do ofendido, a gravidade, a natureza e repercussão da ofensa e a posição social e política do ofendido; II – a intensidade do dolo ou o grau da culpa do responsável, sua situação econômica e sua condenação anterior em ação criminal ou cível fundada em abuso no exercício da liberdade de manifestação do pensamento e informação; III – a retratação espontânea e cabal, antes da propositura da ação penal ou cível, a publicação ou transmissão da resposta ou pedido de retificação, nos prazos previstos na Lei e independentemente de intervenção judicial, e a extensão da reparação por esse meio obtida pelo ofendido.

Nessa linha, veja-se que o grau diminuto de culpa pode levar à diminuição do valor da indenização, pelo art. 944, parágrafo único, do novo CC: "Se houver excessiva desproporção entre a gravidade da culpa e o dano, poderá o juiz reduzir, eqüitativamente, a indenização."

Em suma, na determinação do valor da indenização por dano moral, tendo esta forte carga dissuasória e preventiva, o valor da indenização deverá ser fixado em montante proporcional, levando em conta todas as circunstâncias do caso, mas em valor suficiente para constituir-se em contra-estímulo para a repetição do fato, como ocorre com a pena criminal.

Curiosamente, no Direito Penal, a reparação do dano vem assumindo cada vez maior papel de destaque, colocando-se a vítima em papel destacado na cena jurídico-penal. Em alguns institutos tradicionais já havia menções à reparação do dano, como nos seguintes casos: a) arrependimento posterior (CP, art. 16);[333] b) atenuante da reparação do dano (CP, art. 65, III, *b*);[334] c) *sursis* especial (CP, art. 78, § 2°);[335] d) livramento condicional

---

[332] PORTO, Sérgio José. *A Responsabilidade Civil por Difamação no Direito Inglês*, p. 127.

[333] Art. 16. Nos crimes cometidos sem violência ou grave ameaça à pessoa, reparado o dano ou restituída a coisa, até o recebimento da denúncia ou da queixa, por ato voluntário do agente, a pena será reduzida de um a dois terços.

[334] Art. 65. São circunstâncias que sempre atenuam a pena: (...) III – ter o agente: (...) b) procurado, por sua espontânea vontade e com eficiência, logo após o crime, evitar-lhe ou minorar-lhe as conseqüências, ou ter, antes do julgamento, reparado o dano;

[335] Art. 78. Durante o prazo da suspensão, o condenado ficará sujeito à observação e ao cumprimento das condições estabelecidas pelo juiz. (...) § 2° Se o condenado houver reparado o dano, salvo impossibilidade de fazê-lo, e se as circunstâncias do art. 59 deste Código lhe forem inteiramente favoráveis, o juiz poderá substituir a exigência do parágrafo anterior pelas seguintes condições, aplicadas cumulativamente: a) proibição de freqüentar determinados lugares; b) proibição de ausentar-se da comarca onde reside, sem autorização do juiz; comparecimento pessoal e obrigatório a juízo, mensalmente, para informar e justificar suas atividades.

(CP, art 83, IV);[336] e) reabilitação (CP, art. 94);[337] o destino do rendimento do trabalho do preso (LEP, art. 29, § 1º).[338]

Mais modernamente, porém, a reparação tem tido papel mais central, como na Lei nº 9.099/95 (Lei dos Juizados Especiais), cujo art. 72 prevê a composição civil na transação, implicando fim da persecução penal. Além disso, a reparação do dano é condição para a suspensão do processo, nos termos do art. 89 do mesmo diploma legal e há mesmo penas pecuniárias reparatórias, com os valores pagos à vítima (CTB, art. 297; CP, art. 45, § 1º).[339] Nos crimes contra a ordem tributária, na mesma linha, o recolhimento do tributo, com seus acessórios, antes do recebimento da denúncia, é causa de extinção da punibilidade (Lei nº 9.249, de 26 de dezembro de 1995, art. 34).[340]

Nota-se, então, uma convergência entre as vertentes civil e penal de proteção, o que não pode ser ignorado no campo da proteção da vida privada, atuando paralelamente a proteção penal, por meio da incriminação das condutas violadoras, examinadas em detalhe no capítulo anterior, e a proteção da lei civil, consubstanciada na responsabilização civil do violador. Não há como afirmar, *a priori*, a excelência de uma solução no sentido da

[336] Art. 83. O juiz poderá conceder livramento condicional ao condenado a pena privativa de liberdade igual ou superior a 2 (dois) anos, desde que: (...) IV – tenha reparado, salvo efetiva impossibilidade de fazê-lo, o dano causado pela infração;

[337] Art. 94. A reabilitação poderá ser requerida, decorridos 2 (dois) anos do dia em que foi extinta, de qualquer modo, a pena ou terminar sua execução, computando-se o período de prova da suspensão e do livramento condicional, se não sobrevier revogação, desde que o condenado: I – tenha tido domicílio no País no prazo referido; II – tenha dado, durante esse tempo, demonstração efetiva e constante de bom comportamento público e privado; III – tenha ressarcido o dano causado pelo crime ou demonstre a absoluta impossibilidade de o fazer, até o dia do pedido, ou exiba documento que comprove a renúncia da vítima ou novação da dívida. Parágrafo único. Negada a reabilitação, poderá ser requerida, a qualquer tempo, desde que o pedido seja instruído com novos elementos comprobatórios dos requisitos necessários.

[338] Art. 29. O trabalho do preso será remunerado, mediante prévia tabela, não podendo ser inferior a (três quartos) do salário mínimo. § 1º O produto da remuneração pelo trabalho deverá atender: a) a indenização dos danos causados pelo crime, desde que determinados judicialmente e não reparados por outros meios; b) assistência à família; c) pequenas despesas pessoais; d) ao ressarcimento ao Estado das despesas realizadas com a manutenção do condenado, e, proporção a ser fixada e sem prejuízo da destinação prevista nas letras anteriores.

[339] Art. 297. A penalidade de multa reparatória consiste no pagamento, mediante depósito judicial em favor da vítima, ou seus sucessores, de quantia calculada com base no disposto no § 1º do art. 49 do Código Penal, sempre que houver prejuízo material resultante do crime. § 1ºA multa reparatória não poderá ser superior ao valor do prejuízo demonstrado no processo. § 2º Aplica-se à multa reparatória o disposto nos arts. 50 a 52 do Código Penal. § 3º Na indenização civil do dano, o valor da multa reparatória será descontado.
Art. 45. Na aplicação da substituição prevista no artigo anterior, proceder-se-á na forma deste e dos arts. 46, 47, e 48. § 1º A prestação pecuniária consiste no pagamento em dinheiro à vítima, a seus dependentes ou a entidade pública ou privada com destinação social, de importância fixada pelo juiz, não inferior a 1 (um) salário mínimo nem superior a 360 (trezentos e sessenta) salários mínimos. O valor pago será deduzido do montante de eventual condenação em ação de reparação civil, se coincidentes os beneficiários.

[340] Art. 34. Extingue-se a punibilidade dos crimes definidos na , e na Lei nº 4.729, de 14 de julho de 1965, quando o agente promover o pagamento do tributo ou contribuição social, inclusive acessórios, antes do recebimento da denúncia.

ótima proteção da vida privada no aspecto dos dados financeiros. Sendo assim, a existência do paralelismo é conveniente, adotando-se, via de regra a solução penal e, quando solvente o violador, também a reparação civil.

3.3. PROVAS ILÍCITAS

O tema da admissibilidade das provas obtidas por meios ilícitos[341] tem sido uma das grandes preocupações no moderno processo, especialmente penal, por conta do influxo do Direito Constitucional e dos direitos fundamentais sobre o processo, bem como da consagração do princípio da dignidade da pessoa humana, donde decorre, também, o direito fundamental à preservação da vida privada (CRFB, art. 5º, X). Vislumbra-se, na vedação das provas ilícitas, emanação do princípio do devido processo,[342] de formulação anterior à explicitação da proibição de provas ilícitas.

De acordo com Antonio Scarance Fernandes, historicamente, a questão da admissibilidade no processo das provas ilícitas foi objeto de dissenso entre quatro correntes doutrinárias. A primeira, já superada, sustenta a admissibilidade, partindo da máxima de que a prova foi mal colhida, mas bem produzida (*male captum, bene retentum*), punindo-se criminalmente o autor do ilícito (Cordero, Tornaghi, Mendonça Lima). A segunda, com fundamento na unidade do ordenamento jurídico, de modo que não é possível que o ilícito produza efeitos em outro campo do direito, nega a admissibilidade (Nuvolone, Frederico Marques, Fragoso, Pestana de Aguiar). Para outros (Cappelletti, Vigoriti, Comoglio), tal prova seria inconstitucional. A teoria mais moderna admite a prova ilícita, em casos excepcionais, para a preservação de valores constitucionalmente consagrados e mais relevantes que aqueles violados na produção da prova (Baur, Barbosa Moreira, Renato Maciel, Hermano Duval, Camargo Aranha, Moniz Aragão).[343] Seria o caso de relativização da regra de exclusão para crimes especialmente graves, como o terrorismo, em uma avaliação dos custos e benefícios da anulação do procedimento por ilicitude diante da gravidade do fato.[344]

---

[341] *Provas ilícitas* são aquelas obtidas com violação de regras de direito material, enquanto aquelas obtidas por violação de norma processual são consideradas *provas ilegítimas*, sendo ambas as espécies vedadas em nosso ordenamento (GRINOVER, Ada Pellegrini. *Liberdades Públicas e Processo Penal*, 2ª ed., São Paulo: RT, 1982, p. 126-129).

[342] SANGUINÉ, Odone. Devido Processo Legal e Constituição. *Fascículos de Ciências Penais*, Porto Alegre, v. 2, n. 9, p. 137, set. 1999.

[343] FERNANDES, Antônio Scarance. *Processo Penal Constitucional*, p. 79.

[344] HOYOS, Arturo. *El Debido Proceso*. Santa Fé de Bogotá: Editorial Temis, 1998, p. 86. Em sentido contrário, pela necessidade de obediência ao devido processo legal mesmo em casos de crimes graves, como o terrorismo: DOTTI, René Ariel. Terrorismo e Devido Processo Legal. *Revista do Centro de Estudos Judiciários do Conselho da Justiça Federal*, Brasília, n. 18, p. 27-30, jul.-set. 2002.

A moderna doutrina processual penal, partindo da garantia do devido processo legal, refere a existência de um direito à prova (*right to evidence*), reconhecido na jurisprudência constitucional alemã, norte-americana e italiana,[345] o qual é um direito não só à produção da prova, mas também à produção lícita da prova.

No Brasil, já ao tempo da Constituição de 1967, embora o texto constitucional não fosse, então, explícito na matéria, a prova ilícita não era admitida, como se vê do precedente que segue:

> *HABEAS CORPUS.* PROCESSUAL PENAL. PROVA ILÍCITA. CONSTITUCIONAL. GARANTIAS DOS §§ 9º E 15 DO ART. 153 DA LEI MAIOR. (INOBSERVÂNCIA). TRANCAMENTO DO INQUÉRITO POLICIAL. 1 – Os meios de prova ilícitos não podem servir de sustentação ao inquérito ou a ação penal. 2 – As provas produzidas no inquérito ora em exame – gravações clandestinas – além de afrontarem o principio da inviolabilidade do sigilo de comunicações (§ 9º, e art. 153, CF), cerceiam a defesa e inibem o contraditório, em ofensa, igualmente, à garantia do § 15, art. 153, da lei magna. 3 – Inexistência, nos autos, de outros elementos que, por si, justifiquem a continuidade da investigação criminal. (...) (RHC nº 63.834/SP, Rel. Min. Aldir Passarinho, 2ª T., un., DJ 5.6.87, p. 11.112)

Atualmente, a Constituição é expressa ao dispor, no LVI do art. 5º, que: "são inadmissíveis, no processo, as provas obtidas por meios ilícitos", em dispositivo que deve ser interpretado, no ponto em que interessa a este trabalho, conjuntamente com o inciso X do art. 5º da Constituição, que trata da preservação da vida privada. Como se vê, a Constituição não comporta relativização da proibição de provas ilícitas, que é absoluta, para a acusação. Assim, nem mesmo em casos de crimes especialmente graves será admissível a prova ilícita, em nosso ordenamento. Nesse sentido já se pronunciou o STF, como se vê da ementa que segue:

> (...) Provas ilícitas: sua inadmissibilidade no processo (CF, art. 5º, LVI): considerações gerais. 2. Da explícita proscrição da prova ilícita, sem distinções quanto ao crime objeto do processo (CF, art. 5º, LVI), resulta a prevalência da garantia nela estabelecida sobre o interesse na busca, a qualquer custo, da verdade real no processo: conseqüente impertinência de apelar-se ao princípio da proporcionalidade – à luz de teorias estrangeiras inadequadas à ordem constitucional brasileira – para sobrepor, à vedação constitucional da admissão da prova ilícita, considerações sobre a gravidade da infração penal objeto da investigação ou da imputação. (...) (HC nº 80.949/RJ, Rel. Min. Sepúlveda Pertence, 1ª T., un., DJ 14.12.01, p. 26).

Embora o texto constitucional ignore tal sutileza, a doutrina distingue as provas vedadas em sentido absoluto, quando impedida em qualquer caso a sua produção, das provas vedadas em sentido relativo, quando necessário o cumprimento de determinadas condições para a sua admissão, como, por exemplo, a prévia autorização judicial no caso da interceptação telefônica.

---

345 FERNANDES, Antônio Scarance. *Processo Penal Constitucional*, p. 67.

A produção da prova vedada acarretará a sua ilicitude, originando a prova ilícita, que poderá ser ilegítima ou ilegal. Será ilegítima ou ilegitimamente produzida a prova quando produzida com violação de regra processual e ilegal quando a norma violada for de direito material.[346]

No caso do sigilo financeiro, tanto poderá ocorrer ilicitude por violação de regras de direito material – por exemplo, se o empregado de instituição financeira fornece ilegalmente os documentos – quanto por violação de norma processual – por exemplo, se a decisão judicial que autoriza a quebra não está fundamentada. Ilegal ou ilegítima a prova, o efeito processual penal da prova obtida mediante quebra indevida do sigilo financeiro, a ilicitude e conseqüente imprestabilidade da prova (CRFB, art. 5º, LVI).[347] O próprio STJ já afirmou, expressamente, que: "É ilícita a prova obtida por meio de quebra de sigilo bancário sem autorização judicial." (RHC nº 6.566/PR, STJ, Rel. Min. Cid Flaquer Scartezzinni, un., DJ 17.11.97, p. 59.560.)

Claro está que, se a prova foi produzida sem violação da proibição de divulgação, não há falar em ilicitude. É o caso da comunicação ou notícia-crime feita pelo Bacen, pela CVM ou pelo preposto da instituição financeira, examinada no item 2.4.7.3, acima. Em casos tais, há uma obrigatoriedade de comunicação da suspeita do fato criminoso, que deverá estar acompanhada de documentos que constituam provas ou indícios do crime, sem que haja, no caso qualquer mácula sobre a prova.

O mesmo vale para o caso em que a prova foi fornecida pelo acusado, que ao consentir com o fornecimento das informações, como visto no item 2.4.8., torna lícita a prova produzida (TRF 4ª R., ACR 200304010427662/SC, Rel. Des. Fed. Paulo Afonso Brum Vaz, 8ª T., un., 26.11.03).

Ainda a propósito do tema da ilicitude probatória, o TRF da 4ª Região entendeu inocorrente qualquer irregularidade no fornecimento de informações genéricas relativas a empréstimo em ação penal que versava sobre o crime do art. 19 da Lei nº 7.492/86 (ACR 2003.04.01.0405710/PR, Rel. Des. Fed. Élcio Pinheiro de Castro, 8ª T., un., 21.1.04).

De outro lado, não pode ser recebida a denúncia baseada exclusivamente em provas obtidas a partir da quebra ilícita de sigilo financeiro. Nesse sentido:

> HABEAS CORPUS SUBSTITUTIVO DE RECURSO ORDINÁRIO. TRANCAMENTO DE AÇÃO PENAL. SONEGAÇÃO FISCAL. PROVA ILÍCITA. VIOLAÇÃO AO SIGILO BANCÁRIO. SIGILO FISCAL. NÃO-EQUIPARAÇÃO. ORDEM CONCEDIDA. EXTENSÃO AOS CO-RÉUS. I. Considera-se ilícita a prova obtida em decorrência da quebra

---

[346] GRINOVER, Ada Pellegrini. *Liberdades Públicas e Processo Penal.* 2ª ed., São Paulo: RT, 1982, p. 93-100.

[347] PENTEADO, Jaques de Camargo. O Sigilo Bancário e as Provas Ilícitas: Breves Notas. In: *Justiça Penal – Críticas e Sugestões.* São Paulo: RT, 1997, p. 102.

do sigilo bancário sem autorização judicial, ensejando o trancamento da ação penal, cuja denúncia foi nela exclusivamente baseada. (...) (STJ, HC nº 7.618/RS, Rel. Min. Gilson Dipp, 5ª T., un., DJC 17.2.99, p. 152)[348]

Assim não se dá, porém, caso existam outras provas, desvinculadas ou autônomas em relação à prova ilícita, que dêem sustentação à denúncia.[349]

A prova ilícita *contamina* as provas dela derivadas, direta ou indiretamente, ou seja, aquelas provas obtidas em decorrência da prova originariamente ilícita, na chamada teoria dos frutos da árvore envenenada. Eis o precedente do *leading case* na matéria:

PROVA ILÍCITA: ESCUTA TELEFÔNICA MEDIANTE AUTORIZAÇÃO JUDICIAL: afirmação pela maioria da exigência de lei, ate agora não editada, para que, "nas hipóteses e na forma" por ela estabelecidas, possa o juiz, nos termos do art. 5º, XII, da constituição, autorizar a interceptação de comunicação telefônica para fins de investigação criminal; não obstante, indeferimento inicial do *habeas corpus* pela soma dos votos, no total de seis, que, ou recusaram a tese da contaminação das provas decorrentes da escuta telefônica, indevidamente autorizada, ou entenderam ser impossível, na via processual do *habeas corpus*, verificar a existência de provas livres da contaminação e suficientes a sustentar a condenação questionada; nulidade da primeira decisão, dada a participação decisiva, no julgamento, de ministro impedido (MS 21.750, 24.11.93, Velloso); conseqüente renovação do julgamento, no qual se deferiu a ordem pela prevalência dos cinco votos vencidos no anterior, no sentido de que a ilicitude da interceptação telefônica – a falta de lei que, nos termos constitucionais, venha a disciplina-la e viabiliza-la – contaminou, no caso, as demais provas, todas oriundas, direta ou indiretamente, das informações obtidas na escuta (*fruits of the poisonous tree*), nas quais se fundou a condenação do paciente. (HC 69.912 segundo/RS, Rel. Min. Sepúlveda Pertence, Pl., m., DJ 25.3.94, p. 6.012).

Como afirmou o Min. Sepúlveda Pertence: "(...) A doutrina da proscrição dos *fruits of the poisonous tree*, é não apenas a orientação capaz de dar eficácia à proibição constitucional da admissão da prova ilícita, mas, também, a única que realiza o princípio de que, no Estado de Direito, não é possível sobrepor o interesse na apuração da verdade real à salvaguarda

---

[348] No mesmo sentido: REsp. 175.381, Rel. Min. José Arnaldo da Fonseca, 5ª T., un., 4.2.99.

[349] RECURSO DE *HABEAS CORPUS*. CRIMES SOCIETÁRIOS. SONEGAÇÃO FISCAL. PROVA ILÍCITA: VIOLAÇÃO DE SIGILO BANCÁRIO. COEXISTÊNCIA DE PROVA LÍCITA E AUTÔNOMA. INÉPCIA DA DENÚNCIA: AUSÊNCIA DE CARACTERIZAÇÃO. 1. A prova ilícita, caracterizada pela violação de sigilo bancário sem autorização judicial, não sendo a única mencionada na denúncia, não compromete a validade das demais provas que, por ele não contaminadas e delas não decorrentes, integram o conjunto probatório. 2. Cuidando-se de deligência acerca de emissão de "notas frias", não se pode vedar à Receita Federal o exercício da fiscalização através do exame dos livros contábeis e fiscais da empresa que as emitiu, cabendo ao juiz natural do processo formar a sua convicção sobre se a hipótese comporta ou não conluio entre os titulares das empresas contratante e contratada, em detrimento do erário. 3. Não estando a denúncia respaldada exclusivamente em provas obtidas por meios ilícitos, que devem ser desentranhadas dos autos, não há porque declarar-se a sua inépcia porquanto remanesce prova lícita e autônoma, não contaminada pelo vício de inconstitucionalidade. (RHC nº 74807/MT, Rel. Min. Maurício Corrêa, 2ª T., un., DJ 20.6.97, p. 28.507.)

dos direitos, garantias e liberdades fundamentais, que tem seu pressuposto na exigência da legitimidade jurídica da ação de toda autoridade pública." (HC nº 75.545-3/SP, 1ª T., m., DJ 9.04.99, p. 2).

Assim não será, todavia, se as demais provas não decorrerem daquela ilicitamente obtida, na chamada teoria da fonte independente, como no caso adiante referido:

> *HABEAS CORPUS.* INÉPCIA DA DENÚNCIA. ALEGAÇÃO EXTEMPORÂNEA. PA-RECER DO MINISTÉRIO PÚBLICO PELA CONCESSÃO DA ORDEM DE OFÍCIO. PROVA ILÍCITA. ESCUTA TELEFÔNICA. *FRUITS OF THE POISONOUS TREE.* NÃO ACOLHIMENTO. Desacolhimento do proposto pela Procuradoria-Geral da República, no sentido da concessão de ofício do *habeas corpus* para anular-se a decisão condenatória. É que a interceptação telefônica – prova tida por ilícita até a edição da Lei nº 9.296, de 24.07.96, que contamina as demais provas que dela se originam –, não foi a prova exclusiva que desencadeou o procedimento penal, mas somente veio a corroborar as outras licitamente obtidas pela equipe de investigação policial. (HC nº 74.530/AP, Rel. Min. Ilmar Galvão, 1ª T., un., DJ 13.12.96, p. 50.617).

Admite-se, porém, a utilização de tal prova em favor da defesa.[350] No caso específico do sigilo financeiro, o STF já afirmou que: "A quebra do sigilo bancário – não observado o disposto no artigo 38, § 1º da Lei 4.595/64 – não se traduz em prova ilícita se o réu, corroborando as informações prestadas pela instituição bancária, utiliza-as para sustentar sua defesa." (HC nº 74.197/RS, Rel. Min. Francisco Rezek, 2ª T., un., DJ 25.4.97, p. 15.200.)

Tem-se defendido a necessidade do desentranhamento da prova ilicitamente produzida, aplicando-se, extensivamente, o art. 145, IV, do CPP,[351] que determina o desentranhamento do documento falso.[352] Nesse sentido:

> Ação Penal. Denúncia recebida. Prova ilícita. Embargos de declaração pleiteando seu desentranhamento. Constituição, art. 5º, inciso LVI. 2. Reconhecida a ilicitude de prova constante dos autos, conseqüência imediata é o direito da parte, à qual possa essa prova prejudicar, a vê-la desentranhada. 3. Hipótese em que a prova questionada foi tida como ilícita, no julgamento da Ação Penal nº 307, fato já considerado no acórdão de recebimento da denúncia. 4. Pedido de desentranhamento formulado na resposta oferecida pelo embargante e reiterado em outro instante processual. 5. Embargos de declaração recebidos, para determinar o desentranhamento dos autos das peças concernentes à prova julgada ilícita, nos termos discriminados

---

[350] GRINOVER, Ada Pellegrini; FERNANDES, Antonio Scarance; GOMES FILHO, Antônio Magalhães. *As Nulidades no Processo Penal.* 3ª ed. São Paulo: Malheiros, 1994, p. 117.

[351] Art. 145. Argüida, por escrito, a falsidade de documento constante dos autos, o juiz observará o seguinte processo: (...) IV – se reconhecida a falsidade por decisão irrecorrível, mandará desentranhar o documento e remetê-lo, com os autos do processo incidente, ao Ministério Público.

[352] FERNANDES, Antônio Scarance. *Processo Penal Constitucional*, p. 84. Nesse sentido: STJ, HC 4927/MT, Rel. Min. Edson Vidigal, 5ª T., un., DJ 4.11.96, p. 42.489.

no voto condutor do julgamento (STF, ED em Inq. 731/DF, Rel. Min. Néri da Silveira, Pl., un., DJ 7.6.96, p. 19.847).

O STF, porém, entendeu desnecessário o desentranhamento quando repetida, validamente, a prova viciada por falta de fundamentação da decisão que deferiu a quebra de sigilo financeiro, nos seguintes termos:

HABEAS CORPUS – QUEBRA DE SIGILO BANCÁRIO E FISCAL – PROVA ILEGÍTIMA – DECISÃO NÃO FUNDAMENTADA – OFENSA AO ART. 93, IX DA CRFB – Nulidade declarada pelo STJ, que indeferiu, no entanto, o desentranhamento dos documentos fiscais e bancários – Decisão judicial posterior, devidamente fundamentada, decretando nova quebra do sigilo – Ausência do vício que contaminava a decisão anterior, legitimando a prova produzida – Desentranhamento que, diante desse novo quadro, se mostra desarrazoado e contrário à economia processual. (...) (STF, HC nº 80.724/SP, Rel. Min. Ellen Gracie, 1ª T., un., DJ 14.5.01, p. 542.)

Entendeu-se também desnecessário o desentranhamento quando a prova acoimada de ilícita foi expressamente rechaçada pelo juízo, como se vê na ementa que segue:

AGRAVO REGIMENTAL EM RECURSO EXTRAORDINÁRIO. PROVA ILÍCITA. DESENTRANHAMENTO DOS AUTOS DAS DEGRAVAÇÕES. EXISTÊNCIA DE PROVA AUTÔNOMA. ESCUTA TELEFÔNICA DESPREZADA PELO JUÍZO DA INSTRUÇÃO. AUSÊNCIA DE INTERESSE JURÍDICO A SER PROTEGIDO. 1. O fato de constar do processo a degravação de conversas, obtidas mediante escuta telefônica, nenhum prejuízo advém ao réu quando essa prova houver sido rechaçada pelo juízo da instrução. 2. Prova ilícita desprezada. Desentranhamento dos autos. Inutilidade da prestação jurisdicional requerida. Ausência de interesse jurídico a ser protegido ante a declaração de ilegitimidade da escuta telefônica. (AGRRE 212171/RJ, Rel. Min. Maurício Corrêa, 2ª T., un., DJ 27.2.98, p. 8.)

O STJ, a seu turno, julgou procedente reclamação e determinou a restituição dos documentos sigilosos às instituições remetentes, ao argumento de que:

O julgado, em recurso ordinário (RMS) impeditivo da quebra de sigilo fiscal e bancário, tem natureza declaratória e a iniciativa judicial de manter anexada aos autos de busca e apreensão documentação relativa a este ato de abertura do sigilo, ao argumento de que juntada anteriormente ao comando (RMS) do Superior Tribunal de Justiça, importa em maltrato à autoridade de sua decisão, cuja preservação a reclamação deve garantir. (Reclamação nº 887/MT, Rel. Min. Fernando Gonçalves, 3ª S., un., DJ 4.6.01, p. 57.)

Na situação em exame, temos que será ilícita a prova que tenha por objeto dados bancários sem obediência aos termos da LC nº 105/01, na qual se fez a ponderação a respeito dos direitos fundamentais envolvidos, regulamentando a matéria, sem que seja necessário o recurso imediato ao texto constitucional, salvo na hipótese de inconstitucionalidade de dispositivos da lei regulamentadora.

Eventual divulgação posterior das informações, conquanto criminosa (LC nº 105/01, art. 10), não invalida a prova produzida com a observância das determinações legais.[353]

As regras da LC nº 105/01, tendo caráter processual, poderão ser aplicadas imediatamente, nos termos do art. 2º do CPP,[354] mesmo para fatos ocorridos antes de sua entrada em vigor, com exceção do art. 10 da LC nº 105/01, que cria novo tipo penal, estando sujeito ao princípio da irretroatividade. Quanto a quebras de sigilo financeiro anteriores, deverá ser verificado se atendiam ao disposto na legislação da época, ou seja, ao art. 38 da Lei nº 4.595/64.

3.4. INSTRUMENTOS PROCESSUAIS

3.4.1. Processo Penal

Discute-se qual o instrumento processual apropriado para atacar a decisão que autoriza a quebra de sigilo financeiro, se o *habeas corpus* ou o mandado de segurança criminal. No ponto, irreparável a assertiva de Maria Thereza Rocha de Assis Moura, ao distinguir duas hipóteses. Caso haja constrangimento efetivo ou potencial à liberdade de locomoção, a hipótese será de *habeas corpus*, atendendo ao disposto no inciso LXVIII do art. 5º da Constituição.[355] Do contrário, em ocorrendo a restrição do direito fundamental por ato de CPI ou em procedimento administrativo, sem implicar risco para a liberdade de locomoção, a hipótese será de mandado de segurança.[356] Esse o entendimento reconhecido nos seguintes precedentes:

> Se se trata de processo penal ou mesmo de inquérito policial, a jurisprudência do STF admite o *habeas corpus*, dado que de um ou outro possa advir condenação a pena privativa de liberdade, ainda que não iminente, cuja aplicação poderia vir a ser viciada pela ilegalidade contra o qual se volta a impetração da ordem. Nessa linha, não é de recusar a idoneidade do *habeas corpus*, seja contra o indeferimento de prova de interesse do réu ou indiciado, seja, o deferimento de prova ilícita ou o deferimento inválido de prova lícita: nessa última hipótese, enquadra-se o pedido de *habeas corpus* contra a decisão – alegadamente não fundamentada ou carente de

---

[353] MIRABETE, Julio Fabbrini. As Provas Ilícitas e a Violação do Sigilo Bancário. In: TUBENCH-LAK, James; BUSTAMANTE, Ricardo (Coord.). *Livro de Estudos Jurídicos*, v. 5, Rio de Janeiro: Instituto de Estudos Jurídicos, 1992, p. 173.

[354] Art. 2º. A lei processual penal aplicar-se-á desde logo, sem prejuízo da validade dos atos realizados sob a vigência da lei anterior.

[355] LXVIII – conceder-se-á "habeas-corpus" sempre que alguém sofrer ou se achar ameaçado de sofrer violência ou coação em sua liberdade de locomoção, por ilegalidade ou abuso de poder;

[356] MOURA, Maria Thereza Rocha de Assis. Meios de Impugnação à Quebra Indevida de Sigilo Bancário, p. 179.

SIGILO BANCÁRIO E PRIVACIDADE

justa causa – que autoriza a quebra do sigilo bancário do paciente. (STF, HC nº 79.191, Rel. Min. Sepúlveda Pertence, 1ª T., un., DJ 8.10.99, p. 39.)[357]
Habeas Corpus. Inquérito policial. Quebra de sigilo bancário. Decisão que pode acarretar constrangimento ilegal à liberdade do paciente. Acórdão do STJ que, mantendo decisão do Tribunal de Justiça de Santa Catarina, não conheceu de *habeas corpus* por entendê-lo incabível na hipótese. Acórdão contrário à jurisprudência do STF, que admite o *habeas corpus* (HC nº 79.191, Rel. Min. Sepúlveda Pertence). Ordem deferida para cassar o acórdão do STJ e determinar ao Tribunal de Justiça de Santa Catarina que julgue o *writ* lá impetrado. (STF, HC nº 81294/SC, Rel. Min. Ellen Gracie, 1ª T., un., DJ 1º.2.02, p. 84.)
RECURSO ORDINÁRIO EM HABEAS CORPUS. SIGILO BANCÁRIO. QUEBRA. ADMISSIBILIDADE DE *HABEAS CORPUS*. I – O *habeas corpus* vem sendo admitido como meio de afastar constrangimento decorrente da quebra de sigilo bancário e fiscal. Precedente do c. Supremo Tribunal Federal (HC nº 79.191/SP). II – Se o *habeas corpus* não foi conhecido pelo e. Tribunal *a quo* sob o fundamento de que não é meio idôneo para a apreciação de constrangimento por quebra de sigilo bancário e fiscal, há que se dar provimento ao presente recurso para a devida apreciação do *writ*. Recurso provido para determinar o conhecimento do *habeas corpus* pelo e. Tribunal *a quo*. (STJ, RHC 11338/SP, Rel. Min. Felix Fischer, 5ª T., un., DJ 8.10.01, p. 225.)

No STJ, ao contrário, a matéria não é tranqüila, havendo decisões no sentido da inadmissibilidade do *habeas* corpus, como segue:

O *habeas corpus* visa a proteção que se restringe a liberdade de locomoção, não sendo a via adequada para obstacularizar a quebra irregular de sigilo bancário. (STJ, HC 6412/GO, Rel. Min. Cid Flaquer Scartezzini, 5ª T., un., DJ 13.4.98, p. 130.)

O *habeas corpus* é remédio constitucional que tem por objetivo a proteção do direito de locomoção, não se prestando para afastar decisão que decreta a quebra de sigilo bancário. (STJ, HC n° 8218/SP, Rel. Min. Vicente Leal, 6ª T., un., DJ 1.3.99, p. 384.)[358]

AGRAVO REGIMENTAL. *HABEAS CORPUS*. QUEBRA DE SIGILO BANCÁRIO. INEXISTÊNCIA DE VIOLAÇÃO OU AMEAÇA DE VIOLAÇÃO DA LIBERDADE DE LOCOMOÇÃO. INCABIMENTO. 1. O verbo constitucional é peremptório no sentido do cabimento do *habeas corpus* sempre que alguém sofrer ou se achar ameaçado de sofrer violência ou coação em sua liberdade de locomoção (Constituição da República, artigo 5º, inciso LXVIII). 2. Discute-se, na espécie, a quebra do sigilo bancário requerido pela autoridade policial, em face da lavratura de duas notificações pela fiscalização tributária estadual em que se constatou ter a empresa C. Comércio e Indústria S. F. Ltda. deixado de submeter operações tributárias à incidência de ICMS, inexistindo, portanto, qualquer violação ou ameaça de violação efetiva da liberdade de ir, vir e ficar do paciente. 3. Em não sendo a ação de mandado de segurança

---

[357] No mesmo sentido o STJ, quando se tratar de processo penal ou inquérito policial: HC 8.317/PA, Rel. Min. Fernando Gonçalves, 6ª T., un., DJ 28.3.00.

[358] No mesmo sentido: ROMS nº 2265/PB, Rel. Min. Luiz Vicente Cernicchiaro, 6ª T., un., DJ 12.4.93, p. 6.084 e AGRHC nº 16.049/SC, Rel. Min. Hamilton Carvalhido, 6ª T., un., DJ 13.8.01, p. 292.

estranha ao processo penal, tem-se dos presentes autos que a matéria que ora se oferece à compreensão é típica de *mandamus*, por envolver violação de direito líquido e certo à sigilosidade das informações bancárias. (...) (AGRHC nº 16049/SC, Rel. Min. Hamilton Carvalhido, 6ª T., DJ 13.8.01, p. 292.)

Na mesma linha, negou-se a possibilidade de *habeas corpus* em hipótese na qual era impetrante pessoa jurídica, nos seguintes termos: "O *habeas corpus*, instituto protetivo da liberdade individual de locomoção (art. 5º, LXVIII – CRFB), não tem valência para atender a pedido da pessoa jurídica atingida pela quebra do sigilo bancário." (TRF 1ª R., HC 2002.01.00.003993-0/MA, Rel. Juiz Olindo Menezes, 3ª T., un., DJ 5.4.02, p. 138.)

Segundo o TRF da 2ª Região: "(...) Não pode sócio, em nome pessoal, defender judicialmente o sigilo bancário de pessoa jurídica de que faça parte por falta de legitimidade ad causam." (MS nº 2001.02..01.023614-4/RS, Rel. Juiz André Kozlowski, 6ª T., un., DJ 25.10.02, p. 380).

Coerentemente, de acordo com o STJ e o TRF da 1ª Região, tem legitimidade ativa para impetração de mandado de segurança, na hipótese, a instituição financeira, consoante as seguintes ementas:

O mandado de segurança consubstancia remédio de natureza constitucional destinado a proteger direito líquido e certo contra ato ilegal ou abusivo de poder emanado de autoridade pública. Se o ordenamento jurídico constitucional somente autoriza a quebra judicial de sigilo bancário desde justificada a necessidade da medida para fins de investigação criminal, tem interesse de agir a instituição bancária que, ao reputar ilegal a ordem, pretende ver reconhecido perante o Poder Judiciário seu direito líquido e certo em não prestar as informações bancárias solicitadas. (...) (STJ, ROMS nº 9.918/PR, Rel. Min. Vicente Leal, 6ª T., un., DJ 30.10.00, p. 196.)

PROCESSUAL CIVIL. MANDADO DE SEGURANÇA. QUEBRA DE SIGILO BANCÁRIO. LEGITIMIDADE ATIVA *AD CAUSAM* DO BANCO IMPETRANTE. AMEAÇA DE APLICAÇÃO DE SANÇÃO PECUNIÁRIA PELO FISCO. 1. A instituição financeira, a quem se dirige a requisição de informações protegidas pelo sigilo bancário, é parte legítima ativa *ad causam* para impetrar mandado de segurança contra ato de autoridade coatora que a obrigue a prestar tais informações. 2. Se o ato praticado pelo Fisco (a ameaça de punição), está eivado de ilegalidades, o mandado de segurança que o ataca deve ser então impetrado por quem sofre a possibilidade de concretização de ameaça, isto é, por quem tem o seu patrimônio sujeito à ação punitiva (...) (AMS 95.01.16148-0/DF, Rel. Juíza Selene Maria de Almeida, DJ 4.8.00, p. 104.)

Em suma, o fator determinante para o cabimento de mandado de segurança ou *habeas corpus* será o eventual risco de privação de liberdade, o que autorizará a impetração deste.

De noticiar, ainda, que o STF tem denegado efeito suspensivo a recurso extraordinário motivado pela circunstância de ter sido quebrado sigilo bancário do recorrente, como se vê da seguinte ementa:

SIGILO BANCÁRIO E PRIVACIDADE

193

AGRAVO REGIMENTAL EM PETIÇÃO. EFEITO SUSPENSIVO A RECURSO EX-TRAORDINÁRIO. IMPOSSIBILIDADE. LEGALIDADE DA QUEBRA DOS SIGILOS BANCÁRIO E FISCAL. A pretensão do Agravante de dar efeito suspensivo a recurso extraordinário devido a suposta ilegalidade na quebra dos sigilos bancário e fiscal não pode ser acolhida. A jurisprudência do Tribunal só admite efeito suspensivo em Recurso Extraordinário em hipótese de reconhecida excepcionalidade. No caso, essa circunstância não ocorreu. Este Tribunal tem admitido como legítima a quebra de sigilo bancário e fiscal em caso de interesse público relevante e suspeita razoável de infração penal. A iniciativa do Ministério Público de quebrar os sigilos bancário e fiscal do Agravante foi provocada pelo Delegado da Receita Federal com base em prova documental. Ela foi deferida pela autoridade competente, o Juiz Federal. Portanto, não houve ilegalidade. Recurso improvido. (AG. REG. NA PETIÇÃO nº 2.791/RS, Rel. Min. Nelson Jobim, 2ª T.)

3.4.2. Processo Civil

Em matéria processual civil, a medida a ser adotada variará conforme a fonte da violação. Se a quebra de sigilo for decretada por autoridade administrativa, em procedimento fiscal, por exemplo, poderá ser atacada por mandado de segurança. Nessa hipótese, possível a concessão de liminar e mesmo a efeito suspensivo na apelação, como já decidido pelo TRF da 4ª Região, nos seguintes termos:

AGRAVO DE INSTRUMENTO. MANDADO DE SEGURANÇA. SENTENÇA DENEGA-TÓRIA. APELAÇÃO. EFEITO SUSPENSIVO. QUEBRA DE SIGILO. 1. A possibilida-de de ser atribuído efeito suspensivo à apelação que de regra não o tenha está prevista no art. 558, parágrafo único, do CPC, extensível supletivamente ao mandado de segurança. 2. Na hipótese vertente, o indeferimento do pedido acarretará preju-dicialidade absoluta, na medida em que não há como reverter a quebra do sigilo bancário, caso efetivada. (AI nº 2001.04.01.018359-8/PR, Rel. Desa. Fed. Maria Lúcia Luz Leiria, 1ª T., m., DJ 5.2.03, p. 221).

Caso a medida tenha sido decretada por autoridade judiciária, em ação cível, poderá ser atacada por agravo de instrumento. Por fim, se a violação ou, mais comumente, a divulgação indevida provier de particular, como, por exemplo, a própria instituição financeira ou um sócio, interessante é o recurso a tutela inibitória,[359] prevista no art. 461 do CPC.[360]

Como visto nos itens 1.3.3. e 2.4.2., o sigilo financeiro não pode servir de óbice ao conhecimento das informações mantidas pela instituição finan-ceira em relação ao próprio cliente. Caso isso ocorra, poderá ser utilizado

---

[359] Sobre a matéria, ver: ARENHART, Sérgio Cruz. *A Tutela Inibitória da Vida Privada*. São Paulo: RT, 2000, p. 233.

[360] Art. 461. Na ação que tenha por objeto o cumprimento de obrigação de fazer ou não fazer, o juiz concederá a tutela específica da obrigação ou, se procedente o pedido, determinará providências que assegurem o resultado prático equivalente ao do adimplemento. (Redação dada pela Lei nº 8.952, de 13 de dezembro de 1994).

o instrumento da ação cautelar de exibição de documentos como admitiu o STJ em acórdão assim ementado:

PROCESSUAL CIVIL. RECURSO ESPECIAL. AÇÃO DE EXIBIÇÃO DE DOCUMEN-TO. INCLUSÃO NO CADASTRO DE CHEQUES SEM FUNDOS. – É cabível a propositura de ação de exibição de documento pelo correntista em face da instituição bancária que ameaça a inclusão do número de seu CPF no Cadastro de Cheques sem Fundos mantido pelo Banco Central, em virtude da emissão de cheque devolvido por insuficiência de fundos, de modo a se aferir a legalidade da medida adotada. Na hipótese, o pedido de exibição não viola o sigilo bancário. (STJ, REsp. nº 327.723/PR, Rel. Min. Nancy Andrighi, 3ª T., un., DJ 18.2.02, p. 421.)

Outra possibilidade será o recurso ao *habeas data* (CRFB, art. 5º, LXII), tendo em vista que os dados bancários são considerados de caráter público, no conceito do parágrafo único da Lei nº 9.507, de 12 de novembro de 1997, que regula o direito de acesso a informações e disciplina o rito processual do *habeas data*. O dispositivo legal referido considera de caráter público todo registro ou banco de dados contendo informações que sejam ou que possam ser transmitidas a terceiros, como é o caso dos dados financeiros. O *habeas data* poderá ser utilizado também para eventual retificação de dados incorretos, como autoriza o art. 4º da referida lei.

Conclusão

A proteção da vida privada, – aí incluído o sigilo financeiro –, tem destacada importância para o livre desenvolvimento da personalidade humana, preservando-a da massificação e das invasões proporcionadas pelo agigantamento do estado e das corporações, bem como do avanço dos meios tecnológicos, em especial de comunicação e observação à distância, bem como da informática.

No ordenamento jurídico brasileiro, o sigilo financeiro tem fundamento legal na LC nº 105, de 10 de janeiro de 2001, e constitucional no inciso X do art. 5º da Constituição, precisamente na proteção concedida à vida privada, a qual tem *status* de direito fundamental, daí decorrendo, como conseqüências, a obrigatoriedade de preservação de seu núcleo essencial e sua irrevogabilidade. Não tem aplicação ao caso o inciso XII do art. 5º da Constituição, que trata de sigilo das comunicações. Bem por isso, inexiste reserva de jurisdição na matéria, nada impedindo que a lei outorgue a outras autoridades a possibilidade de acesso aos dados financeiros, garantido o acesso posterior ao Poder Judiciário e a responsabilização dos infratores em caso de violação indevida.

Reconhecido o caráter de direito fundamental à preservação da vida privada, tem-se como conseqüências a sua configuração como princípio e não como regra, de modo que poderá ser restringida, desde que respeitado o preceito da proporcionalidade, isto é, desde que a restrição seja necessária, adequada e proporcional em sentido estrito.

A proporcionalidade em sentido estrito é requisito a ser verificado concretamente, ponderando entre a preservação do direito fundamental à vida privada e outros direitos ou interesses que possam com ele entrar em conflito, considerando o entorno social e o momento histórico corrente.

Em relação ao sigilo financeiro, dois são os pontos em que esse conflito se manifesta de modo mais intenso.

O primeiro é o de concretizar os objetivos fundamentais da República Federativa do Brasil, de construir uma sociedade livre, justa e solidária, erradicar a pobreza e a marginalização e reduzir as desigualdades sociais e promover o bem de todos (CRFB, art. 3°), objetivos esses a serem concretizados por meio do efetivo reconhecimento dos direitos fundamentais sociais, objeto do art. 6° da Constituição de 1988. Tais objetivos somente serão alcançados com a implantação efetiva de políticas públicas que os implementem, os quais demandam custos, a serem obtidos pela tributação, a qual deverá recair sobre todos, de forma proporcional, observado o princípio da capacidade contributiva, de modo que todos contribuam para a manutenção do Estado na medida de sua real capacidade econômica.

O segundo é o fenômeno da macrocriminalidade ou criminalidade organizada, que, se está longe de ser historicamente novo, vem assumindo proporções diferenciadas especialmente pelo uso dos modernos meios tecnológicos referidos no primeiro parágrafo, em manifestações como os crimes contra o sistema financeiro nacional, a ordem tributária, a lavagem de dinheiro, a corrupção e o tráfico ilícito de entorpecentes.

O sigilo financeiro deve ser concebido dentro do contexto atual, de prática corrente de evasão fiscal e larga utilização da rede bancária para fins lícitos e ilícitos, não se podendo acobertar práticas criminais organizadas graves com o argumento da proteção da *intimidade econômica* do cidadão. Tanto para a fiscalização tributária quanto para a criminal a investigação através de dados financeiros é uma necessidade imperiosa.

A regra geral da lei é o sigilo, em relação a terceiros, das informações, dados, registros e documentos pertinentes à relação entre a instituição financeira e o cliente, bem como com qualquer outra pessoa.

O sigilo ou segredo não é, porém, absoluto, excetuando-se da regra geral de sigilo as seguintes hipóteses: a) informações interbancárias; b) informações para centrais de crédito; c) informações de interesse da fiscalização por parte do BACEN e da CVM d) fornecimento de notícia-crime; e) informações determinadas pelo Poder Judiciário, pelo Poder Legislativo ou Comissão Parlamentar de Inquérito federal e autoridade administrativa fazendária, resguardando-se, em qualquer caso, o sigilo das informações obtidas; f) informações fornecidas com o consentimento do interessado.

São constitucionais os dispositivos da LC n° 105/01 que autorizam a quebra de sigilo financeiro, pois inocorrentes violações ao texto constitucional na regulamentação, uma vez que as hipóteses de quebra compatibilizam princípios consagrados constitucionalmente, a saber, de um lado, a proteção da vida privada e, de outro, o interesse social na apuração de fatos ilícitos e na arrecadação tributária. Caberá ao aplicador das normas verificar, concretamente, se a restrição, na hipótese examinada, é proporcional, necessária e adequada, à luz da regulamentação legal existente e da cláusula do devido processo.

Embora a LC nº 105/01 tenha avançado em relação ao regramento anterior, tem-se que a disciplina legal da matéria pode ser aprimorada nos seguintes aspectos: a) especificar que os dados cadastrais, tais como nome, endereço e números de contas estão abrangidos objetivamente pelo sigilo; b) incluir expressamente as pessoas jurídicas como titulares do direito ao sigilo; c) deixar claro que a obrigação de sigilo remanesce mesmo após o término da relação jurídica com o cliente ou usuário do serviço; d) unificar o conceito de instituição financeira para fins bancários (Lei nº 4.595/64), penais (Lei nº 7.492/86) e de sigilo financeiro (LC nº 105/01); e) tornar expressa a inexistência de responsabilidade civil, penal, ou administrativa em caso de comunicação à autoridade competente de ilícitos penais ou administrativos, salvo comprovada má-fé; f) possibilitar que a autoridade responsável pela quebra determine à instituição financeira que se abstenha de comunicar ao cliente acerca da medida, até sua efetivação; g) possibilitar que a quebra assuma forma genérica em relação a cada um dos sujeitos abrangidos; h) permitir a quebra independentemente da instauração de inquérito policial, como medida preparatória; i) disciplinar o destino a ser dado aos documentos sigilosos quando não mais interessarem ao processo, que deverão ser devolvidos à origem ou destruídos; j) autorizar o Ministério Público e o Tribunal de Contas a quebrar sigilo financeiro; k) disciplinar a possibilidade de acesso aos dados para fins processuais civis.

A violação ou divulgação de dados sigilosos, fora das hipóteses previstas em lei, sujeita o responsável a sanções civis, consistentes em indenização pelos prejuízos materiais ou morais causados, sem prejuízo de ação penal pelo delito previsto no art. 10 da LC nº 105/01 ou por aquele do art. 18 da Lei nº 7.492/86, sendo conveniente que se mantenha essa dupla via de responsabilização. No processo, a violação indevida acarretará a ilicitude e conseqüente invalidade da prova assim produzida.

Bibliográfia

ABRÃO, Carlos Henrique. Os Sigilos Bancário e Fiscal na Cobrança da Dívida Ativa. *Revista Dialética de Direito Tributário*, São Paulo, n. 30, p. 14-20, mar. 1998.

ABRÃO, Nelson. *Curso de Direito Bancário*. 2ª ed. São Paulo: RT, 1988.

ADRIASOLA, Gabriel. *La Ley 105/2001 y la cooperación penal entre Brasil y Uruguai em matéria tributária*. Disponível em: «http://www.direitocriminal.com.br.» Acesso em: 22 jan. 2001.

AIETA, Vânia Siciliano. *A Garantia da Intimidade como Direito Fundamental*. Rio de Janeiro: Lumen Juris, 1999.

ALEXY, Robert. *Teoria de Los Derechos Fundamentales*. Trad. Ernesto Garzón Valdés. Madrid: Centro de Estudios Constitucionales, 1997.

——. Direito Constitucional e Direito Ordinário. Jurisdição Constitucional e Jurisdição Especializada. Trad. Luís Afonso Heck. *Revista dos Tribunais*, São Paulo, v. 799, p. 33-51, maio 2002.

ALVAREZ-CIENFUEGOS SUAREZ, José Maria. *La Defensa de La Intimidad de los Ciudadanos y la Tecnología Informática*. Pamplona: Aranzadi Editorial, 1999.

APPIO, Eduardo. *Interpretação Conforme a Constituição. Instrumentos de Tutela Jurisdicional dos Direitos Fundamentais*. Curitiba: Juruá, 2000.

ARAÚJO, Izaías Batista de. Poderes do Juiz na Execução Forçada e a Quebra do Sigilo Bancário para a Busca de Bens Penhoráveis (art. 600,VI do CPC). *Revista Jurídica*, São Paulo, n. 277, p. 49-50, nov. 2000.

ARENHART, Sérgio Cruz. *A Tutela Inibitória da Vida Privada*. São Paulo: RT, 2000.

AUBERT, Maurice; KERNEN, Jean Philippe; SCHÖNLE, Herbert. *El Secreto Bancario Suizo*. Madrid: Editoriales de Derecho Reunidas, 1990.

AZEVEDO, Noé. O Sigilo Bancário. *Revista dos Tribunais*, São Paulo, v. 315, p. 412-430, 1948.

BALTAZAR JUNIOR. José Paulo. *O Crime de Omissão no Recolhimento de Contribuições Sociais Arrecadadas*. Porto Alegre: Livraria do Advogado, 2000.

——. Breves considerações sobre o "caixa dois" na Lei dos crimes contra o Sistema Financeiro Nacional (Lei n. 7.492/86, art. 11). *Revista do Centro de Estudos Judiciários do Conselho da Justiça Federal*, n. 10, p. 89-92, jan.-abr. 2000.

BARBEITAS, André Terrigno. *O Sigilo Bancário e a Necessidade de Ponderação dos Interesses*. São Paulo: Malheiros

BARBOSA, Darli; PERRICONE, Sheila. A Lei de Lavagem de Dinheiro e suas Implicações às Instituições Financeiras. *Revista dos Tribunais*, São Paulo, v. 763, p. 432-55, maio 1999.

BARCELOS, Luciana Abreu Pereira. CPMF – Implicações Decorrentes da M.P. n° 2.037-21/00 e da I.N. SRF n° 89/00. *Revista Dialética de Direito Tributário*, São Paulo, n. 63, p. 115-127, dez. 2000.

BARROS, Suzana de Toledo. *O Princípio da Proporcionalidade e o Controle de Constitucionalidade das Leis Restritivas de Direitos Fundamentais*. Brasília: Brasília Jurídica, 2000.

BASTOS, Celso Ribeiro; MARTINS, Ives Gandra. *Comentários à Constituição do Brasil*. Vol. I, São Paulo: Saraiva, 1988.

BELLOQUE, Juliana Garcia. *Sigilo Bancário. Análise Crítica da LC 105/2001*. São Paulo: RT, 2003.

BETTI, Francisco de Assis. O sigilo bancário e a nova Lei que define o crime de "lavagem de dinheiro". Aspectos tributários e penais. *Revista da Associação dos Juízes Federais do Brasil*, Brasília, n. 60, p. 121-140, jan.-mar. 1999.

BONAVIDES, Paulo. *Curso de Direito Constitucional*. 10ª ed. São Paulo: Malheiros, 2000.

BUECHELE, Paulo Armínio Tavares. *O Princípio da Proporcionalidade e a Interpretação da Constituição*. Rio de Janeiro: Renovar, 1999.

BULGARELLI, Waldirio. *Títulos de Crédito*. 7ª ed. São Paulo: Atlas, 1989.

CABEZUELO ARENAS, Ana Laura. *Derecho a la Intimidad*. Valencia: Tirant Lo Blanch, 1998.

CAIROLI MARTÍNEZ, Milton. La Protección del Secreto Bancario en el Uruguay. *Cuadernos de Doctrina y Jurisprudencia Penal*, Buenos Aires, n. 6, p. 799-807.

CANOTILHO, J.J. Gomes. *Direito Constitucional e Teoria da Constituição*. 3ª ed. Coimbra: Almedina, 1998.

CARVALHO DE MENDONÇA. J.X. *Tratado de Direito Comercial*. v. 6. Rio de Janeiro: Freitas Bastos, 1954.

CASSONE, Vittorio. Capacidade Contributiva, Progressividade e Sigilo Bancário. *Repertório IOB de Jurisprudência*, São Paulo, n° 15/1999, p. 460-463, ago. 1999.

CASTILHO, Ela Wiecko Volkmer de. *O Controle Penal nos Crimes contra o Sistema Financeiro Nacional*. Belo Horizonte: Del Rey, 2ª Tir., 2001.

CASTRO, Carlos Roberto de Siqueira. *O Devido Processo Legal e a Razoabilidade das Leis na nova Constituição do Brasil*. Rio de Janeiro: Forense, 1989.

CATARINO, Luís Guilherme. Segredo Bancário e Revelação Jurisdicional. *Revista do Ministério Público de Portugal*, Lisboa, n. 74, p. 61-101, abr.-jun. 1998.

CERVINI, Raúl; TAVARES, Juarez. *Princípios de Cooperação Judicial Penal Internacional no Protocolo do Mercosul*. São Paulo: RT, 2000.

CORRÊA, Luciane Amaral. O Princípio da proporcionalidade e a quebra do sigilo bancário e do sigilo fiscal nos processos de execução. In: SARLET, Ingo Wolfgang (Org.). *A Constituição Concretizada*. Livraria do Advogado: Porto Alegre, 2000, p. 165-210.

COSTA JÚNIOR, Paulo José da. *Crimes do Colarinho Branco*. São Paulo: Saraiva, 2000.

——. *O direito de estar só – Tutela Penal da Intimidade*. São Paulo: RT, 2ª ed., 1995.

COSTA, Epaminondas. Defesa do Patrimônio Público, Sigilo Bancário/Fiscal e Autonomia Administrativa do Ministério Público. *Revista dos Tribunais*, São Paulo, v. 746, p. 114-22, dez. 1997.

COUTO E SILVA, Clóvis Veríssimo do. *O Direito Privado brasileiro na visão de Clóvis do Couto e Silva*. FRADERA, Vera Maria Jacob de (Org.). Porto Alegre: Livraria do Advogado, 1997.

COVELLO, Sérgio Carlos. *O Sigilo Bancário*. 2ª ed. São Paulo: Leud, 2001.

DE PLÁCIDO E SILVA. *Vocabulário Jurídico*. 15ª ed. Rio de Janeiro: Forense, 1998.

DIP, Ricardo Henry Marques. *Direito Penal: Linguagem e Crise*. Campinas: Millenium, 2001.

DORIA, Antônio Roberto Sampaio. *Direito Constitucional Tributário e Due Process of Law*. Rio de Janeiro: Forense, 1986.

DOTTI, René Ariel. *Proteção da Vida Privada e Liberdade de Informação*. São Paulo: RT, 1980.

——. A liberdade e o direito à intimidade. *Revista de Informação Legislativa*, Brasília, n. 66, p. 125-143, abr.-jun. 1980.

——. Terrorismo e Devido Processo Legal. *Revista do Centro de Estudos Judiciários do Conselho da Justiça Federal*, Brasília, n. 18, p. 27-30, jul.-set. 2002.

ECHEVERRÍA HERRERA, Alfredo. *El Sigilo Bancário. Acceso a la Información Bancaria para Fines Tributários*. Disponível em: «http://». Acesso em: 12 jun. 2001.

FARIA, José Eduardo (Org.). *Direitos Humanos, Direitos Sociais e Justiça*. 2ª Tir., São Paulo: Malheiros, 1998.

FARIAS, Edilsom Pereira de. *Colisão de Direitos. A Honra, a Intimidade, a Vida Privada e a Imagem versus a Liberdade de Expressão e Informação*. Porto Alegre: Sergio Antonio Fabris Editor, 1996.

FAYOS GARDÓ, Antonio. *Derecho a la Intimidad y Medios de Comunicación*. Madrid: Centro de Estudos Políticos y Constitucionales, 2000.

FELDENS, Luciano. Sigilo Bancário e Ministério Público: da necessária coabitação entre as Leis Complementares 105/01 e 75/93. *Boletim dos Procuradores da República*, n. 56, Brasília, p. 12-14, dez. 2002.

FERNANDES, Antônio Scarance. *Processo Penal Constitucional*. São Paulo: RT, 1999.

FERRAZ JÚNIOR, Tércio Sampaio. Sigilo de dados: o Direito à Privacidade e os Limites à Função Fiscalizadora do Estado. *Cadernos de Direito Constitucional e Ciência Política*, São Paulo, n 1, p. 77-90, out.-dez. 1992.

——. A Liberdade como Autonomia Recíproca de Acesso à Informação. In: GRECO, Marco Aurélio; MARTINS, Ives Gandra da Silva (Orgs.). *Direito e Internet. Relações Jurídicas na sociedade informatizada*. São Paulo: RT, 2001, p. 241-247.

——. Sigilo Bancário. *Revista de Direito Bancário, do Mercado de Capitais e da Arbitragem*, São Paulo, v.4, n. 14, p. 13-27, out.-dez. 2001.

FERREIRA, Ivete Senise. A Intimidade e o Direito Penal. *Revista Brasileira de Ciências Criminais*, São Paulo, n. 5, p. 96-106, jan.-mar. 1994.

FORTUNA, Eduardo. *Mercado Financeiro Produtos e Serviços*. 11ª ed. Rio de Janeiro: Quality Mark, 1998.

FREGADOLLI, Luciana. O Direito à Intimidade. *Cadernos de Direto Constitucional e a Ciência Política*, São Paulo, n. 19, p. 196-246, abr.-jun. 1997.

GADAMER, Hans-Georg. *Verdade e Método. Traços fundamentais de uma hermenêutica filosófica*. Trad. Flávio Paulo Meurer. Petrópolis: Vozes, 1999.

GAY FUENTES, Celeste. *Intimidad y Tratamiento de Datos en Las Administraciones Públicas*. Madrid: Editorial Complutense, 1995.

GIANOTTI, Edoardo. *A Tutela Constitucional da Intimidade*. Rio de Janeiro: Forense, 1987.

GÓES, Silvana Batini César e NASCIMENTO, Rogério Soares do. A Investigação do Crime Organizado no Cenário da Comunicação em Redes Informatizadas. *Revista da Procuradoria-Geral da República*, São Paulo, n° 8, p. 153-168, jan.-jun. 1996.

GOMES, Luiz Flávio; CERVINI, Raúl. *Interceptação Telefônica. Lei 9.296, de 24.07.96. Sigilo das Comunicações. Limites da inviolabilidade. Comunicações telefônicas/telemáticas.* São Paulo: RT, 1997.

——; ——; OLIVEIRA, William Terra de. *Lei de Lavagem de Capitais.* São Paulo: RT, 1998.

——. *Quebra do sigilo bancário sem ordem judicial: inconstitucionalidade flagrante.* Disponível em: «http://www.direitocriminal.com.br». Acesso em: 12 jan. 2001.

GONÇALVES, Fernando Moreira. DOMINGUES, Paulo Sérgio. *Cooperação Judiciária Internacional em Matéria Penal. Anteprojeto de lei elaborado pela Associação dos Juízes Federais do Brasil (AJUFE),* Brasília: 2003.

GONZÁLES GAITANO, Norberto. *El Deber de Respeto a la Intimidad.* Pamplona: Ediciones Universidad de Navarra, S.A.,1990.

GRAU, Eros Roberto. *A Ordem Econômica na Constituição de 1988.* São Paulo: Malheiros, 1988.

GRECO FILHO, Vicente. *Interceptação Telefônica (Considerações sobre a Lei n. 9.296, de 24 de julho de 1996),* São Paulo: Saraiva, 1996.

GRINOVER, Ada Pellegrini. *Liberdades Públicas e Processo Penal.* 2ª ed. São Paulo: RT, 1982.

——. A Iniciativa Instrutória do Juiz no Processo Penal Acusatório. *Revista Brasileira de Ciências Criminais,* São Paulo, v. 8, n. 31, p. 144-169, jul.-set. 2000.

——. FERNANDES, Antonio Scarance; GOMES FILHO, Antônio Magalhães. *As Nulidades no Processo Penal.* 3ª ed. São Paulo: Malheiros, 1994.

GUILLÉN FERRER, Maria José. *El secreto bancario y sus límites legales.* Valencia: Tirant lo Blanch, 1997.

HADDING, Walther; SCHNEIDER, Uwe H. *Bankgeheminis und Bankauskunft in der Bundesrepublik Deutschland und in ausländischen Rechtsordnungen.* Berlim: Duncker & Humblot, 1986.

HAGSTROM, Carlos Alberto. O Sigilo Bancário e o Poder Público. *Revista de Direito Mercantil,* São Paulo, n. 79, p. 34-62, jul.-set.1990.

HECK, Luís Afonso. *O Tribunal Constitucional Federal e o Desenvolvimento dos Princípios Constitucionais. Contributo para uma Compreensão da Jurisdição Constitucional Alemã.* Porto Alegre: Sergio Antonio Fabris Editor, 1995.

HERRERA, Alfredo Echeverría. *El sigilo bancario. Acceso a la informacion bancaria para fines tributarios.* Disponível em: «http://». Acesso em: 25.5.2001.

HERRERO-TEJEDOR, Fernando. *La Intimidad como Derecho Fundamental.* Madrid: Colex, 1998.

HESSE, Konrad. *A Força Normativa da Constituição.* Trad. Gilmar Ferreira Mendes, Porto Alegre: Sergio Antonio Fabris Editor, 1996.

——. *Elementos de Direito Constitucional da República Federal da Alemanha.* Trad. Luís Afonso Heck, Porto Alegre: Sergio Antonio Fabris Editor, 1998.

HOUAISS, Antônio; VILLAR, Mauro de Sales; FRANCO, Francisco Manoel de Mello. *Dicionário Houaiss da Língua Portuguesa.* Rio de Janeiro: Objetiva, 2001.

HOYOS, Arturo. *El Debido Proceso.* Santa Fé de Bogotá: Editorial Temis, 1998.

HUNGRIA, Nélson. *Comentários ao Código Penal.* V. VI, 5ª ed., 1ª Tir. Rio de Janeiro: Forense, 1982.

JOBIM, Nelson. Sigilo Bancário e Fiscal no Brasil. In: *Seminário Soluções para a Execução Fiscal no Brasil.* Brasília: Associação dos Juízes Federais do Brasil, p. 92-104, 2000.

JORGE, Fernando de Sandy Lopes Pessoa. *Ensaio sobre os Pressupostos da Responsabilidade Civil.* Coimbra: Almedina, 1999.

KERN, Bernd-Rüdiger. A função de satisfação na indenização do dano pessoal. Um elemento Penal na satisfação do dano? *Revista da Faculdade de Direito da Universidade Federal do Rio Grande do Sul*, Porto Alegre, n. 7, p. 25-46, 1999.

LAFER, Celso. *A Reconstrução dos Direitos Humanos.* São Paulo: Companhia das Letras, 1988.

LEVINSON, Sanford. Privacy. In: *Oxford Companion to the Supreme Court of the United States.* New York: Oxford University Press, 1992.

LIMA, Walberto Fernandes de. A Quebra do Sigilo Bancário por Ato do Ministério Público Estadual. *Revista do Ministério Público*, Rio de Janeiro, v. 1, n.1, p. 167-83, jan.-jun. 1995.

LIMBERGER, Têmis. A Informática e a Proteção à Intimidade. *Revista da Associação dos Juízes do Rio Grande do Sul*, Porto Alegre, n. 80, p. 319-333, dez. 2000.

LOEWENSTEIN, Karl. *Teoria de La Constitución.* Trad. Alfredo Gallego Anabitarte. 2ª ed. Barcelona: Ediciones Ariel, 1970.

LOPES, José Mouraz. *Garantia Judiciária no Processo Penal.* Coimbra: Coimbra Editora, 2000.

LOPES JÚNIOR, Aury. *Sistemas de Investigação Preliminar no Processo Penal.* Rio de Janeiro: Lumen Juris, 2001.

MACHADO, Agapito. *Crimes do Colarinho Branco.* São Paulo: Malheiros, 1998.

MACHADO, Hugo de Brito. Sigilo Fiscal e Requisição Judicial de Informações. *Repertório IOB de Jurisprudência*, São Paulo, n. 22/1992, p. 500, nov. 1992.

MACIEL, Everardo. Sigilo Bancário e Fiscal no Brasil. In: *Seminário Soluções para a Execução Fiscal no Brasil.* Brasília: Associação dos Juízes Federais do Brasil, p. 82-92, 2000.

MADRUGA, Antenor. Localização e Repatriamento de Bens no Exterior. In: *Seminário Cooperação Judiciária Internacional.* Brasília: Associação dos Juízes Federais do Brasil, s.d., p. 83-93.

MAIA, Rodolfo Tigre. *Dos Crimes contra o Sistema Financeiro Nacional.* São Paulo: Malheiros, 1996.

MARTINS, Fran. *Contratos e Obrigações Comerciais.* 3ª ed. Rio de Janeiro: Forense.

MARTINS, Ives Gandra da Silva. Inconstitucionalidades da Lei Complementar 105/2001. *Revista de Direito Bancário, do Mercado de Capitais e da Arbitragem*, São Paulo, n. 11, p. 31-8, jan.-mar. 2001.

———. Direitos Individuais Disponíveis em Face do Serviço Central de Proteção ao Crédito – Legalidade das Informações pela Rede, sempre que autorizadas por seu Titular. *Revista Jurídica.* Porto Alegre, n. 286, p. 39-45, ago. 2001

MARTINS DA COSTA, Paula Fernandes Bajer. *Igualdade no Direito Processual Penal Brasileiro.* São Paulo: RT, 2001.

MÉJAN, Luis Manuel C. *El Secreto Bancario.* 3ª ed., Editorial Porrúa: México, 2000.

MELLO, Celso Antônio Bandeira de. *O Conteúdo Jurídico do Princípio da Igualdade.* 2ª ed. São Paulo: RT, 1984.

MELLO FILHO, Álvaro. Dimensões Jurídicas do Sigilo Bancário. *Revista Forense*, Rio de Janeiro, v. 287, p. 466-477, 1984.

MENDES, Gilmar Ferreira; COELHO, Inocêncio Mártires; BRANCO, Paulo Gustavo Gonet. *Hermenêutica Constitucional e Direitos Fundamentais*. Brasília: Brasília Jurídica, 2000.

MIRABETE, Julio Fabbrini. As Provas Ilícitas e a Violação do Sigilo Bancário. In: TUBENCHLAK, James; BUSTAMANTE, Ricardo (Coord.). *Livro de Estudos Jurídicos*, v. 5, Rio de Janeiro: Instituto de Estudos Jurídicos, 1992, p. 171-174.

MOURA, Maria Thereza Rocha de Assis. Meios de Impugnação à Quebra Indevida de Sigilo Bancário. In: SALOMÃO, Heloísa Estellita (Org.). *Direito Penal Empresarial*, São Paulo: Dialética, 2000.

NETTO, Floriano Miller. O Sigilo das Instituições Financeiras e o Fisco. *Revista da Procuradoria Geral do Estado*, Porto Alegre, n. 16 , p. 24-29, 1986.

NOGUEROLES PEIRÓ. La Intimidad y Los Datos Económicos In: *Sobre la Intimidad*. Valencia: Fundación Universitaria San Pablo C.E.U, 1996, p. 183-213.

OLIVEIRA, Miguel Delmar de. *Introdução ao Mercado de Ações. O que é, para que serve, sua importância*. São Paulo: Comissão Nacional de Bolsas de Valores, 1983.

PAULSEN, Leandro. *Direito Tributário. Constituição e Código Tributário à Luz da Doutrina e da Jurisprudência*. 2ª ed. Porto Alegre: Livraria do Advogado, 2000.

PENTEADO, Jaques de Camargo. O Sigilo Bancário e as Provas Ilícitas: Breves Notas. In: *Justiça Penal – Críticas e Sugestões. Provas Ilícitas e Reforma Pontual*. v. 4, São Paulo: RT, p. 71-106, 1997.

PIMENTEL, Manoel Pedro. *Crimes contra o Sistema Financeiro Nacional*. São Paulo: RT, 1997.

PISÓN CAVERO, José Martínez de. *El Derecho a la Intimidad em La Jurisprudencia Constitucional*. Madrid: Civitas, 1993.

PORTO, Sérgio José. *A Responsabilidade Civil por Difamação no Direito Inglês*. Porto Alegre: Livraria do Advogado, 1995.

QUEIROZ, Daniela Zarzar Pereira de Melo. Sigilo Bancário e CPI Estadual. *Correio Brasiliense*. Direito & Justiça.Brasília, 26 ago. 2002, p. 4.

REALE JÚNIOR, Miguel. A inconstitucionalidade da quebra de sigilo bancário estabelecida pelas Leis Complementares 104/2001 e 105/2001. *Revista Brasileira de Ciências Criminais*, n. 39, p. 251-263, jul.-ago. 2002.

REBOLLO DELGADO, Lucrecio. *El Derecho Fundamental a la Intimidad*. Madrid: Dykinson, 2000.

ROCHA, Manuel António Lopes da. Violação do segredo bancário e exclusão da ilicitude. In: *Direito Penal Económico e Europeu: Textos Doutrinários*. v. II. Coimbra: Coimbra Editora, 1999, p. 227-237.

ROCHA, Sílvio Luís Ferreira da. *Responsabilidade Civil do Fornecedor pelo Fato do Produto no Direito Brasileiro*. São Paulo: RT, 1992.

ROGEIRO, Nuno. *A Lei Fundamental da República Federal da Alemanha*. Coimbra: Coimbra Editora, 1996.

ROQUE, Maria José Oliveira Lima. *Sigilo Bancário & Direito à Intimidade*. Curitiba: Juruá, 2001.

ROXIN, Claus. *La evolución de la Política Criminal, el Derecho penal y el Proceso Penal*. Trad. Carmen Gómez Rivero e María del Carmen García Cantizano. Valencia: Tirant lo Blanch Alternativa, 2000.

RUIZ GARCIA, José Ramon. *Secreto Bancario y Hacienda Pública*. Madrid: Civitas, 1998.

SÁENZ MONTERO. Mánfred. El Secreto Bancario y El Lavado de Dinero en Costa Rica. *Revista de Ciencias Penales de Costa Rica*, San José, n. 13, p. 81-97, ago. 1997.

SAMPAIO, José Adércio Leite. *Direito à Intimidade e à Vida Privada*. Belo Horizonte: Del Rey, 1998.

SANCHES, J. L. Saldanha. *A Situação Actual do Sigilo Bancário: a singularidade do regime português*. Disponível em: «http://www.idp.org.br». Acesso em: 25 mai.2001.

SANGUINÉ, Odone. Devido Processo Legal e Constituição. *Fascículos de Ciências Penais*, Porto Alegre, v. 2, n. 9, p. 137, set. 1999.

SARAIVA FILHO, Oswaldo Othon de Pontes. Sigilo Bancário – Relatividade Frente ao Fisco. *Repertório IOB de Jurisprudência*, São Paulo, n. 5/1995, p. 95-98, mar. 1995.

——. O Direito do Contribuinte ao Sigilo Bancário, *Repertório IOB de Jurisprudência*, São Paulo, n. 9/2000, p. 222-223, maio 2000.

——. Sigilo Bancário e *Right of Privacy*, *Revista Consulex*, n. 41, p 65, maio 2000.

SARLET, Ingo Wolfgang. *A Eficácia dos Direitos Fundamentais*. Porto Alegre: Livraria do Advogado, 1998.

SARMENTO, Daniel. Os Princípios Constitucionais e a Ponderação de Bens. In: TORRES, Ricardo Lobo. *Teoria dos Direitos Fundamentais*. Rio de Janeiro: Renovar, 1999, p. 35-93.

SCHÄFER, Jairo Gilberto. *Direitos Fundamentais – Proteção e Restrições*. Porto Alegre: Livraria do Advogado, 2001.

SILVA, Octacílio Paula. *Ética do Magistrado à luz do direito comparado*. São Paulo: RT, 1994.

SILVA, Tadeu Antônio Dix. *Liberdade de Expressão e Direito Penal no Estado Democrático de Direito*. São Paulo: IBCCrim, 2000.

SOUZA, José Fernando Vidal de. *Temas Atuais de Processo Penal*. Campinas: Copola Editora, 1994.

SOVERAL. Adriana Pileggi de. Sigilo Bancário. Quebra. Observação do devido Processo Legal. *Revista da Associação dos Juízes Federais do Brasil*, Brasília, n. 65, p. 265-279, out.-dez. 2000.

TAGLIAFERRO, Kleber Augusto. A Constituição Federal e a Lei do Sigilo Bancário: Tensão entre Princípios. *Revista Dialética de Direito Tributário*, São Paulo, n. 66, p. 67-75, mar. 2001.

TAVARES, Juarez. A violação ao sigilo bancário em face da proteção da vida privada, *Revista Brasileira de Ciências Criminais*, São Paulo, n. 1, p. 105-111, jan.-mar. 1993.

TÉLLEZ AGUILERA, Abel. *Nuevas Tecnologias. Intimidad y Protección de Datos*. Madrid: Edisofer, 2001.

TÓRTIMA, José Carlos. *Crimes contra o Sistema Financeiro Nacional*. Rio de Janeiro: Lumen Juris, 2000.

UICICH, Rodolfo Daniel. *Los Bancos de Datos y El Derecho a la Intimidad*. Buenos Aires: Ad Hoc, 1999.

VEIGA, Vasco Soares da. *Direito Bancário*. Coimbra: Almedina, 1997.

VIDAL MARTINEZ, Jaime. *El Derecho a la Intimidad en La Ley Orgánica de 5-5-1982*. Madrid: Editorial Montecorvo, 1984.

WALD, Arnoldo. O Sigilo Bancário no Projeto de Lei Complementar de Reforma do Sistema Financeiro e na Lei Complementar n° 70. *Revista da Associação dos Juízes do Rio Grande do Sul*, Porto Alegre, n. 56, p. 14-34, nov. 1992.

WARREN, Samuel e BRANDEIS Louis. *El Derecho a la Intimidad*. Trad. Benigno Pendás e Pilar Baselga. Madrid: Civitas, 1995.

WRIGHT, Richard. W. Justice, and Tort Law In: OWEN, David G. *Philosophical Foundations of Tort Law*.Oxford: Oxford University Press, p. 159-182, 1995.

ZAFFARONI, Eugênio Raul. *Poder Judiciário, Crise, Acertos e Desacertos*. Trad. Juarez Tavares. São Paulo: RT, 1995,

ZILLI, Marcos Alexandre Coelho. *A Iniciativa Instrutória do Juiz no Processo Penal*. São Paulo: RT, 2003.